우리 균도

우리 균도

느리게 자라는 아이

1판 1쇄. 2015년 3월 9일
1판 4쇄. 2017년 7월 7일

지은이. 이진섭

펴낸이. 정민용
편집장. 안중철
책임편집. 이진실
편집. 윤상훈, 최미정, 강소영

펴낸 곳. 후마니타스(주)
등록. 2002년 2월 19일 제300-2003-108호
주소. 서울 마포구 양화로 6길 19(서교동) 3층

편집. 02-739-9929, 9930
제작·영업. 02-722-9960
팩스. 0505-333-9960
이메일. humanitasbook@gmail.com
블로그. humabook.blog.me
SNS. /humanitasbook

인쇄. 천일 031-955-8083
제본. 일진 031-908-1407

값 15,000원

ISBN 978-89-6437-225-8 03330
      978-89-90106-16-2(세트)

이 도서의 국립중앙도서관 출판시도서목록(CIP)은
e-CIP홈페이지(http://www.nl.go.kr/ecip)와
국가자료공동목록시스템(http://www.nl.go.kr/kolisnet)에서
이용하실 수 있습니다(CIP제어번호: 2015006067).

우리 균도

느리게 자라는 아이

이진섭 지음

후마니타스

차례

일러두기

___ 2011년 3월 12일부터 40일간 발달장애인 이균도 씨와 아버지 이진섭 씨는 장애아동복지지원법과 발달장애인 권리 보장 및 지원에 관한 법률(이하 '발달장애인법') 제정을 모토로 발달장애인과 그 가족의 현실을 알리는 도보 시위를 했다. '균도와 함께 세상걷기'라는 이름으로 시작된 부산에서 서울까지의 6백 킬로미터 여정은 같은 해 9월~11월(부산-광주), 2012년 4월~6월(광주-서울), 2012년 10월~11월(부산-강원도-서울), 2013년 5월~7월(제주)까지 총 다섯 차례, 3천 킬로미터에 걸친 여정으로 이어졌다. 이 책은 2011년 3월 12일부터 2013년 7월 1일까지 이 길을 걸으며 이진섭 씨가 『비마이너』에 연재한 "균도 이야기"를 기반으로 했다.

___ 이 외에도 이 책은 이진섭 씨의 페이스북 글과 이들 부자를 다룬 방송 및 언론 인터뷰를 참조했다.

___ 단행본, 정기간행물에는 겹낫표(『 』)를, 기사 제목에는 큰따옴표(" ")를, 공연·영상물·노래 제목에는 가랑이표(〈 〉)를 사용했다.

1부

특이한 아이와
별난 아빠

균도가
세상에 온 날

그날은 참 긴 하루였다. 아침녘부터 산기가 보여 일찌감치 균도 엄마랑 평소 다니던 해운대 산부인과로 나섰다. 현충일이라 거리는 한산했다. 자연분만이 가능하다고 했기 때문에 우선 간단히 요기를 하기로 했다. 사실 난 누구보다 인색한 사람이었다. 산모가 먹고 싶다는 음식을 마다하고 굳이 싼 음식을 먹으러 갔다. 배만 부르면 됐지 비싼 음식은 허영이라 생각했다. 아내는 뜨는 둥 마는 둥했다. 나는 아내 몫까지 깨끗이 비웠다. 열두 시가 다 되어 병원에 들어섰는데 생각보다 아기 문이 열리지 않았다. 분만 촉진제를 맞았는데도 나올 기미가 보이지 않았다.

그동안 나는 기다리는 시간이 무료해 혼자 병원 주위를 서성이다가 가까운 형님 집에 가서 한잠 자다 왔다. 병원에는 아직 의사가 없었고 분만사들이 산모를 지키고 있었다. 난 병원에 가면 바로 아이가 나오는 줄로만 알았다. 분만실에서는 산모의 신음 소리가 들렸지만, 밖에서 나는 아이스크림만 축내고 있었다.

밤 열 시가 다 되어 병원에 이상한 기운이 감돌았다. 지금 생각하니 꽤 긴박했던 것 같다. 의사가 벌건 얼굴을 하고 급히 병원으로 들어섰다. 그리고 얼마 지나지 않아 균도가 태어났다. 1992년 6월 6일 22시 13분. 3.13킬로그램, 사내아이란다. 사전에 따로 성별 검사를 하지 않았기 때문에 내가 궁금한 건 오로지 그것뿐이었다. 그때 만세를 몇 번 불렀던 것 같다. 아내의 상태는 묻지도 않고 바로 공중전화로 달려가 부모님께 아들을 낳았다고 자랑했다.

그런데 기다려도 아이를 보여 주지 않았다. 아이 울음소리도 늦었다. 산모가 힘에 부쳐 중간에 쉬는 바람에 아이가 태변을 하고 그것이 호흡에 영향을 줬다고 했다. 무호흡증이었다. 30분쯤 지나 간호사가 애를 데리고 나왔는데, 아이 머리에는 겸자 분만의 후유증으로 상처가 가득했다. 파리한 얼굴에는 온통 요오드를 뒤집어쓰고 있었다. 걱정스레 아이를 들여다보고 있는데 간호사가 구급차를 불렀다. 아이가 숨을 잘 쉬지 못하니 큰 병원으로 옮겨야 한다는 것이었다. 아득했다.

균도는 구급차를 타고 한 시간 거리에 있는 송도 아동병원으로 옮겨졌다. 병원에는 이미 다른 의사가 대기하고 있었다. "아이가 많이 위험합니다." 앞으로 하루, 사흘, 일주일이 고비가 될 것이라 했다. 머릿속이 하애졌다. 균도와 나의 첫 만남은 그렇게 시작되었다.

해운대 병원으로 돌아와 보니 균도 엄마는 일반 병실로 옮겨 있었다. 어째서인지 나를 보고도 아무 말이 없다. 아이 이야기를 간호사에게 전해 들은 모양이었다. 의사는 엄마에게 아직 알리지 말라 했는데 …… 나는 되도록 말을 아꼈다. "괘안타. 매칠만 있으면 된다카이. 여기 소아과가 없어서 옮긴 기다." 아내가 눈물을 훔쳤다. 별일 없을 거라 몇 번을 다짐하니 그제야 조용히 미역국을 들이켰다. 세상에서 가장 더딘 하루가 지나고 있었다.

아침부터 마음은 이미 균도에게 가있었다. 회사에 월차를 신청하고 균도가 있는 병원으로 달렸다. 신생아실에 가기 전 의사부터 찾았다. 다행히 위기를 넘겼고 이제 생존 확률이 50퍼센트를 넘겼다 했다. 신생아실이 열리고 균도 얼굴이 보였다. 이제 하루를 산 녀석은 그 작은 몸에 여기저기 링거를 꽂고 살기 위해 사투를 벌이고 있었다. 경황 중에 제대로 확인하지 못했던 아이 얼굴을 유심히 들여다봤다. 나를 닮았는지 얼굴은 물론이고 온몸에 털이 복슬복슬한 것이 꼭 원숭이 같았다.

호흡을 가쁘게 몰아쉬며 그 힘든 싸움을 혼자 해내고 있는데 내가 할 수 있는 일이라곤 그저 지켜보는 것밖에 없었다. 아이를 쳐다보며 속으로 몇 번을 되뇌었다. '제발 건강하게 우리한테 돌아오게 해주세요.' 사실 균도는 우리에게 세 번째 아이였다. 유산으로 이미 둘을 잃고 난 뒤였다.

병원 마당을 몇 바퀴 돌다가 떨어지지 않는 발걸음을 간신히 떼어 균도 엄마에게 갔다. 균도 엄마는 오후에 퇴원이었다. 지금은 그렇지 않지만 당시는 자연분만을 하면 다음 날 퇴원하는 경우가 많았다. 1인실이라 병원비도 부담스러웠다. 산후 조리는 처가에서 하기로 했다.

균도 엄마는 아직 아기를 보지 못한 탓에 응어리 진 가슴을 쥐어뜯고 있었다. 하지만 세상에 나오자마자 생사를 넘나들고 있는 아이나 그 애를 보고 충격에 빠질 균도 엄마를 생각하니 마음이 아파도 어쩔 수 없었다. 게다가 초유를 먹이지 못한 균도 엄마는 젖몸살을 심하게 앓고 있었고, 균도는 며칠 만에 황달로 또 한 차례 고비를 겪었다. 무호흡증 신생아에게는 황달이 가장 큰 변수였다. 24시간 인큐베이터를 벗어날 줄 모르는 아이와 엄마는 며칠째 평행선만 그리고 있었다.

일주일이 지나자 의사는 균도가 생존하더라도 장애일 가능성이 있다고 귀띔해 주었다. 겸자 분만의 후유증으로 머리에 흉터는 크게 남겠지만, 그래도 잘 키우면 괜찮을 거라 위로도 했다. 그때 처음 '장애'라는 말을 듣고 가슴이 철렁했다. 하지만 '만약'이라는 말에 흘려버렸다. 그때는 이제 살 수 있겠다는 희망이 더 컸다. 마침내 열흘째, 의사가 큰 고비는 넘겼다며 엄마를 데려와도 좋다고 했다.

그제야 나는 균도 엄마에게 모든 걸 이야기할 수 있었다. 균도 엄마는 밤새 눈물을 쏟았다. 다음 날 아침, 균도 엄마가 재촉해서 일어나자마자 택시를 탔다. 병원에 도착하자마자 균도 엄마는 뛰기 시작했다. 그러더니 2층 신생아실 앞에 갑자기 멈춰 섰다. 눈앞에 누운 수많은 신생아 가운데 유독 한 곳에 균도 엄마의 시선이 꽂혔다. 아무도 가르쳐 주지 않았는데 한 아이를 보고 울기 시작했다. 맞다, 균도다.

의사가 균도 엄마를 보더니 환하게 웃었다.

"균도 이제 살 수 있어요."

의사는 조용히 인큐베이터를 끌어와 엄마 앞에 아이를 보여 주었다. 균도 엄마가 처음 본 균도의 얼굴은 참담했다. 링거를 맞기 위해 머리를 밀어 넓어진 이마에는 주사 바늘 자국이 가득했고, 조막만 한 얼굴은 눈물 자국과 반창고를 붙인 흔적으로 어지러웠다. 유리벽을 사이에 두고 균도 엄마는 서럽게 울기 시작했다. 저 아이가 자기 뱃속에서 열 달을 숨 쉬던 아이가 맞느냐고 몇 번이나 물었다. 응, 맞다. 나도 옆에 서서 눈시울을 붉혔다.

균도를 보고 집으로 돌아가는 길, 균도 엄마의 눈에 어느새 생기가 어렸다. 그렇게 우리는 부모가 되었고, 균도는 아들이 되었다.

우리 균도

희망과 절망
사이

균도를 처음 만난 후 균도 엄마는 모유를 먹이겠다고 왕복 여섯 번씩 버스를 갈아타고 매일 균도가 있는 병원에 갔다. 엄마의 정성 덕분인지 균도는 호전이 빨랐다. 아동병원에서 보름간의 병원 생활을 마치고 드디어 균도가 집에 왔다. 균도 엄마는 온 정성을 다했다. 더운 날씨에 시행착오도 많았지만, 우려와 달리 균도는 별 탈 없이 자랐다. 나도 퇴근하면 누구보다 성실한 아빠가 되기 위해 노력했다. 균도는 우리에게 여느 아이들과 마찬가지로 집안의 큰 즐거움이었다.

그런데 크면서 균도는 다른 모습을 보이기 시작했다. 뒤집기 전에 앉았고, 기어 다니기 전에 일어섰다. 돌날 아침 균도는 삼촌이랑 걸어서 마을을 한 바퀴 도는 아이였다. 반면, 말은 돌이 지나도 좀처럼 늘지 않았다. '엄마, 아빠'라는 말보다는 옹알이로 일관하며, 혼자 노는 걸 더 좋아했다. 하지만 주변 어르신들은 남자애들은 원래 느리다며 걱정하지 말라 했다. 나는 양육은 아내 몫이라고만 생각하고 바깥일에 몰두했다. 우리는 모두 그저 조금 늦는 줄로만 알았다. 내가 너무 무심했던 걸까.

어느 날이었다. 자폐아가 나오는 아침 방송을 본 균도 엄마가 조심스레 병원 이야기를 꺼냈다. 혼자 인근 병원에서 뇌파 검사를 해봤는데 문제가 좀 있는 것 같다고 했다. 균도에게 장애가 있을 수 있다던 의사의 말이 스쳤다. 균도는 여전히 장난을 걸어도 좀처럼 반응하지 않고 텔레비전 시엠송에만 꽂혀 지냈다. 울다가도 광고가 나오면 텔레비전 앞으로 쪼르르 달려가 울음을 그쳤다. 비디오를 한 번 틀어 놓으면 골똘히 앉아서 무섭게 주시했다.

균도 엄마는 서울대병원 한번 가보는 게 소원이라며 울면서 애원했다. 방송국에 전화까지 걸어 방송에 나왔던 의사가 서울대병원에 있다는 걸 알아 놓은 터였다. 나도 부산 병원은 미진해 보였고, 장애가 있다면 빨리 발견해 치료하는 게 좋겠다고 생각했다. 우리는 무작정 짐을 쌌다. 무엇보다 '우리 아이는 아니겠지' 하는 생각을 확인받고 싶었다.

우리는 성남에 자리를 잡았다. 새로 잡은 직장은 잠실이었지만 부산에서 빼온 전세금으로는 근처에 집을 구할 수 없었다. 그 돈으로 가능한 건 지하 셋방뿐이었는데, 아픈 아이를 그런 환경에 있게 하고 싶지 않았다. 난 직장으로, 균도와 엄마는 병원으로 출퇴근을 하기 시작했다. 서울대병원은 예약하는 데만도 한 달, 진료를 받기까지 또 한 달이 걸렸다. 그동안 우리는 개인 소아신경정신과에 다녀야 했다. 하지만 상담비가 비싸 우리 형편으로는 계속하기 어려웠다.

드디어 서울대병원에서 특진을 받을 수 있다는 연락이 왔다. 그러나 서울대병원 의사도 정확한 진단을 내리지 못했다. 우선은 어린이집에 보내 교육을 시켜 보라 했다. 그날부터 한 달에 한 번씩 서울대병원을 다니며 어린이집에서 하는 교육 치료를 병행했다. 시간당 계산되는 서울대병원의 진료비 부담은 만만치 않았다. 의사는 장난감을 쥐어 주고 균도가 노는 모습을 지켜보는 게 전부였다. 그렇게 2년이 흘렀다. 병원에서는 여전히 무호흡증 때문인 것 같다는 이야기뿐 이렇다 할 진단을 내리지 못했다. 균도가 너무 어려 판단이 어려운데다 여느 자폐아들과 달리 눈도 마주치고 인지능력도 있기 때문에 자폐는 아닐 수도 있다고 했다. 우리는 다시 짐을 쌌다.

부산으로 돌아온 이후에도 균도의 사회성은 나아지지 않았다. 다른 아이들은 발전하는데 균도는 그대로인 듯했다. 오히려 더 퇴보하는 것 같을 때도 있었다. 마음 한구석에는 균도가 태어났을 때 아동병원 의사가 했던 말이 응어리처럼 남아 있었다. 다시 뇌파 검사를 했다. 이번에는 뇌파가 예전보다 훨씬 또렷했다. 다른 아이들에 비해 발달 정도가 너무 뒤처져 있다고 했다. 발달장애. 앞이 캄캄했다.

균도에게 조금이라도 더 나은 치료를 받게 하는 게 중요했다. 조기 치료를 시작했다. 부산장애인복지관에 등록하고 얼마간 대기후 가장 시급한 언어 치료와 놀이 치료부터 시작했다. 말 한마디 못하던 균도는 언어 치료를 시작하자 갑자기 단어들을 쏟아 내기 시작했다. 이젠 됐구나. 잠시 희망이 비쳤다. 하지만 다음이 문제였다. 단어만 외울 뿐 문장을 만들지 못했다. 분명히 치료 효과는 있었으나 발달 속도가 너무 느렸다. 그런데 어느 날 선생님이 깜짝 놀라 전화를 했다. 균도가 "아빠가 씹○○라 그랬어" 라고 했다는 것이다. 치료가 계속되면서 균도는 간단한 문장도 만들 수 있게 되었다. 영어로 말하는 비디오테이프를 보면 영단어를 줄줄 외웠고 무엇이든 한 번 습득한 것은 절대 잊어버리지 않았다. 천재가 아닌가 싶었다. 하지만 그러다가도 다시 퇴행하거나 원점으로 돌아가는 과정이 반복됐다.

복지관은 가격이 싼 대신 대기 기간이 길고 치료 수업이 1년으로 한정돼 있었다. 더 이상 복지관을 다닐 수 없게 된 이후 50분씩 일주일에 두 번 받는 언어 치료에만 월 30만 원이 들었다. 일대일로 이루어지는 치료를 사설 기관에서 받아야 했기 때문이다. 필요한 치료는 그것만이 아니었다. 그림 치료, 행동 치료, 수영장 일대일 교육 등 1년에 균도에게만 1천5백만 원 이상이 들었다. 균도 엄마가 오가며 길에다 허비한 돈까지 생각하면 그만큼이 더 들었다. 그렇지만 당시우리가 기댈 곳은 우리 자신밖에 없었다.

초등학교에 들어갈 무렵 균도와 여느 아이들의 차이는 더 커졌다. 부모와도 대화가 되지 않았고, 텔레비전을 봐도 프로그램을 보는 게 아니라 광고만 뚫어져라 쳐다봤다. 그래도 균도를 특수학교에 보내고 싶지 않았다. 학창 시절을 함께 보내고 이 지역에서 같이 살 친구들을 만들어 주고 싶었다. 그래야 나이가 들어서도 균도를 기억하는 친구들이 있을 것이고, 그것이 세상을 외롭지 않게 사는 길이라 생각했다. 서번트 기질이 있는 균도에게 특수학교 교육보다는 일반 학교 교육이 더 맞을 거라는 생각도 들었다. 균도의 장애를 완전히 받아들이지 않았기 때문이었다.

일반 학교에 보내겠다고 마음을 먹었어도 걱정은 컸다. 어떻게든 더 배려를 받도록 할 수 없을까 궁리했다. 그래서 멀기는 해도 규모가 작은 분교에 보내기로 했다. 하지만 마음만 앞섰지, 현실은 잘 몰랐다. 바람과 달리, 학교는 아무런 준비가 돼있지 않았다. 두 달도 못 돼 담임선생님은 균도를 감당할 수 없다며 제발 다른 학교로 가달라고 사정을 했다. 균도는 집 근처 학교로 전학을 했다. 이번에는 담임선생님이 내가 가구상을 한다는 것을 알고는 몇백만 원어치 가구를 주문했다. 가구를 배달하러 갔는데 돈은 지불하지 않고 1년간 균도를 잘 봐주겠다고 했다. 나는 그날로 가구를 도로 싣고 왔다.

한 학기 만에 균도는 두 번째 전학을 했다. 세 번

째 학교는 처음 입학했던 학교의 본교였다. 다행히 이번엔 좋은 선생님들을 만났다. 특히 3학년 때부터 2년간 균도를 가르쳐 준 이영이 선생님은 무척 열정적이었다. 균도가 뚱뚱하다고 등산도 같이 하고 친구들과도 잘 어울리게 해주었다. 균도도 이영이 선생님을 좋아했다. 이영이 선생님이 자주 업어 주던 기억이 좋았던지 잠들기 전이면 벽에다 '업어'라는 글씨를 여기저기 끄적거리곤 했다. 커서도 맘에 드는 사람을 만나면 좋아한다는 표시로 "업어" 라고 했다.

나는 장애 등급을 받지 않고 균도가 그저 '특이한 아이'로 남기를 바랐다. 내 속으로 낳은 자식에게 장애라는 멍에를 지운다는 게 죄악 같았고, 다시 건너오지 못할 다리를 건너는 것만 같았다. 당시 학교에는 특수학급이 없었기 때문에, 균도는 수업 시간에도 혼자 운동장에서 그네만 타다 집에 돌아오는 날이 많았다. 그래서 균도는 학교에서 그네를 좋아하는 특이한 아이로 여겨졌다. 그렇지만 받아쓰기 시험과 영어를 좋아했고, 친구들 사이에서 제법 인기도 많았다. 같은 반 아이들은 균도를 친구로 인정하고 배려하는 것 같아 마음이 놓였다.

균도가 초등학교 3학년, 비 오는 날이었다. "바보야, 지렁이 먹어 봐." 학교 부설 유치원 꼬마 몇 명이 균도에게 지렁이를 먹였다. 집에 돌아온 균도한테서 이 이야기를 들은 엄마는 한참을 울더니 몇 번이나 칫솔질을 시켰다. 다음 날 균도 엄마는 학교에 갔다. 사과를 받고 주의를 당부하려 했는데, 선생님들의 반응은 싸늘했다. 애들이 장난으로 한 일 가지고 뭘 그러느냐며 오히려 균도 엄마를 질책했다. 혼자 힘으로 해결해 보려던 균도 엄마는 울면서 내게 이야기를 전했다. 이번에는 내가 학교를 찾았다. 목소리를 높여야 듣는 것인지 그제야 학교장과 부설 유치원 원장이 법석을 떨며 사과했다. 그 일 이후 누구도 균도에게 함부로 하지 않았지만, 우리 마음에는 상처가 남았다. 이제는 느린 내 아이를 마음으로 받아들여야 할 것 같았다. 아이에게 무엇이든 필요한 혜택을 받게 하자는 심정으로 현실을 받아들이기로 했다.

며칠 뒤 부산장애인복지관에서 장애 등급 1급을 받고 장애 등록을 했다. 균도는 학습 부진아들이 모인 특수반에 배치되어 일반 학급과 특수반 두 군데를 오가며 수업을 받게 되었다. 특수반에는 균도와 같은 장애는 아니지만 아직 한글을 모르는 아이들이 모여 있었다. 특별반 선생님은 특수교육 전공자는 아니었지만 균도에게 정성을 다했다. 특수교육 대상자로 분류되니 예산이 배치되고 학교에 특수교육 교재와 교구들이 마련되었다. 지금 생각해 보면 걸음마 수준이었지만, 우리에게는 그나마 단비였다.

균도가 사고를 쳤다. 평소에도 책에 낙서를 심하게 하는 편이었는데, 이번에는 무려 3백 권에 달하는 학교 도서관 책에 낙서를 남긴 것이다. 도움반 선생님과 균도 엄마가 지우개를 들고 수습하려 했지만, 흔적이 심하게 남은 50여 권에 대해서는 학교에서 변상을 요구했다. 물론 별났던 내게는 말하지 않고 균도 엄마를 불렀던 모양이다. 내가 그 이야기를 듣고 찾아가서 왜 변상을 해야 하는지 따져 물으니 아무 말도 못했다. 그 이후 마음 약한 균도 엄마가 중고책을 사서 변상했던가 난 모르겠다.

엉뚱한 균도가 이런저런 사고를 치면서 균도 엄마가 쫓아다니며 고생했지만 다행히 큰 탈은 없었다. 애들이 순수해서인지 친구들과도 사이가 좋았고, 선생님 복도 많았다. 뚱뚱하다고 산에 데려가는 선생님, 한 달 동안 데리고 있으면서 편식을 고쳐 준 선생님, 주말만 되면 균도를 데려가 놀아 주던 선생님 등 균도가 잘 자랄 수 있었던 건 모두 이런 친구들과 선생님들 덕분이었다.

하지만 부모들은 달랐다. 5학년 때 균도는 한 여자아이랑 짝이 되었다. 하루는 균도를 등교시키느라 학교에 갔다가 그만 듣지 못할 이야기를 듣고 말았다. 짝꿍 아이의 엄마가 '병신을 자기 딸이랑 짝꿍을 시켰다' 라며 선생님에게 따지고 있었다. 엄마는 내가 지켜보고 있다는 걸 눈치채고는 부리나케 도망쳤다. 그 이후 다른 사람을 통해 사과의 말을 전해 왔지만 충격은 쉬이 가시지 않았다. 내 앞에서는 균도 때문에 욕본다고 위로하던 엄마였다. 막상 자기 자식의 일이 되니 진심이 나온 것이었다. 그 사건이 있고 난 뒤 균도는 일반 학급에서는 졸업할 때까지 선생님 교탁 옆에서 선생님이랑 짝을 하며 지냈다.

2005년 2월, 균도는 일광 초등학교 77회 졸업생 77명 중 한 명이 되었다. 졸업식 날 균도는 상도 받고 노래도 훌륭하게 불렀다. 앞으로에 대한 고민도 많았지만, 균도가 그만큼 성장했다는 것이 우리 부부는 그저 흐뭇할 따름이었다. 또 한 번 우리는 그렇게 고개를 넘었다.

2005년 2월 어느 날 아내에게 ◆

여보, 어느덧 우리가 처음 만난 지도 15년이 지났군요. 그동안 너무도 허우적 거리며 살아 왔어요. 저녁 늦게 일 다녀오는 당신을 쳐다보면 눈물이 나오. 다리가 부어 투정 부리는데도 남자라고 큰소리만 치는 내가 밉기도 하지?

아마 우리는 그때부터 힘들었지요. 큰놈이 태어나던 날, 난 너무나 기뻤어. 그런데 그 기분 아마 30분이 고작이었을 거야. 30분 뒤에 애를 보여 주면서 호흡 곤란이라 큰 병원으로 옮겨야 한다고 하더군. 당신에게는 말하지 못했어. 큰 병원 가는 인큐베이터 안에 있던 그 녀석 무척 날 닮았더라. 많이 울었어. 꼭 살리고 싶더라. 병원에서도 위험하다고 산모에게는 알리지 말라고 했어. 만약에 일이 잘못되기라도 하면, 아이를 본 산모가 그렇지 않은 산모보다 더 충격이 크다고. 그래도 우리의 끈은 이어졌지. 일주일을 넘게 애만 끓이다 그놈 처음

보던 날 당신 많이 울었지. 내가 낳은 아들이 맞느냐고. 죽다 살아난 그놈은 우리에게 희망이었지.

그런데 그놈이 발달장애라는 이야기에 우린 또 울어야 했지. 당신은 성남에 살면서 균도를 포대기에 들쳐 업고 서울대병원을 오갔지. 균도를 업고 한 손엔 장바구니를 들고 타박타박 고개를 넘던 당신 모습이 지금도 생각나. 너무 안쓰러웠지만 따뜻한 말 한마디 건네지 못했어. 당신 덕분에 우리 아들 큰 병 없이 잘 큰 것 같아.

여보, 며칠 전 그놈이 초등학교를 졸업했지. 앞일에 대한 걱정이 더 크겠지만 너무 걱정 말아요. 나 그래도 오늘 당신 일 나간 뒤 아이 두 명 다 목욕시키고, 밥 다 먹이고 당신 들어오면 먹을 동탯국 끓여 놓았소. 요새 내 일감이 떨어져 걱정이겠지만, 봄이 오면 일거리도 많아질 거야.

큰놈 인생 걱정, 둘째 녀석 공부 걱정에, 신랑 당뇨 걱정까지, 당신은 온통 걱정뿐이겠지. 하지만 당신이 염려하는 만큼 나 골골하지 않아. 아직 당신을 사랑할 힘 남아 있어요. 또 우리에겐 자라나는 두 놈이 있잖소. 여보, 당신이 가장 싫어하며 또 좋아하는 말, 진짜 사랑해요. 아마 난 다시 태어나도 당신을 따라다니는 사람이 되겠이요.

오늘 저녁 당신이 했던 말이 생각나는구료. "균도 아빠, 당신 아마 전생에 천사였나 봐요. 그러니 나 같은 미인 만나지." 오늘도 웃으며 접읍시다. 우리 아직 더 살아야 되지 않겠소. 여보, 사랑하오.

우리 균도

중학생
균도

균도는 무럭무럭 자랐다. 초등학교 때부터 또래 아이들보다 머리 하나가 더 있는 덩치였다. 어린 나이에도 덩치가 커서 엄마랑 목욕탕에 가면 쫓겨나곤 했다. 어느새 균도도 눈치 보지 않고 사촌 형들과도 한바탕 놀 수 있는 남탕을 더 좋아하게 되었다. 균도가 커갈수록 균도 엄마의 고충도 커졌다. 남자 화장실 밖에서 휴지로 닦아라, 손을 씻어라 속삭이며 균도를 코치하다가 안 되면 고개를 숙이고 들어가 데리고 나오는 민망한 일들이 반복됐다. 균정이가 균도와 같은 학교에 입학하면서 균도 때문에 학교에서 힘들어 할 것도 걱정이었다. 균도 엄마는 이제 내가 균도를 돌봐야 한다고 했다.

초등학교를 졸업하고 나서도 여전히 집 주위에는 특수학교가 없었다. 그렇다고 학교를 먼 곳으로 보내고 싶지는 않았고, 비장애인 친구들과 학창 시절을 보내게 하고 싶다는 평소 지론도 바꾸고 싶지 않았다. 중학교는 인근 기장 중학교에 진학하기로 했다. 감색 교복을 맞춰 입히니 어른 같았다. 학교에서는 배치고사를 치르는 데 오라고 했다. 같이 가서 선생님께 자초지종을 설명하니 당황하는 눈치였다. 기장 중학교는 장애 학생이 한 명도 없던 불모지였다. 도움반이 있기는 했지만, 성적이 많이 뒤떨어지는 아이들만 편성한 반이었다. 막상 균도의 반복 행동을 보더니 학교에 비상이 걸렸다. 그날 균도는 시험을 치르지 않고 돌아왔다.

입학식 날도 균도의 손을 잡고 학교에 갔다. 앳된 선생님이 균도를 기다리고 있었다. 균도 때문에 이 학교로 부임한 특수교사 김한나 선생님이었다. 장애 등급을 받은 아이는 균도뿐이었지만 학습 도움반에 가보니 발달장애인 친구가 두 명 더 있었다. 알아보니 '빨간 줄'이 그어진다는 생각에 아직 장애 등록을 하지 않은 아이들이었다.

아무튼 균도의 중학교 생활이 시작되었다. 일반 중학교라 아직 장애 학생에 대한 개념도 없었고, 특수교사 역시 초임이라 힘이 없었다. 특수교사는 장애 전담이 되어야 할 텐데, 정원 외로 뽑은 교사가 아니라 일반 국어도 병행해서 가르쳐야 한다고 했다. 학교 측에서는 특수교사에게 하루에 몇 시간만 학습 도움반에 있고 나머지는 일반 수업을 하라고 했다. 김한나 선생님은 나에게 얼마간 수업을 같이 받아 달라고 했다. 어렵지만 그렇게 해서라도 수업 시간에 혼자 맴도는 균도를 어떻게 대할지 보여 주고 학교 선생님들에게 장애에 대한 인식도 새로 심어 주자는 거였다.

그날부터 나는 모든 일을 야간으로 돌리고 균도가 있는 교실 밖 복도에 책상을 갖다 놓고는 1교시부터 끝날 때까지 보초를 서기 시작했다. 교실 안이 시끌벅적해지면 어김없이 균도였다. 한 시간에 몇 번씩 서성거리는 아이를 자리에 앉히고, 화장실도 같이 갔다. 며칠이 지나고 나니 수업하는 선생님들이 내 존재를 부담스러워 하는 게 보였다. 학부모가, 그것도 덩치가 산만 한 아빠가 떡하니 버티고 있으니 부담이 되는 것도 당연했다.

꼬박 한 달을 그렇게 하고 나니 교장 선생님이 나를 불렀다.

"열심히 하겠습니다. 2학기부터는 김한나 선생님이 특수반에만 근무하도록 하고 보조 교사(현 특수교육 실무사)도 배치하겠습니다."

그사이 학습 도움반의 다른 동급생 친구 둘도 부모들을 설득해 장애 등급을 받게 했다. 각각 2급과 3급을 받았다. 그러니 교육청에서도 더 많은 예산이 배정됐다. 특수교사와 보조 교사의 도움을 받는 아이들이 셋으로 늘어난 셈이었다.

4월부터 나는 학교에 나가지 않았다. 생업을 제쳐놓고 교실 뒤에서 균도만 바라보며 보낸 하루하루는 내게도 힘든 시간이었다. 그 어떤 학창 시절보다 더 길고도 지루했던 한 달이 그렇게 지나갔다.

얼마 뒤 수련회 소식이 들려왔다. 나를 익히 아는 1학년 주임 선생님이 슬며시 의견을 물어 왔다. 균도는 그날 가정학습을 하면 안 되겠느냐고 했다. 난 단호했다. 균도의 자폐 성향은 사회생활을 해야 호전된다고 했다. 선생님은 난감한지 고개를 숙였다. 의논해 보겠다고 하더니 결국 나한테 같이 가달라 했다.

수련회 날, 균도와 같이 나갔더니 선생님이 다시 내게 말했다.

"아버님, 열심히 볼게요. 안 따라 오셔도 될 것 같습니다."

내가 부담스러운 게다. 난 균도에게 단단히 다짐을 받아 뒀다.

"선생님 말씀 잘 듣고 잘 놀다가 와라."

"네!"

대답만은 언제나 씩씩한 균도. 난 그렇게 아이를 세상 속으로 밀어 넣고 있었다.

균도도 학교에서 많은 것을 익혀 나갔다. 컴퓨터와는 아무 관련도 없던 녀석이 타자를 배우더니 문서 작성도 하고 무슨 대회에서 '신의 손' 상을 타오기도 했다. 인터넷 세상도 제 세상이 되었다. 균도에게는 새 세상이 열린 거나 다름없었다. 균도는 더 이상 자기만의 세계에 갇히지 않았다. 아무리 복잡한 주소창도 통째로 외우며 인터넷을 활보했다. 추억도 쌓여 갔다. 친구들과 학교 텃밭에다 야채를 키워 집에 들고 오기도 했고, 높은 곳을 무서워했던 균도지만 선생님과 산에도 기어올라 보고, 겨울방학 때면 기차 여행도 다녔다. 어떻게든 일반 고등학교에 보내고 싶다는 마음으로 3년 내내 균도에게 정성을 다했던 김한나 선생님

덕분이었다. 더 넓은 세상에 살게 하고 싶어서 일반 학교에 보냈던 내 선택에 대한 확신도 굳어졌다. 비장애인 학생들에게도 균도 같은 친구가 있다는 것을 알려 주고, 서로 배려하며 사는 방법을 가르치는 계기가 되겠다는 생각이 들었다.

균도가 들어오고 난 다음 해부터 기장 중학교를 선택하는 장애 학생들이 하나둘 늘어나기 시작해 균도가 3학년이 됐을 때는 열 명이 되었다. 도움반은 국화반으로 이름이 바뀌고 교실에는 활기가 생겼다. 이제 균도의 고등학교 진학 문제는 균도만의 문제가 아니었다. 균도 후배들의 진학 문제까지 걸려 있었다. 지금까지는 혼자 고민하고 혼자 부딪혔지만 이젠 혼자가 아니었다.

특수학교에
가다

기장은 인문계 고등학교도 달랑 한 곳뿐인 시골이었다. 당연히 특수반이 있는 고등학교가 있을 리 없었다. 멀리 떨어진 학교도 알아 봤지만 인원이 다 찼다고 했다. 그해 장애 학생 수가 늘었지만, 교육청이 수요 조사를 잘못한 까닭이었다.

게다가 이제 균도도 학업 스트레스를 받는 것 같았다. 일반 학교에서는 균도도 비장애인 학생과 더불어 시험을 쳤고, 용하게 꼴찌는 면했지만, 아무런 의미 없는 성적표가 날아올 때면 고민이 됐다. 모두가 오로지 대학 진학을 위해 성적에만 매달리는 학교에서 나는 균도가 비장애인 학생과 경쟁해 성적을 낸다는 것이 마음에 들지 않았다.

그런데 때마침 집 근처에 조그만 특수학교가 개교한다는 소식이 들려왔다. 입학 직전까지도 학교 인가가 나질 않아 고심하긴 했지만 마지막 날 조건부 인가가 떨어지면서 겨우 갈 곳이 정해졌다. 부산성우학교 고등부. 학교는 사립이지만, 선생님들이 젊어서 믿음이 생겼다. 그동안 젊은 선생님들이 모두 균도에게 큰 힘이 되어 주었기 때문이다. 게다가 특수학교니 이제 균도도 맞춤식 교육을 받을 수 있을 것 같았다.

성우학교에는 기숙사가 있었고 학교에서는 균도를 기숙사에 넣으라고 했지만 우리는 균도를 곁에 두기로 했다. 기숙사에 보낸다면 균도를 대하는 우리 가족의 마음이 태만해지지 않을까 두려웠다. 그렇게 하면 영영 균도와 멀어지게 될 것만 같았다.

장애 전담 학교인 성우학교에 들어가자 부모로서는 많은 것들이 편해졌다. 통학 버스가 지원되고 등하교 전담 도우미 선생님이 배치되어 등하교도 수월해졌다.

균도도 학교에 잘 적응해 갔다. 학업 스트레스가 없어져 그런 것인지 웃음도 더 크게 웃고 각종 대회에 나가 상도 받아 왔다. 일반 학교에서는 불가능한 일이었다. 특수학교에는 장애 학생들에 맞는 교과과정이 체계화되어 있었고, 신변 처리가 어려운 아이들을 위해 교실 안에는 화장실과 샤워실이 갖춰져 있었다. 아침이면 선생님과 같이 산책을 하면서 걷는 데도 취미를 붙였다. 또 아이들을 사회생활에 적응시키기 위해 현장 체험 학습도 많이 했다. 또 저학년 아이들과 같이 있으면서 본인이 고학년 역할을 해야 하니 식사 당번도 하고 밥도 퍼주고 수저도 나눠 주고 하면서 점점 의젓한 모습이 되어 가는 것 같았다.

하지만 교육 환경이 완전히 만족스러운 것은 아니었다. 공립이 아닌 사립인데다 신설이라는 점까지 겹쳐 교육권에 제한이 많았다. 재단의 교육권 침해 문제부터 아이들의 교육에 대한 투자에 이르기까지 혼자서는 감당하기 너무 버거운 일들이 많았다.

무엇보다 성우학교는 중·고등 과정이 복식수업을 했다. 복식수업은 두 개 이상의 학년을 한 교실로 만들어 운영하는 학급을 말한다. 성우학교에는 중등부와 고등부가 각각 한 개 학급으로 되어 있었다. 중학생 1, 2, 3학년이 모두 한 반, 고등학생 1, 2, 3학년이 모두 한 반으로 편성된 것이다. 아이들은 같은 장애로 구분되더라도 특성이나 수준이 모두 천차만별이라 개별화된 교육이 필요한데, 특수학교에서도 그런 교육은 어려웠다.

또 교실 부족 때문에 전공과 과정은 꿈도 꿀 수 없었다. 그때 당시 부산에 전공과를 운영하고 있던 학교도 두세 개밖에 되지 않았다. 성우학교는 사립학교이고 학생 수가 많지 않다 보니 학생들이 실습할 수 있는 공간이 넉넉하지 않았고,

학생들이 수업할 교실조차 부족했기 때문에 시설 면에서도 전공과를 갖추기 힘들었다. 또 전공과별로 특성화된 직업 프로그램이 있어야만 교육청에서 허가를 내주는데 학생들에게 맞는 직업교육이 특성화되어 있지 않았다. 교육청에도 문의해 보았지만 교육청에서는 사립학교니까 재단의 투자로 해결하라 했고, 애들을 위해 기본적인 것을 요구하는데도 기다리라는 이야기만 돌아왔다. 학교 측에서는 모든 비용을 교육청 지원만으로 감당하려 했다. 사립학교들 가운데는 재단 전입금을 십 원도 내놓지 않는 곳이 부지기수였다. 공적 자금으로 교육비를 충당하면서도 재산권은 사립 재단에 있기 때문에 나타나는 현상이었다. 그 사이에서 애꿎은 우리 아이들만 희생당하고 있었다.

　　　　　　가장 문제는 학교의 위치였다. 그 넓은 부산과 울산의 경계에 있는데, 학교에 올라가 보면 산과 들 말고는 아무것도 보이지 않았다. 위치만으로는 아이들을 더 심한 자폐로 만드는 학교로 보였다. 왜 장애인 학교나 시설은 시내 중심가에 있어서는 안 될까. 장애인 학교나 시설이 근처에 있으면 집값이 떨어진다는 사람들의 생각이 우리 가슴을 멍들게 한다. 물론 나 역시 장애인 부모가 아니었더라면 그랬겠는지 반성도 해봤다.

기장 인구가 10만5천 명, 해운대 인구는 50만 명에 육박한다. 그런데도 장애인 학교가 없다. 의아해 하는 사람들도 있겠지만 이것이 우리 현실이다. 그만큼 우리 아이들은 먼 곳으로 통학한다. 만약 비장애인 아이들이 이런 상황이었다면 그대로 두었을까? 어려운 가운데 학교는 개교했지만, 신시가지에서는 통학 버스로 한 시간 반이 걸리는 거리였다. 몸도 불편한 아이들이 비좁은 통학 버스에서 시간을 허비하고 있었다. 아침 일찍 통학 버스에 오르는 균도를 보고 있노라면, 속에서 뭔가가 울컥 치밀어 올랐다.

더 기막힌 일도 있었다. 학교는 균도가 입학할 당시부터 이런저런 문제로 잡음이 끊이질 않았다. 나 역시 유별나 보일지라도 학교 재단의 문제에 대해 목소리를 높였다. 장애인 교육에 대한 인식조차 제대로 되어 있지 않은 사람들이 특수학교를 운영하는 경우가 많았다. 이런 사람들은 학교를 돈을 벌기 위한 수단으로만 생각한다. 우리나라 사립 특수학교가 다 그렇지는 않겠지만 이러저런 불필요한 잡부금부터 기부금에 이르기까지 부모에게 강요하는 게 지나쳤다. 이상하게도 학교와 장애 아동 사이에는 명확한 갑을 관계가 형성돼 있었고, 학교는 항상 '갑'이고 학부모는 항상 '을'이었다.

◆ ◆ ◆

부산성우학교 이사장과 그 부인이 구속 기소되면서 성우학교 비리는 공식화되었다. 무자격자인 이사장 부인을 교장 직무대리로 앉혀 놓고 지원금 횡령 등 각종 비리를 일삼아 온 사실이 적발된 것이다. 교육청 감사 결과 이사장은 학교가 개교한 2008년 3월부터 3년간 교장을 임용하지 않은 채 기간제 교사인 자신의 아내에게 불법적으로 교장 직무를 수행하도록 했으며, 이후 교원 임용 시험도 시험장이 아닌 교장실에서 시험 감독도 없이 치르게 해 아내를 정교사로 임용한 것으로 드러났다. 또 이사장의 아내는 방과 후 학교 예산 7,800여만 원 등 모두 1억2,800여만 원을 횡령하고, 학교 시설 공사 업체로부터 대가성 금액 770만 원을 수수한 것으로 밝혀졌다. 이밖에도 2008년부터 3년간 담당 교과 수업을 맡지도 않았으면서 수업을 진행한 것처럼 허위로 서류를 꾸미기도 했다. 그러나 성우학원 이사진은 개교 이래 2011년 3월까지 단 한 차례도 이사회를 개최하지 않았으며, 열여섯 차례에 걸쳐 허위로 작성된 이사회 회의록과 감사 보고서에 참석자 서명만 하는 등 유명무실한 감사를 펴 온 것으로 확인됐다. 이후 이사장과 이사 6인의 임원 승인이 취소되고 임시 이사장이 파견되었으나 2015년 현재 기존의 이사장과 그 부인이 모두 복귀한 상태다.___『노컷뉴스』(2011/10/27) 참조

균도가 맺어 준
인연

균도가 특수학교에 진학하고 난 뒤 나는 학부모 대
표로 학교 운영 위원회 부위원장을 맡았다. 사립학교 재단 측과도 자주 날 선 공방
전을 벌였고, 교육청도 수없이 찾아가 장학관까지 만나 보았지만, 사학이라는 이
유로 어쩔 수 없다는 대답만 돌아왔다.

장애인 부모로서 아이들을 위해 이리저리 뛰어다니다 보니 답답한 게 이만
저만이 아니었다. 관련자들을 만나 우리 아이들 처지가 이렇다고 하소연도 해보
고 요구 사항도 전달해 보았지만, 현실은 냉정했고, 나는 모르는 게 너무나 많았
다. 나 역시 배워야 한다는 생각이 들었다. 알지 못하면 그저 막무가내 부모라는
이름밖에 남지 않을 것 같았다. 낮에는 아이를 보고 밤에는 바닷가 포장마차에
서 일을 하면서 장애 서적들을 읽기 시작했다.

균도 중학교 때만 해도, 학교 현장에서 혼자 부딪혀 해결하는 것이 고작이었
다. 그저 억척스럽게 쫓아다니며 큰소리로 항의하면 되는 줄 알았다. 내 아들,
내 가족만 챙기면 그만이라는 생각도 컸다. 그때는 장애인 인권이라는 것도 몰
랐다. 장애에 대한 편견도 누구 못지않았다. 장애인의 능력에 대한 편견, 장애인
운동에 대한 편견 모두 보통 사람들과 다르지 않았다.

그러다 균도가 특수학교에 들어가고 학교 회의에 참석하면서부터, 부모회
사람들과 고민을 나누기 시작했다. 서로의 애환을 나누는 데서 출발했다. 장애
인 부모들에게는 모두 안타까운 사연이 있었다. 늦게 낳은 쌍둥이 아들이 둘 다
발달장애인이 된 분, 아이에게 '엄마' 소리 한 번 들어 보는 것이 소원이라는 분

도 있었다. 이들과 함께 있으니 든든했다. 나만의 일, 우리 가족만의 일이 아니라는 것을 알게 되니 자신감도 생겼다. 전국적으로 등록 장애인만 해도 250만 명. 미등록 장애인과 그 가족을 합치면, 장애인과 장애 가족은 1천만에 육박했다. 우리는 결코 소수가 아니었다.

　　　　　　균도가 1학년을 마칠 무렵 균도의 미래를 위해 저렇게만 키울 수 없다는 생각이 들었다. 학교에 영원히 다닐 수도 없고 미래에 대한 준비가 있어야 할 것 같았다. 균도가 고등학교를 마치고 사회생활을 시작할 때 난 대학을 졸업해서 남은 인생을 사회복지사로 균도와 함께 꾸려 가고 싶었다. 균도 엄마에게 다시 공부를 하고 싶다고 했다. 고심 끝에 내린 결정이라 생각했던지 균도 엄마도 순순히 허락했다. 균도가 할 공부를 대신하는 것이니 더 열심히 하라고도 했다. 이제 생계는 완전히 균도 엄마의 차지가 될 것이었다.

　그렇게 균도가 고등학교 2학년이 되던 해, 나는 대학교 3학년이 되었다. 20년이 지나 다시 시작한 공부인 만큼 열심히 하고 싶었다. 학교도 전문대학이나 사이버 대학이 아닌 부산가톨릭대학교 사회복지학부를 선택했다. 지난날 내가 다니던 학교와는 분위기가 많이 달랐지만, 균도와 미래를 같이 설계한다는 마음으로 낮에는 학교에서, 주말에는 가게에서 열심히 하루하루를 꾸려 갔다.

　아침이 바빠졌다. 균도가 학교 가는 뒷모습을 보고 나도 학교로 향했다. 수업 시간은 몇 시간 되지 않았지만, 하나라도 더 배우기 위해 노력했다. 하지만 현실은 여러 가지로 기대와 달랐다. 장애인 복지에 대해 듣고 싶었지만, 학교 커리큘럼에는 거의 없었다. 장애인 복지는 사회복지의 수많은 분야 가운데 그저 하나일 뿐이었고, 선택할 수 있는 수업 역시 한 과목뿐이었다. 그마저도 지금 장애인의 현실과는 맞지 않는 내용을 주입식으로 가르칠 뿐이었다.

학생들도 장애에 대해 다른 영역보다 소홀하게 생각하는 것 같았다. 장애 체험 학습 같은 숙제를 내줘도 겉핥기로만 조사를 해왔다. 일정 시간 의무적으로 해야 하는 자원봉사 역시 쉬운 곳으로만 골라 했다. 함께 지내다 보니 애들이 처한 현실이 보였다. 사회복지학과에 어떤 사회의식을 갖고 들어온 학생은 거의 없었다. 취업 때문에 오는 경우가 대부분이었다. 장애 문제에는 전혀 관심이 없다가 취업을 앞두고 겨우 관심을 가져 보는 학생들도 소수였지만, 그마저도 힘든 일이라는 이유로 계속 관심을 갖는 경우가 없었다.

학생들의 사회의식도 내가 처음 대학을 다니던 때와는 많이 달랐다. 무상 급식 문제로 설문 조사를 했는데, 다수가 왜 무상 급식을 해야 하는지 모르겠다고 대답했다. 다른 학과 같으면 모르겠지만 사회복지학과에서 나올 대답이라고는 생각지 못했던 답변들이었다. 내가 평소에 보아 온 장애인 활동가들과도 너무 달랐다. 이제 대학은 정말 학점 사냥터, 취업 학원으로 전락한 것 같았다. 내가 공부한 사회복지라는 학문 역시 국가고시와 취업을 위한 학문이 되어 버린 것 같았다.

대학에 다니면서 복지계의 현실이 왜 여기에 이르렀는지 차차 이해하게 되었다. 취업이 잘된다고 해서 어느 학교에서나 사회복지학과를 설치하고 복지사 교육을 한다. 일반 대학뿐만 아니라 전문대학, 사이버 대학 그리고 평생교육원에까지 사회복지학과가 있다. 그래서 우스갯소리로 운전면허 다음으로 흔한 것이 사회복지사 자격이라는 이야기까지 나온다. 그러나 졸업해도 학생들은 갈 곳이 없었다. 보수도 너무 적었다. 일하기 어려운 곳은 무자격자나 사이버 대학 또는 평생교육원 출신들로 채워져 있었다. 사회복지 현장도 등급화되어 최고의 일자리는 사회복지 전담 공무원, 그 다음이 종합사회복지관, 노인복지관, 장애인복지관 순이었다. 그리고 그 자리를 차지하는 사람들은 4년제 대학이나 석사 학위 소지자들이었다. 이런 현실에서 내가 과연 졸업하고 사회복지사로 원하는 일을 할 수 있을까? 공부가 늘어 갈수록 고민도 늘어만 갔다.

할 수 있는
일을 하자

여름방학이 되기 전 균도는 느닷없이 군대에 가
겠다고 생떼를 썼다. 우리 아이들도 하고 싶은 것이 많다. 보이는 건 뭐든 하고
싶어 한다. 며칠 동안 떼를 쓰기에 기장·해운대장애인부모회 회원들과 자원봉
사자들과 함께 2박 3일로 포항 장애인 해병대 병영 캠프를 다녀왔다. 부모들의
휴식을 위해 사회복지과 학생들에게도 도움을 청했다. 아이들도 그랬지만, 오랜
만에 쉴 수 있게 된 부모들이 너무 좋아했다. 군복을 입고 사흘간 고생하다 오
더니 균도는 이제 군대 갔다 왔다고 안 가도 된다 했다.

병영 체험을 다녀온 다음 날 나는 바로 서울로 향했다. 이틀 전부터 장애아
동복지지원법 제정을 위해 국가인권위원회(이하 '인권위')에서 농성 중인 장애인
부모들의 단식 농성에 합류하기 위해서였다. 도착해서 보니 단식을 시작한 지
며칠 되지 않았지만, 뜨거운 날씨에 다들 힘들어 하고 있었다. 바람이 통하지 않
는 고층 건물을 점거한 부모들이나 인권위 직원들 모두 곤혹스러워 했다. 인권
위 직원들은 대체로 협조적이었으나 에어컨을 끄고 퇴근한 터였다.

작년부터 이명박 정부에 의해 현병철이 위원장으로 임명된 뒤로 인권위는
제 구실을 못하고 있었다. 장애인들이 수년간 싸워서 만든 장애인차별금지법이
이제 막 시행되려는데 인권위 조직이 통폐합·축소돼 버렸다. 인권위 건물 11층
에서 위원장 사퇴와 장애 관련 3대 법안(국민기초생활보장법, 장애인활동지원법, 장애아
동복지지원법) 재개정을 요구하며 점거 농성을 벌이던 장애인 10여 명의 식사 반
입을 금지하고, 난방과 전기를 끊어 버리는 일이 생겼다. 활동 보조 제도 개악에

우리 균도

항의하며 진정서를 제출하려는 장애인들에 대해 '점거 농성을 할 우려가 있다'며 인권위 건물 엘리베이터를 정지시키기도 했다.

나는 하나라도 더 배우기 위해 밤낮으로 신경을 곤두세웠다. 부모 운동을 하면서 배운 것들, 부모 운동의 방향과 성과, 우리가 준비해야 하는 것들에 대해 다양한 이야기를 들을 수 있었다. 장애인 부모가 어떻게 사회와 소통해야 하는지도 어렴풋하게나마 깨닫게 되었다. 점거 농성이다 보니 대화를 나눌 기회가 많았고, 지방의 부모 활동가와 전임 활동가들 간에도 많은 토론이 있었다. 각자가 잘하는 것, 투쟁 방법, 다른 장애인 부모와 연대하는 법도 배웠다. 또 당시 우리를 지지하던 국회의원들을 만나면서 법의 필요성을 더욱 절실히 느끼게 되었다. 전국적인 이슈화를 위해서는 결국 서울에서 주목을 받아야 한다는 것, 그렇지 않으면 법은 바뀌지 않을 거란 생각도 들었다.

값진 충고도 들었다. 한 부모회 회원이 내가 너무 의욕만 넘쳐 보였는지 본인이 잘할 수 있는 것을 찾아보라고 진심 어린 충고를 해주었다. 갑자기 한 대 얻어맞은 기분이었다. 그 말이 맞았다. 나는 신체장애에 대해 이야기할 수도 없고, 장애인 당사자로서 이야기할 수도 없었다. 내가 잘할 수 있는 것은 결국 균도 이야기였다. 이런저런 방법들을 궁리하다가 서울까지 걸어 보자는 생각이 들었다. '나도 균도도 잘할 수 있는 것을 하자.' 장애인 부모 활동가의 길이 어렴풋이 보였다.

활동가들이 열심히 하는 모습도 인상적이었다. 분명히 장애인 당사자나 비장애인 활동가들과 우리 부모 활동가는 다르다. 비장애인 활동가들은 장애인 당사자에 대한 '보조자'의 입장에 서는 것이 가능했지만, 우리는 그렇지 않았다. 발달장애인의 부모, 그러니까 자기 의사를 사회가 쉽게 알아듣는 방식으로 표현할 수 없는 아이들의 대변자인 우리는 당사자가 아니라도 우리 아이들을 대변해야 했고, 그들의 생계를 책임져야 했다. 우선 난 법안 제정을 어떻게든 돕기로 결심했다.

단식 도중에도 1인 시위에 참여하고 국회의원을 만나 장애아동복지지원법의 당위성을 설명했다. 그리고 2010년 9월 3일, 삭발을 하고 부산에 내려왔다. 전국 장애인 부모 마흔아홉 명이 함께였다. 우리 아이들을 위해서라고 생각하니 빡빡 깎은 머리도 부끄럽지 않았다. 하지만 장애인 신문을 제외하고는 그 어디서도 우리를 주목하는 곳은 없었다.

빡빡머리로 학교에 돌아가서 마지막 학기를 준비했다. 학생들은 내 머리에 대해 수군거렸으나, 몇몇 친구들은 나를 격려해 주었다.

균도야
아빠랑
여행 가자

        고등학교 2학년이 되면서 균도는 취업 교육까지 병행하기 시작했다. 그렇지만 학교 수업은 장애인 보호 작업장과 별반 다를 게 없었다. 종이 포장지를 접거나 하는 소일거리로 하루를 지냈다.

    발달장애인이 사회에서 할 수 있는 일은 과연 뭘까? 나도 학교에서 많은 고민을 하게 됐다. 교육부가 주관하는 취업 교육과 보건복지부 고용노동부가 장애인에게 지정해 주는 일자리는 전부 장애인 취업 수당을 보장했지만 이를 악용하는 기업이 많아 한시적인 일자리가 대부분이었고, 정부 보조가 끊기면 장애인은 다시 부모의 보호 아래 놓이게 되는 게 현실이었다. 정부나 공기업마저 장애인을 취업시키기보다는 벌금을 내는 것이 더 낫다고 이야기하고 있었다. 어느 한 곳에 장애인 일자리가 나면 우르르 몰려들 수밖에 없었고 그나마 행동 장애가 심하거나 중증 장애를 갖고 있는 이들에게는 해당 사항이 없었다. 이들이 사회에서 할 수 있는 일은 없었다. 스스로 살아갈 수 없는 것이다. 사회도 도와주지 않으니 모든 것은 부모 책임일 수밖에 없다. 그리고 기약 없는 시간은 잘도 흘러 얼마 전 학교에 간다고 좋아하던 꼬마가 벌써 청년이 되어 있었다.

    균도의 학창 시절도 이제 한 학기만을 남겨 두고 있었다. 학교에서 직업교육을 받았지만, 균도에게는 어느 곳도 허락되지 않았다. 성우학교에는 전공과 과정이 없었고, 보호 작업장은 몇 차례 예비로 들어갔지만 과잉 행동으로 통과되지 못했다. 균도의 반복 행동을 다른 아이가 따라 하면서 결국 다른 사람 작업까

지 방해한다는 것이었다. 결국 균도는 아무 곳도 가지 못했다. 아빠는 사회복지
사로 세상에 나오려 하는데, 정작 아이는 세상에 갈 곳이 없었다.

　　　　　　　　　　무력감만 더해 가던 그때 구의원을 하고 있던 친
구와 영관 형이 걸으면서 문제를 던져 보는 게 어떻겠냐고 운을 띄웠다. 인권위
단식 농성장에서부터 시작했던 고민이 실마리를 찾는 것 같았다.

　　하지만 사실 나도 균도도 운동과는 거리가 먼 사람들이었다. 모두 180센티
미터가 넘는 키에 몸무게도 1백 킬로그램에 육박했다. 균도는 고도 비만, 나는
중등도 비만이었다. 혼자 움직이는 것도 귀찮을 때가 많았다. 균도 때문에 동네
끌려 다니는 것이 내가 하는 운동의 전부였다. 최고 문제는 지병이었다. 대사 증
후군. 당뇨부터 고혈압, 콜레스테롤 과다까지 모든 것이 정상이 아니었다.

　　이런 고민의 와중에 해운대 마을 만들기라는 모임에서 소모임으로 '해운대
마을학교 걷기 대회'라는 프로그램이 만들어졌다. 그것을 몇 달간 하다 보니 균
도가 걷는 데 소질이 있다는 것을 알게 되었다. 처음에는 보름 정도 버스를 타고
다니며 우리 이야기를 적은 인쇄물을 나눠 줄 계획이었다. 당협 회의 자리에서
이 이야기를 했더니 이미 걷기를 해본 화덕헌 의원이 한 달이면 걸을 수 있다고
해보라는 이야기가 또 나왔다. 나도 가다가 돌아오더라도 간 만큼 성공한 것으로
생각하고 걸으면 되겠다는 생각이 들었다. 균도와 나와의 추억 만들기라고 생각
하면 될 것 같았다. 준비하다 보니 장애인 부모들의 격려가 이어지면서 전국장애
인부모연대와 부산장애인부모회에도 공식적으로 프로그램을 알리게 되었다. 재
정적으로는 당원과 부모회의 지원을 받기로 했다.

　　균도에게도 이야기했다. 아빠랑 여행 가자. 졸업하면 서울까지 여행 가자.
균도도 너무 좋아했다. 균도가 좋아하니 간다. 계획을 진행하고 균도와 걷기 연

습을 하다 보니, 지원 세력도 생겼다. 혼자만의 이야기가 아니라, 부모의 마음을 담기로 했다. 그렇지만 얼마 동안은 실패에 대한 근심으로 무척이나 초조했다. 바람이 차다는 핑계로 운동은 게을리하고 있었다. 그래도 준비한 보도자료를 방송국에 전했다. 『부산일보』에 크게 기사가 났다. 이제는 진짜 가야 하는 모양이다. 지방 방송국에서도 다큐멘터리를 찍는다고 왔다. 아, 이제 큰일이다.

　　　　　　　　졸업식 날 균도는 즐거워 방방 뛰다가는 내일부터 학교에 오지 않을 거라 하니 갑자기 시무룩해졌다. 그런 모습을 보니 균도도 성숙해진 것 같았다.

　졸업생 대표로 균도가 송사를 했다. 또박또박 읽다가는 총알처럼 빨리 읽어 내린다. 송사처럼 균도도 순식간에 청년기로 들어섰다. 그 다음 날, 나도 사회복지학사가 되었다. 둘이 졸업을 하고 나니 우리 집 남자들은 모두가 백수가 되어 있었다.

　　　　　　　　"균도는 이제 학생이 아니므로 장애 아동에 대한 복지 지원은 2월로 마무리됩니다."

　군청에서 전화가 왔다. 더 이상 장애인 아동 수당이 나오지 않는다는 것이었다. 너무 단칼에 자르니 좀 그랬다. 균도를 보호하고 있던 울타리가 또 한 꺼풀 벗겨졌다. 아직 우리는 아무것도 준비한 것이 없는데 이제 사회는 균도를 성인이라 했다. 학교라는 울타리가 얼마나 아늑한 것이었는지 비로소 체감할 수 있었다. 균도의 학령기 마지막 겨울은 우리 부부에게 희망의 끝이었다.

　우리는 균도가 학교를 졸업하기 두 달 전부터 복지관 순번에서 밀리지 않기 위해 부랴부랴 균도를 장애인 주간 보호 센터에 밀어 넣었다. 그것도 우리가 사는 기장의 복지관에는 인원이 넘쳐 집에서 한 시간 정도 떨어진 해운대로 가기로 했다. 그것마저 없다면 성인이 된 균도가 무엇을 하며 살 수 있을지 너무 막막했다.

출발을 사흘 앞두고 건강검진 결과가 나왔다. 직장암이었다. 자는 균도의 손을 잡고 밤새 울었다. 균도를 남겨 두고 갈 수도 있다고 생각하니 한없이 눈물이 났다. 지금까지 제법하게 해준 것도 없고, 이제 막 뭔가를 해주려 하는데 이런 일이 닥치니 서럽고 미안했다. 하지만 걷기는 무조건 진행한다고 굳게 마음먹었다. 다음 날 병원에 가니 다행히 아직 초기라 걷는 데는 지장이 없다고 했다. 수술은 다녀온 뒤에 하기로 했다.

복잡했던 날을 뒤로하고 이제 떠난다. 균도와 세상 속으로. 저 넓은 세상을 향해……

특수교육과 장애인 취업

박진한(부산성우학교 교사)

특수한 교육 욕구를 지닌 장애 아동을 대상으로 하는 특수교육은 정신지체, 시각 장애, 청각 장애, 지체 장애를 가진 이들에게 제공되며 특수 아동의 독립적인 삶의 성취를 가장 중요한 목표로 한다. 독립적 삶이란 자신이 속한 일반적인 환경에서 성공적으로 행동하고 적응하는 것을 의미한다. 이를 위해 특수 아동에게는 크게 두 가지 선택지가 주어진다. 하나는 특수교육 대상자들만 다닐 수 있는 특수학교이고 다른 하나는 일반 학교의 특수학급이다.

학생의 장애가 가벼워서 좀 더 교육을 받는다면 비장애인 학생들과 어울릴 수 있지 않을까 하는 희망에서 일반 학교로 보내는 부모들도 있고, 처음부터 학생의 장애에 맞는 서비스를 받을 수 있도록 특수학교로 보내는 부모들도 있다. 장단점이 있기 때문에 무엇이 옳다 그르다 말하기는 어렵다. 균도처럼 일반 학교에 있다가 특수학교로 오는 경우도 많은데, 이는 특수학교 고등 과정에서 학령기 이후 직업 생활을 염두에 두고 실시하는 직업교육 때문이다.

특수교육 중등 과정에서 직장 생활을 할 때의 기본적인 자세에 대해 학습했다면, 고등 과정에서는 목공, 도예, 농업 등의 기술들을 실습을 통해 경험해 보고, 각 분야에 소질이 있는 학생들을 선별해서 직종에 맞게 교육을 실시한다. 직업교육은 상당히 방대하다. 요즘 인기를 끌고 있는 바리스타, 제빵사를 비롯해 사무 보조, 도예, 목공, 공장의 단순노동, 농업기술까지 다양하게 교육한다.

특수교육 대상 학생이 고등학교를 졸업하고 나면, 바로 취업을 할 수도 있지만 '전공과' 과정에서 특성화된 직업교육을 받을 수도 있다. 전공과 과정의 기간은 각 시도별로 차이가 있으나 보통 1~2년이다. 일반 전문대와 비슷하다고 볼 수 있지만 전공과는 특수학교 내에 존재하고, 중등 특수교육 직업 과목 선생님들이 가르친다. 균도가 성우학교 고등부를 다닐 당시만 하더라도 '전공과'는 각 시도별로 몇 개 존재하지 않았으나 지금은 학생 수가 일정 규모가 되면 교육청의 승인을 거쳐 운영할 수 있다. 특수교육 대상자들이 전공과에 진학하려면 비장애인이 일반 대학에 들어갈 때와 마찬가지로 시험을 치러야 한다. 시험에서는 직업 교육의 기초를 얼마나 잘 숙지하고 있는지를 알아본다. 시설이 좋은 특수학교의 전공과는 입시 경쟁이 치열하고 재수를 해서 전공과에 들어가는 학생들도 있다. 전공과 과정을 마친 경우 다시 다른 전공과로 들어가는 것은 불가능하다.

균도를 비롯해 우리 학교 학생들도 학교 주변에 공단이 조성되어 있어서 많은 실습장을 다녔다. 천연 조미료를 만드는 회사, 자동차 부품을 만드는 회사, 백화점 납품 봉투를 만드는 복지관, 제과·제빵 기술을 알려주는 기술학교, 천연 양초를 만드는 공장, 도자기 공장, 스팀 세차장, 패스트푸드점 등에 가서 실습을 해보고 관련 기술도 배워보고, 소질이 있는지 없는지에 대한 평가도 내렸다.

그런데 이렇게 실습을 많이 하고 기술을 익혀도 우리 아이들을 고용하는 회사는 거의 없다. "요즘은 어디서 일하니?" 졸업생들을 만날 때면 우리가 제일 먼저 하는 질문이지만 씁쓸하게도 직장이 바뀌어 있거나 집에 있다고 하는 경우가 다반사다. 매년 학교가 배출하는 졸업생은 많은데 이들을 받아들이는 회사는 극소수인데다 고용하는 인원도 두세 명밖에 안 된다. 아무리 열심히 교육을 받는다 해도 관련 직종에서 받아 주질 않으니 애써 배운 기술이 물거품이 되는 것이다. 정작 취업을 한다 해도 열악한 작업환경에서 제대로 된 임금도 받지 못한 채 일하는 경우가 대부분이다. 물론 경영을 해야하는 분들의 입장을 이해하지 못하는 건 아니지만 교사의 마음으로 보면 안타까운 것이 사실이다. 내 마음도 이런데 부모님들은 취업 현장에 아이들을 내보내며 얼마나 가슴 찢어지는 일들이 많았을지 짐작하고도 남음이다. 사정이 이렇다 보니 부모님들 몇몇이 모여 더 이상 학교에만 머무를 수 없는 아이들을 위해 작은 카페나 떡집, 피자 가게를 운영하는 경우도 많다. 하지만 모든 부모가 이렇게 할 수 있는 것도 아니고, 이것이 장기적으로 우리 아이들을 위한 바람직한 대안이 될 수 있을지는 사회가 좀 더 생각해 봐야 할 것이다.

2부

느리게
걸어 걸어

대장정의
시작

안녕하세요? 저는 균도 아빠 이진섭입니다. 제 아들 균도는 올해 고등학교 졸업을 앞
둔 3학년입니다. 이제 곧 험한 세상 속에 뛰어들 준비를 해야 할 나이지요. 고3 학생
들이 취업, 진로에 대한 걱정으로 힘든 시기지만 균도에게만은 해당되지 않는 이야기
입니다. 왜냐하면 우리 균도는 1급 자폐성 장애인이기 때문입니다.

발달장애인이란 지적 장애, 자폐성 장애, 뇌병변 장애인을 통칭하는 말입니다. 아시다
시피 발달장애인들은 평생 발달장애를 안고 살아갈 수밖에 없기에 사실상 정상적인
사회생활이 거의 불가능합니다. 태어날 때부터 지금까지 타인의 손길에 의지해 살아
온 균도의 경우는 말할 것도 없습니다. 평생을 발달장애인으로 살아가야 할 균도에게
부모의 존재는 사실 매우 절대적이지요. 평생 균도 옆에 있어 줄 수만 있다면 좋겠지
만 그럴 수 없는 것이 현실 아니겠습니까?

다행히 최근 국회에서 '장애아동복지지원법', '발달장애인법' 등을 제정하려는 움직임
이 일어나고 있습니다. 하지만 발달장애 아동의 미래는 아직도 막막합니다. '장애아동
복지지원법'과 '발달장애인법'이 제정되어 제 아들 균도가 세상 많은 이들과 더불어
살았으면 하는 바람으로 균도와 저는 부산에서 서울까지 6백 킬로미터를 함께 걸어갈
계획입니다. 부디 균도가 6백 킬로미터라는 기나긴 여정을 무사히 버틸 수 있도록 도
와주십시오. 균도의 이 여정은 2011년 3월 12일 부산시청을 출발해, 세계 장애인의날
인 4월 20일에 서울 국회의사당에 도착해 마무리하려 합니다. 지역의 많은 장애인들
과 그 부모님들도 함께 동참할 것입니다. 많은 관심 부탁드립니다.

40일간의 대장정이 시작되었다. 아침 일찍부터 KBS 촬영팀이 집에 찾아왔다. 가족이 모두 모인 곳을 촬영하고 싶어 했다. 균도는 카메라를 보자마자 브이자를 그리며 히죽거리기 시작했지만 균도 엄마와 균정이는 부담스러워 하는 눈치다. 그래도 균도를 위한다는 일념으로 인터뷰에 임한다. 아나운서가 걱정되지 않느냐고 묻자 균도 엄마는 천연덕스럽게 대꾸한다. "걱정은 되는데요, 기분은 좋아요. 저는 집에서 혼자 좀 자유롭게 지낼 수 있을 것 같아서." 균도는 그새 기분이 점점 더 좋아져 방방 뛰고 있었다. 나는 균도 손을 꼭 잡고 카메라 앞에 붙잡아 두느라 애를 먹었다. 하지만 그것도 잠깐, 내가 아나운서와 이야기를 시작하면 또 일어나 딴짓을 시작한다.

난생 처음 많은 언론의 주목을 받다 보니 낯설고 얼떨한 느낌이 가시질 않았다. 국제신문, 중앙일보, 문화방송, 장애인방송, KNN …… 이른 아침부터 기억조차 나지 않을 만큼 많은 인터뷰를 했다. 출정식에 앞서 나는 균도에게 흰색 티셔츠를 입혀 주었다. 티셔츠에는 "발달장애인법 제정, 장애아동복지법 제정, 장애인 교육권 획득"이라고 쓰여 있다. 균도는 들뜬 기분에 엄마 두 손을 잡고는 여행 가서 할 일을 재잘거린다.

"가서 균도는, 〈1과 2분의 1〉을 부를 거예요."

집에서는 담담하던 균도 엄마는 이미 눈가가 젖어 있다.

"잃어버리면 안 된다. 제일 중요한 거, 아빠 손 꼭 잡고, 아빠 말 잘 듣고."

"네! 아빠 말 잘 들어야 합니다."

출정식이 시작됐다. 나와 균도가 같이 선언문을 낭독했다. 균도는 내가 건넨 마이크에 입을 바짝 붙이고는 속사포처럼 글자를 읽어 내린다. 균도에게 띄어쓰기란 없다. 당연히 띄어서 말하는 법도 없다. 모두가 다 알아들을 수는 없었지만 마지막만은 명확하다.

"2011년 3월 12일! 아빠 이진섭! 균도!"

점심 식사를 하고 출발하려는 순간 장애인 방송에 계시는 분이 소감을 물어왔다. "발달장애인들이 우리 곁에서 살게 해주세요……" 라고 이야기하다가 감정이 복받쳐 올라 울먹거리고 말았다.

부산시청에서 한 시가 넘어 출발한 까닭에 걸음을 재촉했지만 멀리 가지는 못했다. 5시 30분, 노포동 터미널에 도착해 국밥 한 그릇으로 하루를 정리했다.

끈을
꼭 잡고

아침 9시에 청룡동 숙소에서부터 무작정 걷기 시작했다. 왁자지껄 분주했던 어제와 달리 오늘은 둘뿐이다. 속도를 조금 냈다. 사람들이 "화이팅"을 외치며 지나간다. 두 명이 보조를 맞추기에 외롭지는 않았지만, 부산을 벗어나는데 연신 눈물이 났다. 앞서가는 균도를 바라보며 그동안 균도를 키워 온 세월이 주마등처럼 스쳐 지나갔다. 진짜 내가 균도를 사랑하고 아껴서 여기까지 왔는가? 스스로에게 되물었다.

발달장애인의 아빠로 산다는 게 쉽지만은 않다. 지금도 균도의 배낭 끈을 잡고 가는 중이다. 이 끈은 위급한 순간 우리를 구해 줄 생명줄이다. 주로 국도변을 걷기 때문에 큰 차가 지나갈 때 서로를 보호하기 위해 묶어 두었다. 남들은 내가 위급한 순간에 아이를 구하기 위해 연결해 놓은 끈인 줄로만 알고 있지만, 사실 균도가 굉음 소리에 흥분해 과잉 행동을 보일 때 나를 구하기 위해 묶어 놓은 것이기도 하다. 균도는 간혹 위급한 상황에서 남을 밀어내곤 한다. 하지만 끈이 묶여 있으면 자신도 따라 들어가는 것을 알기 때문에 밀지 않는다. 그래서 이 끈은 균도를 보호하고 제지하는 끈이기도 하지만 나를 위험에서 구해 주는 끈이기도 하다.

천천히 걸으면서 보고 있자니 균도와 내 인생을 연결해 놓은 끈 같아 보인다. 그 끈 때문에 가끔은 힘들 때도 있겠지만 끊어지지 않고 지금처럼 계속 붙어 있으면 좋겠다.

내일 걸을 구간이 고갯길이고 비도 조금 내린다기에 오늘은 예정과 달리 조금 더 가보기로 했다. 속도를 내서 걸으니 어제와 달리 균도가 힘들어 하는 기색이 역력하다. 조금 더 가다 고기를 사주겠다고 얼르며 발걸음을 재촉했다. 예상보다 빨리 양산에 도착했다. 지나는 사람들이 우리 뒤에 붙여 놓은 몸자보에 관심을 가진다. 몸자보에는 "장애아동복지법 제정하라" "발달장애인법 제정하라" 라고 쓰여 있다. 제발 발달장애인에게 관심을 가져 달라고 몸으로 이야기하기 위한 것이다.

부산대학교 양산 병원을 지나는데, 균도가 밥을 사달라고 떼를 쓴다. 인근에서 밥집을 찾아 들어가 항정살 3인분을 시켰다. 그런데 균도의 행동장애가 시작됐다. 거리로 나가 미친 듯이 뛰어다니다 다른 사람에게 괴성을 지르면서 행동을 제어하지 못한다. 마음은 아프지만 강압적인 자세를 취해 본다. 그러다 보면 어느덧 균도가 내 눈에 고인 눈물을 보고는 잠잠해진다. 사람들은 이런 균도의 행동을 볼 때마다 불편하다는 눈으로 우리를 쳐다본다. 그나마 이번엔 몸자보 때문인지 이해해 주는 분위기이긴 하다. 고맙기도 하지만, 괜한 심통도 난다. 발달장애인들은 이렇게 이름표를 붙이고 살아야 하는 걸까?

밥집 아르바이트생으로 보이는 학생이 우리에게 관심을 보였다. 대구대 유아특수교육과에 다니는 그 집 딸이란다. 며칠 지나면 대구를 거쳐 가는데, 학교에 가면 많이 응원해 달라고 부탁했다. 하지만 요즘은 학교를 졸업해도 취업이 잘 안 되니 학생들이 그런 데는 별 관심이 없을 거라 한다. 장애아동복지지원법이 통과되면 특수교육 전공자에게 일자리도 많이 생길 거라고, 우리 아이들의 선생이자 지지자로 와달라고 이야기했다.

식사를 마치고 나니 균도가 너무 힘들어 한다. 오래 걷지는 못할 것이라 판단하고 조금만 더 가서 숙소를 구하자고 달랬다.

드디어 오늘 목적지 원동고갯길 아래 물금에 도착했다. 숙소를 구하고 나니 후배 녀석이 차를 몰고 달려왔다. 우리 둘만 가는 길 같았는 관심을 가져 주는 사람이 많으니 고맙고 기쁘다. 앞으로 우리가 살아갈 길도 그랬으면 좋겠다. 오늘은 청룡동에서 물금까지 걸었다. 내일은 고갯길이다.

뭐해요,
균도 아빠

무척 더워 피곤한 날이었다. 물금에서 아침 8시에
출발해 고개를 두 개 넘었다. 총 이동 거리는 20킬로미터가 조금 더 되는 것 같
다. 재촉하며 걸었지만, 더워서 진도가 나가지 않았다. 고개를 넘어가자니 몸집
이 큰 균도가 힘들어 한다. 물론 나 역시 힘들다.

하지만 생각보다 균도가 아빠에게 많은 것을 배려해서 놀라고 있다. 평소 집
에서 주전부리를 할 때면 자기 방에 들어가서 다 먹고 빈 봉지만 갖고 나왔는데,
오늘은 웬일인지 하나씩 나눠 준다. 균도는 어린 시절부터 혼자 노는 걸 좋아했
다. 그 혼자 놀기란 것도 사실은 한 곳만 응시하며 자기만의 세계를 맴도는 것이
다. 먹는 것도 구석으로 들어가 다 먹고 나온다. 그때만큼은 아무도 균도를 건들
지 못한다. 아니 우리가 편해 그렇게 둔 것인지도 모른다. 그러나 오늘은 나를
동반자라고 느끼는 것 같아 뿌듯하다. 내가 균도를 믿고 있듯이, 균도도 나를 믿
고 있는 것 같다. 부모가 나이를 먹듯이 발달장애인도 모르는 사이에 조금씩 자
라는 것 같다.

균도는 나를 부를 때 꼭 "균도 아빠" 라고 부른다. 누가 뭐라 해도 자기 아버
지인데 꼭 옆집 아저씨 부르는 것처럼 한다. 그때마다 나는 균도 아버지임을 다
시 상기하게 된다. 어찌 보면 균도는 나의 스승이다. 이 아이를 만나면서 사회를
다시 생각하게 되었고, 균도와 같은 세상에서 살기 위해 불혹을 넘기고 사회복
지학을 배우기 시작했다. 보통 아이는 자라면서 자연스럽게 부모 곁을 떠나지만
우리 균도는 그럴 수 없기 때문이었다. 그리고 균도 덕분에 사회복지학을 공부

하면서 내 자식뿐만 아니라 균도와 다른 장애인들도 보게 되었다.

저녁에 맥주 한 캔을 놓고 균도와 마주 앉아 눈으로 이야기했다. '균도야! 고맙다. 내 아들로 태어나 주어 고맙고, 같이 걸어가 주어 고맙다. 난 확신한다. 이 길이 너와 비슷한 아이들의 세상살이를 좀 더 살 만한 것으로 만들 수 있는 길이 될 거라고. 균도야 내일을 위해서 또 힘을 내자!'

다시는
무리하지 않으리라

어제 저녁엔 숙소 주위에서 식당을 찾을 수 없어 밥을 먹지 못했다. 여관에서 시킬 수 있는 게 치킨과 맥주뿐이어서 균도는 처음으로 '치맥'을 먹게 됐다. 그러고 나니 아침에 둘 다 밥이 고파 일찌감치 새벽 공기를 헤치며 길을 나섰다.

답사 때 천태산 고개가 가장 힘들 것이라고 예상했기에 마음을 다잡았지만 힘들다. 추워서 그런지 지나는 차들마저 한산하다. 그렇지만 봄기운도 느껴진다. 매화와 산수유가 우리를 반긴다. 그런데 아무리 두리번거려 봐도 식사할 데가 없다. 다 주말에만 장사를 하는 것 같았다. 심지어 천태산 매점마저 문을 닫았다.

별 수 없어 고개를 오르기 시작했다. 다 올라갔다고 느꼈는데 또 한 번 휘돌아 간다. 균도는 끈을 잡고 올라오는데 힘든 기색이 역력하다. 드디어 원동면을 벗어나 밀양시 삼랑진읍에 접어들었다. 그런데 내려가는 길도 구렁이 똬리처럼 휘돌아 간다. 끝도 없다.

아침 8시 전에 출발했지만, 12시가 다 되어 겨우 안태라는 곳에 도착했다. 조그마한 슈퍼에 들러 아이스크림 하나에 감자칩을 안겨 주니 균도 얼굴엔 금방 생기가 돈다. 가까운 곳에 보이는 중국집에 들어가 짬뽕밥과 짬뽕을 시켰다. 균도는 거울에 비친 자기 모습에 반해 또 방방 뛴다. 과잉 행동 반응이다. 화장실에 자주 가는 이유도 거울이 있기 때문이다. 한 번 화장실에 가면 거울 속 자기 모습에 빠져 좀처럼 나올 줄을 모른다.

한 그릇을 다 비우고 또 걷기 시작했다. 삼랑진까지 6킬로미터 남았다. 아침 일찍 서두른 까닭인지 균도는 벌써 퍼져 버렸다. 표정이 영 좋지 않다. 하지만 삼랑진역에 도착해 조그마한 분식집에서 좋아하는 핫도그를 한 개 물더니 금방 화색이 만연하다. 선한 인상의 아주머니가 『국제신문』을 봤다며 우리를 알아본다. 얼마 전 고3인 아들을 먼저 하늘로 보냈다고 했다. 그만큼 나를 이해하려는 마음이 보여 짠하다.

오늘은 인근에 있는 오순절 평화의 마을을 방문했다. 내가 천주교 신자이기도 하지만 사실 이곳을 방문한 이유는 따로 있다. 발달장애인 집단생활 시설이 있는 곳이기 때문이다. 사실 가족 가운데 발달장애인이 있으면 나머지 식구들 중 하나는 자기 삶을 오롯이 그에게 쏟아부어야만 한다. 이런 까닭에 어떤 가족에게 시설은 어쩔 수 없는 선택이기도 하다. 그렇지만 나는 장애인 집단생활 시설에 찬성하지 않는다. 시설의 운영이 발달장애인의 필요보다는 시설 설립 주체와 복지사의 필요에 맞춰져 있기 때문이다. 그러다 보니 이러저런 운영 비리는 물론이고 심각한 인권침해 사례들이 끊임없이 발생한다. 문제는 이뿐만이 아니다. 우리나라에서 이런 시설들은 거의가 인적이 드문 곳에 있다. 집 주위에 장애인 시설이 들어선다고 하면 반대하는 주민들의 등쌀에 발달장애인은 점점 눈에 띄지 않는 곳, 사람들이 살지 않는 곳으로 밀려난다. 시설이 외려 이용자들을 사회로부터 고립시키는 것이다. 난 균도가 사람들과 더불어 살지 않는 시설로 가는 것을 용인할 수 없었다. 안 그래도 사람들로부터 소외되어 있는 그런 시설이 과연 바람직할까? 이들을 위해 우리가 해야 할 일은 뭘까? 내가 할 수 있는 일은 있을까?

신부님의 기도를 받고 사무국장님과 잠깐 대화를 나눴다. 집단생활 시설을 반대한다는 의견과 우리가 걷기 시작한 이유를 설명했다. 장애인 중에서도 발달장애인의 처지와 그 가족의 고충을 이야기하고 싶었다고 토로했다. 앞으로 걸으면서 발달장애인에 대한 사회적 인식을 조금이라도 개선해 보고 싶다고 이야기하니 사무국장님도 공감한다. 균도 이름으로 작으나마 기부금을 내고 돌아서는데, 두 손을 펴신 예수님이 '잘 가, 이놈들아' 하면서 웃는 것 같았다.

시간이 얼마 되지 않았기에 밀양까지 가자고 균도를 꼬셨다. 오늘은 꼭 햄버거를 사준다고 하니 간단다. 올라가는 길이 가파르지는 않았지만 거리가 16킬로미터에 달했다. 물론 고갯길은 8킬로미터 정도지만 내려가서도 밀양까지 가려면 더 걸어야 한다. 너무 멀어 몇 번을 퍼진다. 가다 쉬다 가다 쉬다 …… 균도가 좋아하는 반복 행동도 어렵다. 이곳이 밀양인가 싶으면 아니다. 삼랑진 진짜 크다. 아무튼 돌고 돌아 어둠이 내린 밀양에 도착했다.

오늘은 내일 예정지까지 왔다. 내일 촬영이 몇 건 있어서 무리를 했다. 균도 발에는 두 군데 물집이 터졌다. 스케줄을 지키며 무리하지 않으리라 다짐한다.

균도가 벌써 곯아떨어졌다. 무식한 아비 때문에 오늘은 피곤했을 것이다. 도로 위를 걷다 보니 아무래도 등산화가 맞지 않는다는 생각이 든다. 내일은 조금 가벼운 트레킹화를 사서 신겨야겠다. 얼마 되지 않았지만 마음은 더 여물어 간다. 발은 고생이지만, 이상하게 힘은 더 생기는 것 같다. 균도도 이제 많이 안정을 찾는다.

균도
엄마

어제는 하루 쉬면서 부산에서 찾아온 지인들과 함께 밀양 시내에 나가 신발을 사왔다. 등산화를 신고 도로를 걷다 보니, 무거운 신발이 많이 상했다. 의사표시에 능숙하지 못한 균도는 오죽했을까? 세심하지 못한 내 잘못이 크다.

오늘은 엄마가 찾아온다니 균도가 한껏 들떠 있다. 하지만 오랜만에 만나든 아니든 하는 말은 언제나 똑같다. "균도 엄마, 너 참 오래간만이다." 그러고는 데면데면 딴 짓을 한다. 날 닮은 것인지 참 멋없는 자식이다. 균도는 얼마 전까지 동생에게도 존댓말을 썼다. 균도 엄마가 서울 출신이다 보니, 균도를 가르칠 때 존댓말로 말을 가르친 까닭이기도 하고 자폐의 특성상 문장을 자유자재로 변형시킬 수 없어서이기도 하다. 그러다가 학교에 다니고 난 뒤 동생에게 존댓말을 쓰는 것이 아니다 싶어 반말을 쓰게 했는데, 지금은 어른에게도 어느 순간 "너 참 오랜만이다"라는 부끄러운 말을 쓰곤 한다. 참 난감하다.

균도 엄마는 나를 보자마자 아이 관리를 어떻게 한 거냐며 잔소리를 늘어놓기 시작했다. 봄볕에 균도 얼굴이 많이 탔다고 눈을 흘긴다. 까맣게 탄 얼굴에 크림을 발라 주면서 또 눈시울을 붉힌다. 근 일주일 만에 아들을 보니 마음이 불편한 모양이다.

균도 엄마는 강하다고 생각했다. 생업에 열중하지 않는 나대신 억척스레 사는 모습에 미안한 마음이 컸다. 그래서 난 균도 엄마를 볼 때마다 언제나 마음이 짠하다. 장애인 자식과 병치레로 제구실 못하는 남편. 그 둘이 이렇게 사고를 치고 다니니 집에서인들 마음이 편할까.

사실 나는 멋없는 신랑이다. 말도 살갑게 하지 못하고 언제나 내 위주로만 생각한다. 이 여행을 시작하면서도 균도 엄마하고는 아무런 상의도 하지 않았다. 균도 엄마는 이번 여행 소식도 균도가 이야기해서 알았다며 섭섭해 했다. 그러면서 균도가 남편보다 백 배 낫다고 이야기한다. 내 딴엔, 균도 엄마에게 휴식을 주자고 떠나온 길이긴 했다. 우리 둘이 없는 동안 제발 편히 쉬라고 시작했는데 균도를 바라보는 얼굴을 보니 균도 엄마에게 더 큰 걱정을 안겨 준 것 같다.

균도 엄마는 나를 만나기 전에는 거의 사회생활을 해본 적이 없었다. 그러다 내 사업이 기울기 시작하고부터 생계를 조금씩 책임지기 시작했다. 언제나 집에 둘 중 하나는 있어야 했기에 야간에는 내가 택시 모는 일을 하고, 균도 엄마는 낮에 할 수 있는 정수기 관리사 일을 시작했다. 그러다 내가 장애인 부모 운동에 전념하기 시작하면서부터는 아예 혼자서 생계를 책임지고 있다. 지금은 해변에서 작은 노천카페를 한다. 그것도 물론 내가 균도를 돌봐야만 가능한 일이다. 그래서 난 생계를 등한시하는 가장이지만 균도와 가장 많은 시간을 보내는 아빠이기도 하다.

하지만 엄마의 사랑이 무뚝뚝한 아빠와 비길 수는 없을 것 같다. 균도가 엄마와 같이 있는 걸 보고 있자니 뿌듯했다.

아빠들이
더 열심히

오늘은 청도장이 서는 날이다. 숙소가 장터 근처라 피곤도 모른 채 아침 일찍 길을 나선다. 장터를 둘러보니 내가 생각하던 장이 아니다. 그래도 장이라면 장터 국밥을 먹어야 한다는 일념에 국밥집에 들어섰다. 우리가 첫 손님인 것 같았다.

균도랑 나는 선짓국과 소머리 국밥을 시켰다. 기다리는 것을 못 참고 균도는 그 자리에서 붕붕 뛰기 시작한다. 제지하려 하니 주인이 손님도 없는데 놔두라 한다. 그사이 우리 배낭에 두른 몸자보를 본 모양인지 대단하다고 연방 칭찬을 한다. 해줄 것이 이것밖에 없어 떠난 길인데 칭찬을 하니 무색하다. 주인은 장터가 예전 같지 않다며 한탄한다. 지금이 농번기인 탓도 있지만, 안 그래도 잘되지 않는단다.

식욕이 별로 없어 국물만 뜨고 일어섰다. 나오면서 균도가 날 따라 이야기한다.

"장사 잘 하세요. 시골이 잘 살아야 나라가 사는데……."

아침 공기가 어제와 달리 따뜻해서인지 가는 길이 수월하다. 오늘은 팔조령을 넘어야 한다. 일찍 출발한 만큼 조금 더 갈 각오를 한다. 하지만 얼마 되지 않아 균도가 아픈 기색을 보인다. 어제부터 몸이 안 좋아 보였는데 걱정이다. 그래도 네 시간 꾸준히 걸으면 팔조령에 도착하리라 생각한다. 지나가는 풍경을 감상하며 쉬엄쉬엄 걸었다.

드디어 팔조령이다. 천태산보다 가파르지는 않지만 공사 중이라 신경이 많이 쓰인다. 팔조령 휴게소에서 쉬고 있는데, 우리를 유심히 쳐다보는 노부부가 있었다. 아이 한 명을 데리고 계시는데, 우리 몸자보를 보더니 제발 법 좀 만들어 달라고 하소연한다. 여섯 살 먹은 아이의 외조부모다. 당신 생각에는 자폐가 맞는데, 아이 아버지가 인정하지 않아 그냥 키운다 했다. 내 연락처를 전해 주고 가만히 아이를 들여다보았다. 아직 말을 제대로 못하는 것 같아 빨리 언어 치료를 하라고 권해 드렸다. 연락처도 받아 놓고, 좋은 언어 치료실을 소개해 드리기로 했다. 자꾸 가는 길까지 태워 준다 하셔서 가까운 곳에 간다고 뿌리치고 길을 나섰다. 이런 아이를 볼 때마다 발걸음에 힘이 들어간다.

팔조령을 넘어 늦은 점심을 먹었다. 균도가 잘 먹지 않는 야채 비빔밥을 시켜 보았다. 이제 전쟁이다. 이번 여행에서 채소 잘 먹는 법을 가르친다고 다짐하고 떠나왔다. 몇 번 승강이를 벌이다 균도 역시 포기하고 먹는다. 표정은 영 아니올시다지만 어기적어기적 들어가는 걸 보니 시장이 반찬이긴 하다.

대구에서 시청에 들르기로 했고, 국회의원과의 만남도 잡혀 있어 조금 더 가자고 재촉을 한다. 그런데 균도가 유독 절뚝거린다. 아마 물집이 터졌나 보다. 마음이 아프다. 그렇지만 균도가 업고 갈 몸은 아니다. 짧은 걸음으로 쉬엄쉬엄 간다.

가창중학교를 지나는데, 주유소에서 한 분이 음료수 한 잔만 꼭 하고 가라 한다. 사연을 들어 보니 다운증후군 자녀를 둔 아빠였다. 며칠 전 뉴스에서 우리를 보고 기억해 두었는데 차를 타고 가다 우연히 우리를 발견하고 음료수 한 잔 대접하려 한 시간을 기다렸다 했다. 다운증후군 역시 지적 장애로 균도와 같은 발달장애에 속한다. 애 아빠는 내가 자기 일을 대신해 주는 것 같다며 고마워했다. 나는 장애아가 잘 크려면 엄마 못지않게 아빠의 역할이 중요하다고, 부디 활동하시는 모임에 자주 나가 달라고 당부했다. 내가 우리 아이와 걷는 일이 생면부지의 사람에게 희망이 된다는 이야기를 들으니 기분이 묘하다. 부담스럽기도 하지만, 내가 걸으며 하고 싶었던 일이기도 하다.

목적지에 거의 다다랐다. 하지만 균도 상태가 아주 좋지 않다. 너무 절룩거린다. 숙소를 찾지 못해 두리번거리는데 아무래도 이곳은 숙소가 없을 거라고 한다. 빨리 숙소에 들어가서 치료를 해야겠다 싶어 택시를 탔다. 내일 이 자리에서 다시 시작하면 된다. 그런데 그 택시 안에서 사진기를 잃어버렸다. 균도에게 사진기를 맡긴 내 잘못이 크다. 여태껏 찍은 사진이 모두 담겨 있는데 균도보다 내가 더 문제다. 게다가 출발하기 전 후원금으로 산 카메라였다. 교통방송에도 연락해 봤지만 소용없었다. 아깝지만 아이 건강이 먼저라고 생각하며 마음을 접었다.

숙소에 들어와 절룩거리던 균도의 다리를 살펴보니 물집이 몇 군데 잡혀 있다. 마음이 미어진다. 연고를 발라 주며 물었다.

"균도야 집에 갈까?"

"아뇨, 안 갈 거예요."

"그럼 어디 가노?"

"서울에 걸어갑니다."

균도도 조금씩 커가고 있다.

같이 걸어
외롭지 않다

아침에 일어나니 비가 내린다. 부산서 출발하고 나서 비는 처음이다. 황사비란다. 어제 무리해서 내려온 덕에 일정에 차질이 없어 다행이라는 생각이 든다. 쉴까 말까 잠시 갈등이 생긴다.

아침부터 대구 장애인부모회에서 연락이 왔다. 함께 걸으려고 이곳까지 온단다. 저녁에 무척이나 피곤해서 곯아떨어졌던 균도도 나가자고 했다. 그래 가자, 비가 와도 우리는 간다!

배낭 두 개를 차에 옮겨 놓고 우산을 사서 나섰다. 봄날치고는 무더운 날씨가 이어지다가 비가 내리니 오히려 걷기는 수월하다. 대구 중심가를 지나는데 사람들이 낯선 시선을 던진다. 하지만 대구 장애인부모회 회원들이 함께 있어 외롭지 않다.

여기까지 오는 길, 사람들을 여럿 만나다 보니 하고 싶은 이야기가 생긴다. 서로 아픈 이야기를 나누며 걷다 보니 아무에게도 말하지 않고 감내했던 일들이 새삼스럽게 느껴진다. 내 아픔은 비할 바가 아닌 사연들도 많다. 아픔은 나눌수록 줄어든다는 걸 다시 한 번 확인한다. 아이와 함께하는 여행으로 시작했지만, 이제는 무엇을 해야 하는지, 무엇이 우리에게 필요한지 조금씩 분명해지고 있다.

네 살 무렵부터 균도는 언어 치료를 했다. 중학교 들어가기 전까지 했던 것 같다. 물론 놀이 치료, 음악 치료, 미술 치료도 했다. 균도 엄마가 10년 동안 매일같이 교육원으로 수영장으로 사방팔방 뛰어 다녔다. 시간이 갈수록 경제적 부담은 점점 커져 갔다. 각종 치료실 교육비를 합치면 당시 1백만 원여의 내 월수입을 넘어섰다. 친가와 처가로부터 도움을 조금 받는다 해도 어려웠다. 내 아이에게 장애인이라는 딱지를 붙이는 것이 싫어 장애인 등록을 하지 않은 때문이기도 했다. 10년간 균도의 교육비로 한 달에 150만~180만 원 정도가 들었으니 교육비로만 모두 2억여 원을 쏟아부은 셈이다. 가구 사업을 하면서 그럭저럭 버티다 부도를 맞고 나서는 끊어 버리고 공교육에만 전념했다.

이 액수는 극성스러운 우리 집 이야기만은 아닐 것이다. 물론, 장애아동 재활 치료 바우처라는 제도가 있다. 균도는 이 제도가 시행되기 시작할 당시 지원 대상이 아니어서 혜택을 받지 못했지만, 부모들이 이런 사회 서비스를 많이 알고 있을 경우 경제적 부담이 어느 정도 줄어들기는 한다. 그러나 치료 바우처 역시 한 달에 22만 원으로 고정되어 있기 때문에 턱없이 부족하다. 이 이야기도 대도시에 국한된 이야기다. 소도시나 농촌 지역은 아예 배울 곳이 없는 게 현실이다. 그래서 발달장애인은 대도시나 그 주변에 살 수밖에 없다.

그렇다고 우리가 아이의 대단한 발전이나 기적을 바라는 것은 아니다. 우리는 그저 아이가 아침에 일어나 스스로 밖에 나갈 채비를 할 수 있기를, 사람들과 제대로 살갑게 인사하게 되기를, 사회생활을 조금이라도 스스로 꾸려 나갈 수 있기를, 그렇게 평범해지기를 바랄 뿐이다. 목표는 소박하지만, 부담감은 일반 부모들보다 훨씬 크고 절실하다. 그렇지만 국가는 그것이 모두 부모의 책임인 양 모든 것을 부모가 해결하도록 강요하고 있다.

장애아동복지지원법을 원하는 가장 큰 이유가 바로 이것이다. 균도는 이제 성인이 되어 이 법의 혜택을 받을 수 없지만, 지난 시절을 생각하니 너무 절실했다. 월요일부터 금요일까지 아이들을 차에 태우고 다니며 또 다른 가족들은 방치해야 하는 것이 우리 발달장애인 가정의 문제다. 사회가 나 몰라라 하니 어느 한

쪽 부모는 장애가 있는 자식에만 전념해야 한다. 쉬는 날이라 휴식을 취하려 해도 과잉 행동을 보이는 아이를 수발하느라 평일보다 더 힘이 든다. 이런 까닭에 부모들은 쉽게 지치고, 마지막 순간에는 시설을 찾게 된다. 부부 사이에 그래도 이해하는 배우자가 있으면 양분도 가능하지만, 그렇지 못한 경우는 이혼을 하기도 한다. 이런 발달장애인 가정의 문제, 이제 사회가 알아야 하지 않을까?

◆ ◆ ◆
장애 아동 재활 치료 바우처 사업

만 18세 미만 (뇌병변, 청각, 언어, 지적, 자폐성, 시각) 장애 아동을 대상으로, 언어 치료, 청능 치료, 미술 치료, 음악 치료, 행동·놀이·심리·운동 치료 등을 받을 수 있게 한 재활 치료 서비스 제도이다. 전국 가구 평균 소득 150퍼센트 이하의 가구를 대상으로 제공되며, 기초 생활 수급자를 제외한 나머지 가구에 대해서는 본인 부담금이 있다. 2009년부터 2월 시행되기 시작한 이래, 2010년 10월 현재, 장애 아동 재활 치료 바우처 예산의 집행율은 35.2퍼센트, 이용율은 68.5퍼센트에 불과하다. 소득 기준과 본인 부담금 때문에 예산 집행이 저조한 것으로 나타나고 있다.

우리의 목소리가 들리지 않는가?

가은이 엄마 김혜정

자폐 2급인 열아홉 살 가은이의 언어 치료를 하려는데 복지관에서 운영하는 언어 치료실에서는 2년을 기다려야 한다고 했다. 대문만 나서면 온갖 학원이 즐비하고 국영수 방과 후 수업은 국비로 지원까지 해주는데, 생존을 위한 우리 아이들의 치료는 대기 시간만도 이렇다. 심지어는 4, 5년까지 가는 곳도 있다.

10여 년 전, 대기 시간이 4년 이상 된다는 말에 은평, 강남, 경기도 등 사방팔방 복지관의 대기 명단에 이름을 올려 봤지만 그나마 가장 대기 시간이 짧은 곳이 3년이었다. 아이를 3년이나 방치할 수는 없었다. 결국 25분씩 주 1회 40만 원을 내고 주 2회 거의 1백만 원을 쓰면서 4년간 사설 치료실을 다녔다. 그것도 버스, 지하철, 버스를 갈아타고 왕복 네 시간이 걸리는 거리였다. 러시아워나 장마, 혹한기면 우리를 거절하는 택시에 분노해 운전을 배우기도 했다. 지금 가은이는 행동 치료의 일환으로 사설에서 프로 선생님에게 2년째 레슨을 받고 있다. 하지만 아무런 지원도 받지 못한다. 바우처에서는 골프를 치료로 보지 않을뿐더러 우리가 바우처를 받을 수 있는 소득 기준에도 미달하기 때문이다.

그나마 학령기에는 이렇게 돈이 들어도 기댈 곳이 있다. 졸업하고 나면 지금 현실에서 내가 선택할 수 있는 방법은 딱 두 가지다. 가장 저렴한 복지관 치료실을 이용하는 게 가장 최선이겠지만 운 좋게 치료실에 들어가더라도 해마다 갱신을 해야 하기 때문에 그때마다 우리 애가 잘리지는 않을까 노심초사해야 한다. 만약 잘릴 경우 오랜 대기 시간을 무작정 기다릴 수만은 없어 이럴 때 대부분은 수입의 대부분을 치료비로 날리면서 사설 치료실을 이용한다. 이 두 번째 방법은 우리의 노후와 우리가 죽은 후 아이의 삶을 포기하는 방법이다.

이와 같은 발달장애인의 현실은 10년이 지나도 크게 달라지지 않고 있다. 선거 때마다 온갖 선심성 정책이 쏟아져 나와도 장애인 정책, 그중에서도 발달장애인 정책은 없다. 고등학교 졸업을 앞둔 발달장애인 엄마들을 만나면 이런 이야기를 하곤 한다. 우리들도 어버이연합처럼 가스통이라도 들어야 할까? 솔직한 심정으로 그러고 싶다. 최근 몇 년간 절실히 깨달은 것이 있다. 연대가 가장 필요한 곳에 연대가 없다는 것. 그래서 부모인 우리가, 가족인 우리가 우리 아이들을 위해 하지 못할 일은 없다. ___2014년 2월 6일

4시 25분,
정거장

어젯밤은 전쟁이었다. 창밖에선 비바람이 불고, 균도는 먹은 것이 체해서 밤새 구토를 했다. 하루도 쉽게 넘어가는 날이 없다. 밤새 화장실에서 전쟁을 치르다 아침녘이 되어서야 진정이 됐다. 밖을 보니 언제 그랬냐는 듯 맑은 하늘이 인사를 한다. 균도가 내게 "아빠 빨리 나가서 걸어요"라고 말하는 것 같다. 오늘은 균도 몸 상태가 좋지 않지만, 가방을 차로 먼저 실어 보냈기에 몸은 가볍다. 며칠 전부터 가방 때문에 몸에 무리가 오는 듯하다. 솔직히 오늘처럼 가방이라도 먼저 목적지에 보내 주는 사람이 내내 있었으면 좋겠다.

균도는 배낭을 멜 때면 혼자서 이 배낭 저 배낭 메어 보고 무거운 배낭을 나에게 메라고 밀어낸다. 이럴 때 보면 쓸 만한 머리다. 가끔씩 균도는 이렇게 나를 시험에 들게 한다. 아무래도 균도에게 장애가 없는 것 같아 시험해 볼 때도 있다. 부모 속을 태우려고 20년 넘게 엉뚱한 행동을 하는 것 같은 의구심이 들 때도 있다. 그런데 그런 의구심을 갖고 쳐다보면 다시 심한 자폐로 돌변한다. 아무튼 재미있는 녀석이다. 언젠가 실체를 밝혀 보리라 생각한다. 언젠가는……. 지금도 옆에서 이 글을 읽고는 씩 웃고 있다. 진짜 우리를 시험하고 있는 게 아닐까? 발달장애 아들. 어렵지만 나름대로 재미도 있다.

오늘도 함께하는대구부모회 분들이 같이 걷기로 했다. 우리 아이들의 아픔을 진심으로 읽어 주고, 균도와 내 이야기를 자기 일인 양 기뻐한다. 우리의 아픔을 세상에 알리겠다는 바람이 적어도 대구에서는 성공한 것 같다. 우리가 보고 싶어 부산에서도 기장·해운대장애인부모회 회원 다섯 분이 응원을 왔다. 짧은 시간이었지만 함께 걷는 길, 큰 힘이 되었다.

우리 장애인부모회 회원들은 공통점이 있다. 모두 아이들 귀가 시간이 되면 마중하러 집에 돌아가야 한다. 오늘도 어김없이 하나둘씩 애들을 데리러 간다고 떠나간다. 나도 그랬다. 마치 정거장인 것 마냥 균도가 돌아오는 4시 25분이면 꼭 차가 도착하는 곳에 가있었다. 그 시간은 우리에게는 약속이다. 일하다가도 아이가 오는 시간에는 누구든지 나가야 한다. 자식들을 위해서 대열에서 이탈해 돌아가는 부모들을 바라보니 그들에게 더 힘이 되고 싶었다.

욕심 버리고
세상 바라보면은

　　　　　점점 장기 여행이 쉬운 일이 아님을 깨닫는다. 오늘도 대구부모회에서 가방을 들고 먼저 길을 나서 주긴 했지만 원래 목적지였던 지천면에 숙박 시설이 없어 조금 더 가기로 하면서 힘든 여정이 되었다. 이동 거리가 20킬로미터를 넘어서면 무리가 된다. 특히 심해지는 균도의 절룩거림과 투정이 마음을 때린다.

　비가 오고 나니 매서운 바람이 뺨을 아리게 한다. 출발지였던 부산과는 바람마저 영 딴판이다. 봄을 느끼기에는 아직 무리가 있다. 하지만 며칠 고비를 넘기면 괜찮을 것이다. 봄이 오듯이 균도와 내가 가는 이 길이 사람들의 마음을 따뜻하게 녹이리라, 그래서 우리의 염원도 언젠가는 이루어지리라 스스로 최면을 걸어 본다.

　그래도 방송은 봄소식보다 빠른 것 같다. 어제 대구·경북 MBC 뉴스데스크에 나가고 난 뒤, 우리 일행을 응원하는 경적을 울리며 지나가는 사람이 많다. 저녁을 먹으러 들어간 식당에서도 아는 체를 한다. 아빠가 방송보다 왜소해 보인단다. 사실 나는 도보 여행을 계획할 때보다 몸무게가 많이 줄었다. 지병 때문인 것도 같고, 살갗도 많이 타서 더 홀쭉해 보이는 모양이다. 균도 역시 찬바람에 많이 탔다.

　대구를 벗어나니 바람도 더 차가워진다. 다리를 절며 오늘의 목적지에 도착했다. 균도는 샤워를 하더니 이내 잠이 든다. 녀석을 쳐다보고 있으니 안쓰럽다. 그러나 누가 물으면 균도는 꼭 이렇게 대답한다.

"난 갈 거예요. 힘들지 않아요. 서울 갈 거예요……."

마음이 시려 온다. 아빠가 계획한 도보 여행이지만 균도가 더 즐거워하는 것 같아 다행이다. 균도는 걸으면서 매일 똑같은 노래를 부른다.

모두가 욕심 버리면 그 모든 것이 즐거워

걱정과 근심 떨쳐 버려요. ……

욕심을 모두 버리고 이 세상 바라본다면,

곰처럼 편히 살 수가 있죠.

정말이야! 물론이지!

이 노래는 균도가 어릴 때 보던 만화영화 〈정글북〉에 나오는 곰의 주제가다. 벌써 10년 이상을 부르다 보니 마치 균도의 주제가 같다. 모두 욕심 버리고 세상 바라보면 모든 것이 이루어진다 …… 우리 세상살이도 그랬으면 좋겠다. 내일도 이 노래를 부르며 같이 걸을 것이다.

우리 균도

일백 배의
고통으로

아직 날씨가 차다. 2주일 가까이 바깥바람을 맞으며 거리를 행진하다 보니, 균도는 까맣게 탄 얼굴에 이제 딱지까지 앉았다. 오늘은 숙소에서 나오자마자 피부과에 들러 약을 받았다. 하지만 오늘 이동 거리도 20킬로미터다. 서둘러야 약속 시간에 맞춰 구미 시청에 도착할 수 있다. 전국장애인부모연대 구교현 조직 국장이 오늘 구미에서 우리를 맞아 준다고 한다.

길은 비교적 순탄하다. 그렇지만 거리의 압박이 균도의 마음에 전해져 오는 모양이다. 어쩔 수 없이 노래방 가자고 꼬시며 균도의 의욕을 돋운다. 핫도그도 쥐어 주었다. 북삼읍 고개를 넘어서니 구미시다. 지나가는 사람에게 조금 더 빨리 가는 길을 안내받아 약속 시간 전에 도착했다.

환영식에는 부시장, 국장, 과장이 모두 나와 반겨 주었다. "균도와 세상걷기 경북도 같이합니다" 라고 큼지막하게 쓴 플래카드도 만들어 놓았다. 생각지도 않은 환대에 얼떨떨하면서도 마음이 따뜻해진다. 잠깐의 다과 시간에 균도의 행동 장애를 보고 담당 과장은 무슨 사고를 치지는 않을까 안절부절 못하는 눈치다. 구미 장애인부모회 회장님이 기회를 놓치지 않고 이야기한다. "저 정도는 아주 양호한 겁니다. 우리 발달장애인 부모는 그렇게 살고 있습니다." 사람들은 우리에게 참 버거운 삶을 산다고 위안들을 한다. 하지만 그들은 과연 우리의 고통을 어느 정도나 알 수 있을까? 당신들 짐작보다 1백 배는 더 큰 고통으로 세상을 산다고 하면 짐작할 수 있을까?

기억 종결자
균도

　　　　　　　근육통이 어제부터 심하다. 오늘은 아침 기온이 너무 쌀쌀해 균도랑 하루 쉬며 근처 대중탕에 가서 묵은 때를 벗겨 냈다. 균도 발을 보니 가관이다. 물집이 아직 빠지질 않았다. 그렇지만 균도는 휴식이란 걸 모른다. 노래방을 가자는데 난 너무 싫다. 내일 합류하는 혜란 님에게 떠넘겨야지 마음먹는다.

　　오늘은 균도의 특별한 기억력에 대한 이야기를 해보고 싶다. 균도는 자폐성 장애 1급이다. 하지만 서번트 증후군 기질도 보인다. 서번트 증후군이란 사회성이나 의사소통 능력 등에서는 뇌 기능 장애를 가지고 있으나 특정 부분에서는 매우 특출한 능력을 보이는 증후군인데, 균도는 기억력이 뛰어나다. 균도는 정말 별걸 다 기억하는 컴퓨터다. 어느 면에서는 컴퓨터보다 빠르다. 육십갑자를 알고 싶다면 인터넷 검색을 하는 것보다 균도에게 묻는 것이 낫다. "1958년 3월 24일은?" 하고 물으면 잠시 몽롱한 표정으로 머리를 굴리다 "월요일, 개띠, 무술년"이라는 대답을 속사포처럼 쏟아 낸다.

　　맨 처음에는 요일에 집착하더니, 육십갑자를 이해하고 띠와 갑자를 줄줄 외면서 이렇게 됐다. 이것도 업그레이드를 하는지 요즘에는 혼자서 이런 것도 한다. "1958년은?" "금성사 설립." "1991년은?" "쵸코하임, 화이트하임, 센스민트! 오징어짬뽕 1992년 원숭이 균도 생일 때 탄생했습니다." 요즘 인터넷 검색창을 한창 뒤적거리더니 이렇게 됐다.

　　균도는 세 살 때 혼자 글을 깨쳤다. 균도 엄마가 사다 준 비디오테이프를 보

　　　　　　　　　　　　　　　　　　　　　　　　　　　　　　　우리 균도

더니 다른 책들도 읽기 시작했다. 다섯 살 때는 영어로 된 그림책 한 권을 통째로 외우더니, 영어 사전까지 줄줄 외기 시작했다. 요즘도 틈만 나면 내게 묻는다. 아니 실은 혼자 묻고 답하는 것이다. "할아버지는 영어로 모야?" "그랜드 파더." "포도, 영어로 모야?" "그레이프." "귤은?" "탠저린!"

아침에는 신문을 본다. 기사가 중요한 게 아니다. 어느 글자가 틀렸는가 보는 것이다. 지금 내가 쓰고 있는 글도 간섭한다. 화면을 뚫어져라 쳐다보더니 '미니셸'이 아니고 '미니쉘'이라고, '티피고씨'가 아니고 '티피코시'라고 한다. 미치겠다.

또 기억하기 좋아하는 것은 위인전이다. 지금도 위인전을 밤이고 낮이고 끼고 사는데, 그 사람이 언제 태어나 언제, 왜 죽었는지 죄다 외고 있다. 또 자신과 관련된 것은 뭐든 좀처럼 잊지 않는다. 그 책을 몇 살 때 읽었는지, 언제 어디서 무엇을 먹었는지부터 자신이 태어난 년도에 어떤 상품이 출시되었는지 또 어떤 연예인이 태어났는지 이런 것까지 머릿속에 넣고 있다. 그런데 이런 애가 왜 장애인일까? 이런 것을 사회적으로 의미 있게 만들 줄 모르기 때문이다. 아니 어쩌면 사회가 이런 재능을 의미 있게 만들 줄 모르는 것 같기도 하다. 대부분 자폐 아들 가운데 사회적 관심이 집중되는 이들은 바로 이렇게 비장애인들보다 부분적으로라도 뛰어난 재능을 가질 경우에만 국한된다. 그런 이들 가운데는 실제로 사회적 성공을 거둔 이들도 있다. 하지만 대부분의 현실은 그렇지 않다는 것이 중요하다. 우리 아이들 대부분은 소위 '중증' 장애인이고, 그런 우리에게 기적이란 없다.

이런 균도를 사회에서는 '장애'라는 공통분모에만 맞춰 교육하려 한다. 모든 사회가 장애인을 바라보는 시선이 다 똑같다. 발달장애인은 다 '바보'라고 이야기하고 교육도 언제나 늘 같다. 균도는 이미 세 살 때 글을 깨쳤고 우리보다 더 많은 것을 기억하는데도 장애인 학교, 주간 보호 센터는 또다시 글을 가르치거나,

받아쓰기만 시킨다. 당연히 균도는 관심이 없다. 그저 시키니 하는 시늉만 할 뿐이다. 발달장애인에게는 개별화된 교육이 무엇보다 절실하다.

추억은
맛을 타고

균도가 한껏 들떠 있다. 아침에 해운대에서 지인들 몇몇이 오기로 해서 그런 것 같다. 아침 일찍 구미역에 나와서 일행을 기다렸다. 균도는 혜란이 누나를 너무 좋아한다. 평소 자주 만나 자기 이야기를 잘 들어주기 때문이다. 아마도 오늘은 저녁에 노래방에 데려가지 않을까 기대하는 모양이다.

어제 온종일 휴식을 취해서 오늘은 발걸음이 가볍다. 뉴스데스크 방송 이후 많은 사람이 우리를 알아본다. 열심히 하라고 격려하는 사람도 있고, 우리 몸자보에 쓰인 문구를 확인하러 가까이 오는 사람도 있다.

드디어 부산에서 온 손님들이 보인다. 균도는 연방 "난 혜란이 누나가 좋아요" 하고 외친다. 오늘 오시는 분들은 '균도와 세상걷기'를 계획하고 후원해 주었던 분들이다. 기꺼이 후원을 맡아 준다고 한 허영관 님, 언제나 나를 지지하고 마음을 써주는 김용우 님, 이 여행의 모든 실무에 조력을 아끼지 않는 권혜란 님. 모두가 새벽밥을 먹고 나와 균도를 위해 구미에 왔다.

우리를 가장 잘 이해해 주는 사람들과 같이 걸으니 든든하다. 점심시간이 되어 해운대구 의원 박욱영 형님이 가족과 함께 우리 가는 길에 동참했다. 평소 우리 부모회 후원 회원 모집에 큰 성의를 보여 주신 김문자 누님도 함께했다. 평소 사회성이 별로 없던 나였지만, 이 사람들 덕분에 사람 만나는 즐거움을 알게 되었고 우리를 이해하는 사람이 많다는 것을 깨닫게 되었다.

선산에 도착해 저녁 메뉴를 잠시 고민하다 여기서 가장 유명하다는 곱창을 먹기로 했다. 넉넉하지 못한 부모를 만나 그렇겠지만, 사실 균도는 평소 인스턴트식품에 너무 노출되어 있었다. 그래서 이번 여행에서는 슬로푸드를 먹이고 싶은 것이 나의 바람이다. 어디든 여행을 가면 균도에게 그 지역에서 유명한 음식을 알려 주고 싶다. 균도는 그 음식을 통해 그 고장을 기억할 것이다. 광양은 불고기, 삼호읍은 무화과, 무안은 낙지를 기억하는 식이다. 물론, 언제나 성공하는 것은 아니다. 무안 뻘낙지는 영 아니올시다 한다. 반면 의외인 경우도 있다. 홍어가 그렇다. 홍어를 처음 먹던 날, 갑자기 욕을 쏟아 내며 코가 뻥 뚫리는 맛이라고 하더니 이후론 곧잘 먹는다.

비장애인들만 식도락을 즐길 수 있는 건 아니다. 오히려 균도 같은 발달장애인은 음식에 대한 기억을 통해 더 많은 것을 습득할 수 있다. 다만 그런 경험을 할 기회가 없을 뿐이다. 균도와 함께하는 식도락 여행. 그래 우리 끝까지 한번 가보자. 너의 눈과 입에 팔도강산을 넣어 주마. 그 덕분에 아빠도 길에서 많은 사람을 만나고 같은 고민을 하게 된다.

장애인 예산
머금은 낙동강

벌써 이 길을 걸어온 지 보름을 넘겼다. 오늘은 선산 장날이다. 역시 장날은 시골답지 않게 붐빈다. 아침 일찍 일행을 보내고 균도와 둘이서 사이좋게 길을 나섰다.

이 길을 기획할 땐 25번 국도가 주 도로였으나, 생각보다 위험해 지방도로 바꾸었다. 새로 뚫린 고속화 도로가 한적해서 균도에게 훨씬 안전하다. 조금 돌아가는 길이지만, 마음은 여유롭다. 차가 별로 없으니 균도가 한층 즐거워한다. 균도는 여덟 살 때 혼자 가게에 과자를 사러 가다가 차에 부딪힌 적이 있는데, 그 이후로 차를 무서워한다. 뭐든 기억하는 아이라 그때의 두려움이 균도를 도로 위에서는 착한 소년으로 키웠다. 물론 자폐 성향 때문에 차의 경적 소리에는 민감하게 반응한다.

59번 도로는 상가가 모두 죽어 있다. 낙동강을 끼고 있어 너무나 아름다웠는데 지금은 4대강 공사 때문에 근처 농지는 모두 낙동강 모래와 하천 하치장이 되어 있었다. 20여 킬로미터를 지나는 동안에도 강은 보이지 않고 온통 모래사장뿐이다. 바람이 부니 황사 바람보다 더 맹위를 떨친다. 목이 칼칼하다.

여기 들어간 예산 중 아주 작은 부분이라도 장애인에게 쓰인다면 우리 아이들의 삶이 조금 더 인간다워질 텐데……. 지난번 날치기 국회 때 사라진 장애인 예산을 이 모래더미에 쏟아부었다는 생각에 낙동강이 왠지 원망스럽다.

이 길을 걸으며 균도에게 물어본다.

"균도야 니 서울에 뭣 땜에 가노?"

"발달장애인을 위해서 갑니다."

그 의미를 얼마나 아는지 아무도 모를 일이지만, 그래도 어렴풋이는 이해한다고 믿고 싶다.

무엇이
중증인가

어제는 상주시 중증장애인자립지원센터에 들렀
다. 부산은 주간 보호 센터 이용료가 한 달에 12만~15만 원 정도 되는데 상주는
수급자는 무료, 그 외는 월 이용료가 3만 원이었다. 막상 가서 보니 건실하게 운
영되는 모습이 부러웠다. 하지만 괜한 심통도 났다. 무엇보다 중증이라는 꼬리
표가 맘에 들지 않았다. 법에서는 1~3급은 중증 장애인, 4~6급은 경증 장애인
으로 분류한다. 발달장애인은 1~3급만 있기 때문에 다 중증이다. 대체 무엇이
중증인가? 사회가 우리 아이들을 다 이런 식으로 바라보고 있는 것 같아 마음이
아팠다.

이번 여행을 진행하면서 이러저런 이야기들을 듣는다. 힘이 되는 이야기만
은 아니다. 하나는 짚고 넘어가고 싶다. 우리가 이렇게 걸으며 조금이나마 사회
적으로 조명 받는 것을 보며, 일부 다른 장애인 단체들이 위기감을 느낀다고 한
다. 혹시 우리 발달장애인들이 보조금을 더 받게 되는 것이 아닌가 하고 말이다.
하지만 분명히 밝히고 싶다. 우리는 발달장애인에 대한 바른 이해를 위해 걷는
것이다. 또한 전체 장애인계에 대한 지원을 늘려서 발달장애인을 지원해 달라고
요구하는 것이지, 일부 단체들이 우려하는 것처럼 다른 단체의 보조금을 빼앗아
가기 위한 것이 아니다.

아침 식사를 하고 상주부모회 식구들의 배웅을

받으며 길을 떠난다. 오늘부터 며칠 동안은 평소보다 열심히 걸어서 중간에 며칠 쉴 수 있도록 일정을 조정하려 한다. 3번 국도를 걸어갈 예정이었으나 차들이 거의 고속도로 수준으로 달리는 탓에, 옆의 지방도로 이동해 걷기로 했다. 올라갔다 내려갔다 빙빙 휘돌아 다니니, 신경이 많이 쓰인다. 마을도 쳐다보고, 공사 현장도 보고, 균도랑 노래도 부르면서 간다.

집 떠나온 지 꽤 오래다 보니 몸 상태가 좋지 않다. 만날 즐겁게 길을 나서던 균도 역시 지쳐 가는 것 같다. 오늘 이동 거리가 만만치 않아 쉼 없이 마을을 지난다. 잘 걷던 균도가 절룩거린다. 어젯밤에 보니 허벅지 살끼리 서로 맞부딪혀서 발갛게 짓물러 있었다. 하지만 "균도 절룩거리지 마!" 하니 이내 똑바로 걷는다.

이 여행을 준비하며 걷기 연습을 할 때 균도는 언제나 내 앞으로 나섰다. 시간이 흐르면서 나는 의지가 생겨 걸어가지만, 균도는 그렇지 않다. 잘 걷다가도 다리가 아파서인지 "아빠 오늘 안 갈래요, 안 갈래요" 하면서 떼를 쓸 때가 있다. 균도가 하루에 걷는 한계가 20킬로미터로 고정돼 가는 것 같다. 무리는 하지 않으려 하지만, 숙소를 잡으려면 어쩔 수 없이 걸어야 할 때가 많다.

문경 표지판이 보이니 균도가 즐거워한다. 그리고 이내 "아빠 오늘은 노래방 가요"를 외친다. 오늘은 노래방엘 꼭 가야겠다 다짐했지만 균도는 숙소에 도착하자마자 사랑하는 화장실로 직행해 샤워를 하더니 바로 잠에 빠져들었다. 나로선 다행이다. 둘 다 봄볕에 많이 탔다. 게다가 황사와 모래 먼지로 목도 칼칼하고 눈도 침침하다. 근육통도 근육 이완제로 달래 가면서 걷고 있다. 지금부터라도 균도 컨디션에 좀 더 신경을 써야겠다고 다짐한다.

당신의 몸은 몇 점짜리인가

장애등급제의 현실

정신 또는 신체장애로 불편을 겪는 이들이 국가로부터 복지 서비스를 받기 위해서는 전문의에 의한 장애 진단과 관할 관청에 장애 등록 절차를 거치면 가능했다. 하지만 보건복지부는 2007년 4월부터 중증 장애 수당 신규 신청자를 대상으로 장애 등급 심사를 진행했고, 2009년 10월부터는 활동 보조 서비스를 신규로 신청하는 1급 장애인에 대해 장애 등급 심사를 의무화했다. 2010년 1월부터는 신규로 1~3급 장애 등록을 신청하는 경우에도 장애 등급 심사를 확대했고, 2010년 4월에는 장애인복지법 및 시행규칙 등의 일부 개정을 통해 장애 등급 심사를 국민연금공단에 위탁 운영하도록 만들었다.

보건복지부 발표에 따르면 2007년 4월부터 2010년 3월까지 총 92,817건의 장애 등급 심사 결과 장애 등급이 유지된 경우는 60퍼센트, 상향 조정된 경우는 0.4퍼센트였고, 등급이 하향 조정된 경우는 36.7퍼센트, 34,064건에 달했다. 또 2007년에 시행된 장애인 활동 보조 서비스는 1급 장애인으로만 신청 자격을 제한하고 있으며, 2010년 7월부터 시행된 장애인 연금은 1, 2급 및 중복 3급 장애인 중 저소득층만을 대상으로 하고 있다.

이에 따라 실제 장애인의 욕구를 고려하지 않은 채 의학적 기준을 중심으로 장애 유형과 정도를 나누고 이를 등급화하는 현행 제도에 대한 비판도 거세졌다. 장애의 종류는 의학적 판단 기준에 따라 몇 가지 범주로 재단하기 어려울 만큼 다양하다. 장애란 의료적인 수치로 환산할 수 있는 것이 아니기 때문에 이를 등급화할 경우 등급의 경계에 걸려 제대로 된 지원과 혜택을 받지 못하는 경우가 많다. 또 신체장애인 중심으로 이루어진 판정 기준 때문에 발달장애 등의 경우 신체 움직임은 자유롭지만 사실상 보호자 없이 이동이 불가능한 상황에서 불이익을 받을 때가 많다. ___남병준, 「비마이너」(2010/09/28) 참조

아빠,
좀 천천히 가요

오늘 걸었던 길은 풍경이 좋아 힘들지 않았다. 아침부터 부산에서 문경까지 오신 부산 생협 식구들에게 감사를 전한다. 온종일 『시사저널』과 도보 인터뷰를 한다고 신경을 쓰지 못해 죄송스럽다. 도보 인터뷰 덕에 사진은 원 없이 찍혔다. 카메라 기자님은 우리랑 다섯 시간을 걷고 양발에 물집이 잡히더니 균도를 보고 고개를 절레절레한다. 나도 오늘 발톱이 깨져 피를 보았다.

며칠간의 강행군에 피로감이 몰려온다. 요새 잠을 제대로 이루지 못하고 있다. 마음은 사람들의 지지와 응원으로 뿌듯하지만, 몸 상태는 점점 악화되어 새벽녘에 꼭 잠을 깨 뒤척이게 된다. 그래도 곤하게 자는 균도의 얼굴을 보면서 고마움을 느낀다.

균도는 종일 재잘거리면서 잘 따라온다. 그렇지만 오후가 되면 어김없이 "아빠 균도 발이 아파요. …… 좀 천천히 가요" 라고 외친다. 아마 내일이면 긴 고비도 끝이 날 것 같다.

시선의
무게

이제 계획된 일정도 절반을 넘겼다. 같이 걸어오
는 동안 많은 사람을 만났고, 그 분들의 연대 덕분에 오늘에 이르렀다. 출발 전
에 답사를 하며 계획했던 것보다 훨씬 빨리 올라왔다. 무엇보다 20일 동안 나보
다 앞서 잘 걸어 준 균도에게 고맙다.

그런데 오늘은 그 감사함이 독으로 변했다. 며칠을 무리하게 걸었던 때문인
지 오늘은 균도가 내게 주먹질과 발길질을 했다. 몇 대를 뒈지게 맞았다. 그렇게
잠깐 벌벌 떨면서 분풀이를 하고 나서는 이내 미안했는지 말리는 손짓에 순응한
다. 그동안 그러지 않아 이상하다고 생각했다. 잘 달래서 마지막 일정을 소화해
야겠다.

균도는 평소에는 한없이 순하다가도 갑자기 이렇게 과잉 행동이 나오면 주
체를 못한다. 주로 잠을 잘 못 잤다든지, 본인이 힘들고 스트레스를 받을 때 이
런 행동이 나타난다. 그러면 자기 손을 깨물며 노려보기도 하고, 차가 지나가든
말든 길가에 돌멩이를 던지기도 하고, 혼자 무서운 속도로 앞서 나갔다가 다시
돌아와 "아빠 개○○야!" 이렇게 욕을 하기도 한다. 주위에 사람이 있건 없건 아
랑곳하지 않고 무섭게 질주할 때도 있다. 그럴 때면 균도의 덩치에 다른 사람들
이 쓰러져 넘어지기도 한다. 스트레스를 그렇게 푸는 모양이지만 아무리 겪어도
항상 난감하다. 금지어와 큰 소리도 싫어해서 하지 말라고 소리치며 제압하면
더 흥분한다.

균도에게는 자기만의 세계가 있다. 순하게 있을 때도 "크베크베 스둥스둥 포

트메메메……" 이렇게 뜻 모를 이야기를 중얼거리고 있을 때가 많다. 효자손으로 하늘을 휘적거리기도 한다. 날씨가 흐리거나 스트레스를 받으면 혼자 울고 아쉬움을 토로한다. 사춘기 때는 며칠 밤낮을 통곡하며 지내기 일쑤였다. 그래, 너도 뭔가 한스럽고 슬픈 것이 있겠지. 부모로서 짐작만 한다. 하지만 짐작일 뿐 외계의 언어와 몸짓들을 부모라 해도 다 이해할 순 없다. 균도에게 슬픔은 대체 무엇일까? 균도를 보고 있으면 별의별 생각이 다 든다.

오늘 걸어온 길도 만만치 않았다. 오르막을 몇 번이나 올랐다. 문경을 빠져 나가는데, 문경새재 주유소 사장님이 한동안 지켜보더니 커피 한 잔 하다 가라고 부른다. 몸자보와 균도를 번갈아 보더니 조심히 가라고 당부한다.

문경을 벗어나면서 페이스북에 사진을 한 장 올렸는데, 이러저런 답이 온다. 가수 김태원 씨 이야기도 들려온다. 김태원 씨 아들이 자폐성 장애인데 우리나라에 있지 못하고, 필리핀에 가 살고 있는 이야기가 사회적 이슈가 된 모양이다. 짐작이 간다. 우리나라는 발달장애인에 대한 배려심이 부족하다. 균도랑 시내를 가다 균도의 행동 장애로 누군가와 부딪히면 어김없이 항의가 들어온다. 영화 〈말아톤〉의 초원이 엄마가 하던 대사 나도 많이 해봤다. "장애를 가진 사람입니다. 이해하세요." 어떤 이들은 고약한 소리를 하기도 한다. "저런 애를 왜 데리고 나와. 집에 처박아 두지……." 호되게 흠씬 패주고 싶을 때 진짜 많다. 그렇지만 참는다. 그럴 때면 정말 마음에 참을 인(忍)을 백 번도 더 새긴다.

보통 사람들이 장애인에게 휘두르는 가장 아픈 무기가 시선이다. 경멸하는 듯한 시선은 우리 장애 가족을 가장 힘들게 하는 것 중 하나다. 욕이야 욕으로 되갚아 줄 수도 있지만 시선은 깊은 곳에 모멸감을 불러일으킨다. 시선 처리가 가장 중요한 덕목임을 다시 한 번 강조하고 싶다.

오늘은 60리 길을 걸어 수안보에 도착했다. 인터뷰 약속 때문에 내일은 하루 쉬려 한다. 균도의 피곤함과 스트레스 완화를 위해 오늘은 꼭 노래방을 가야겠다.

이 밤도 전쟁이었다. 낮잠을 잤던 균도, 밤새도록 "뭐뭐뭐가 먹고 싶어요" 재잘거
린다. 모무 잠이 든 시간에 고함도 지른다. 새벽 한 시에 갑자기 일어나서 컴퓨터
를 한단다. 그리고 약속을 한다. 세 시에 꼭 잘 거란다. 2시 58분이 되어서야, 자리
를 털고 일어나 방으로 건너갔다. 그런데 아직 방에서는 부산한 소리가 들린다. 우
리가 사는 곳이 아파트인지라, 이내 눈치가 보인다. 사실 이런 날은 너무 힘들어
눈물이 날 정도다. 애써 웃어 보지만 다 쓴웃음이다.

오늘은 균도를 훈계한다고 효자손을 들었다. 그러자 갑자기 일어나서 반항을 한다.
자폐 성향의 아이는 시시때때로 다른 사람이 된다. 오늘은 나에게 주먹질도 하고
혼자 반항이 심하다. 어떨 때는 나 역시 무서울 때가 있다. 그런데 아빠들이 자폐아
들을 나 몰라라하는 경우가 많다. 그래서 엄마들은 얼굴에 어둠을 드리고 산다.

나와 균도는 그래서 길을 걷는다. 나보다 30년은 더 살아야 할 균도이기에, 가난해
서 자식의 미래를 열어 줄 수 없는 미력한 아빠의 마음으로 균도와 걷는다. 최소한
부양의무제 폐지에 작은 도움이라도 주고 싶다. 다른 사람에게 우리는 이렇게 힘
들게 살아간다는 것을 보여 주고 싶다. 이제 사흘 후면 다시 출발이다. 출발을 앞
두고, 괜히 발바닥이 아프다. 아마 세 차례 걸으면서 그 여정이 얼마나 힘든지 나
보다 발바닥이 먼저 알기에 그런가 보다. 그래도 우리는 세상에 나설 것이다.

사회복지 체계 전반에 걸쳐 부양의무제는 독소 조항이다. 사회의 책임을 개인에게 전가하기 때문이다. 우리나라에는 국민기초생활보장법이라는 게 있다. 이 법은 생활이 어려운 자에게 필요한 급여를 지급해 이들의 최저 생활을 보장하고 자활을 조성하는 것을 목적으로 하는데, 대상은 '가족'의 소득 합계가 최저 생계비 이하인 가구에 한한다. 여기서 수급권자는 부양의무자가 없거나 부양의무자가 있더라도 부양 능력이 없어야 한다.

이로 인해 이러저런 부작용이 많다. 가족과 헤어져서 거리를 떠돌아다니는 사람, 노년을 외롭게 홀로 살아가는 독거노인들 가운데서도 법적으로 가족이 집이 있거나 봉급쟁이를 조금 넘는 수준의 임금을 받는 사람은 수급자가 되지 못한다.

부양의무제는 수급권만 박탈하는 게 아니다. 사람의 목숨도 앗아 간다. 건설 일용직으로 일을 하던 아버지가 장애 아들의 치료비를 대지 못하다 수급권자 신청을 했다. 그러나 아버지의 근로 능력이 있다는 이유로 장애 아들은 심사에서 탈락했다. 아버지는 자신 때문에 아들이 받아야 할 혜택을 받지 못한다는 사실에 좌절해 목숨을 끊었다. 어쩌자고 아버지는 일을 했단 말인가.

부양의무제 아래에서 가족은 이처럼 서로에게 짐이 된다. 내가 죽어야 네가 사는 제도다. 중증 장애인은 가정에서도 사회에서도 실제로는 무능력자로 간주하면서 정작 지원을 받아야 할 때는 이와는 모순적인 부양의무자의 잣대를 들이댄다. 이들은 장애와 빈곤의 이중 사각지대에 놓여 있지만, 이들에 대한 사회의 구제는 언제나 차선이다. 늙은 부모와 가난한 자식, 형제자매의 고통은 사회의 고통이 아니라 가족의 고통일 뿐이라는 것이다. 이 사회에 아무런 연결 고리가 없어야 수급자의 길로 들어설 수 있다. 악법도 이런 악법이 없다. 내가 부모의 인생을 대신 살아 줄 수도 없고 다른 사람이 나의 삶을 책임질 수도 없다. 그런데 부양의무제는 보이지 않는 연좌제로 작용하면서 한 개인의 삶을 오롯이 가족이 책임지라고 한다.

전국 사회복지사들이 이런 문제들을 바로잡자고 서명운동을 펼쳤다. 서울부터 시작해 1만 명 이상의 복지사들이 팔을 걷어붙였다. 하지만 아직 많이 모자란다. 나 역시 지역에서 장애인부모회 사무실 안에 공간을 마련해 사회복지 생활 상담소를 운영하고 있다. 수많은 장애인 가족과 빈곤의 굴레를 벗어나지 못하는 사회 최약자들이 찾아온다. 하지만 방법이 별로 없다. 편법만 조장할 뿐이다. 기초 생활 수급 대상자가 되기 위해서 위장 이혼을 시켜야만 사회 서비스를 이용할 수 있는 게 현실이다. 법이 우리를 범죄자로 내몰고 있다.

우리는
조용한 곳이 좋다

이제 집 떠나온 지도 한 달이 다 되어 간다. 균도는 오늘도 아침 일찍 일어났다. 옷을 주섬주섬 입고는 "아빠 가요" 라고 외친다. 이젠 기계적이다. "균도야 오늘은 안 간다" 이야기하니 씩 웃으며 "아빠 더 잘 거예요" 한다. 하루 쉬어 간다니 균도 역시 좋아한다.

오늘은 망중한을 즐긴다. 아침에 느지막이 일어나 말로만 듣던 수안보를 한 바퀴 돌아봤다. 그리고 균도랑 족욕탕에 들렀다. 아무도 오지 않아 너무 조용하다. 안심이다. 장애를 가진 부모들은 이런 곳을 좋아하게 된다. 정확하게 말하자면 사람이 아무도 없는 곳이다. 매 순간 사람들에게 눈총을 받고 사는 우리 아이의 마음이 쉴 수 있기 때문이다. 아무리 큰 소리를 내도, 아무리 뛰어다녀도 눈총 줄 사람이 없으니 균도도 오늘 그 넓은 곳을 누비며 좋아한다.

집을 떠나오니 먹는 것이 매일 걱정이다. 제일 힘든 게 걷는 게 아니라 음식이다. 균도랑 같은 음식을 먹자니 내가 힘들고, 균도를 나한테 맞추려니 균도가 영 먹으려 들지 않는다. 균도는 고기를 좋아하는데, 난 채식이 좋다. "균도야, 뭐 먹을래?" 하고 물으면 만날 고기 아니면 피자다. 너무 안 맞는다. 게다가 집 떠나 먹는 밥은 조미료 범벅인 것도 문제다. 어떤 때는 힘들게 걷는 데 대한 보상으로 나한테 자기 좋아하는 음식들을 사달라고 요구하는 것 같기도 하다. 저녁에는 사실 나 역시 몸이 피곤해 과자를 사달라는 대로 사주고 잠들기도 한다. 몇 봉지를 사주어도 아침에 일어나 보면 모두 먹어 치우고 없다. 그럴 때면 다시 마음을 모질게 다잡아 보지만 오래가지는 못한다.

휴식을 취하니 균도가 훨씬 명랑해진다. 이제 걸어갈 길이 얼마 남지 않았다. 내일부터는 일정을 잘 조절하면서 소화하리라 마음먹는다.

저녁때쯤 인터뷰 한 건이 있었다. 매번 하는 말이지만, 우리가 걷는다는 것에만 초점을 맞추지 말고, '왜' 걷는가에 초점을 맞추어 달라고 이야기했다.

균도의
눈높이

앞만 보고 걸었다. 목표가 분명해지니 사람들을 만나도 당당해지고 자신감이 생겼다. 걸으면서 우리 아이들에게 무엇이 필요하고 어떤 것이 유익한지 점점 더 많은 생각을 하게 된다.

12시까지 충북 장애인부모연대 부모와 아이들이 주덕역까지 함께 걸었다. 균도가 너무 앞서가는 까닭에 후미가 너무 힘들어 한다. 균도는 온통 걷는 데만 몰입한다. 이런 균도의 모습을 보고 있으면 마음이 아프다. 저녁이 되면 이내 곯아떨어지는데 발을 보면 물집 범벅으로 말이 아니다. 그렇지만 의지만은 대단하다. 일단 가야 한다고 하면 꼭 거기까지 가야 한다. 돌아가는 법은 없다. 내가 포기하려 하면 왜 안 가느냐고 물으며 소 같은 눈을 껌벅인다. 일단 저지르고 보는 아버지, 그것이 절대 약속인 양 지켜야 하는 아들. 아무튼 우리는 골치 아픈 커플이다.

점심을 근사하게 대접받고 충북 장애인부모연대와 작별했다. 12킬로미터를 더 가야 숙소가 있다. 날이 무더워지니 쉽게 지친다. 시골로 들어서면 숙소가 문제다. 1박 2일 동행하던 장애인방송 기자를 배웅하고, 둘이 서로 의지하며 걸어간다. 이틀간 균도는 장애인방송 기자 덕분에 즐거워했다. 기자는 무슨 사연에선지 손가락이 두 개뿐이었다. 그 기자분이 균도 손을 꼭 잡고 걸어 주었다. 균도는 말보다는 몸으로 느끼는지라 자기 눈높이에서 몸으로 이야기하는 사람을 좋아한다. 본인에게 관심이 있는지 없는지 다 몸으로 느낀다. 그래서 손을 잡는 것도 좋아하고 자신에게 친근하게 하는 사람한테는 더 많이 묻고 재잘거린다.

사회가 이렇게 눈높이를 맞춘다면 얼마나 좋을까 생각한다. 그러다 다시 나에게로 생각이 미친다. 과연 나는 얼마나 균도의 눈높이에서 생각하고 있을까?

자폐증이란, "다른 사람과 상호 관계가 형성되지 않고 정서적인 유대감도 일어나지 않는 아동기 증후군으로 '자신의 세계에 갇혀 지내는' 것 같은 상태라고 해서 이름 붙여진 발달장애"다. 하지만 발달장애, 그 중에서도 자폐는 모두가 다 제각각이고, 균도 역시 독특하다. 균도는 그 어느 자폐인보다 눈을 잘 맞춘다. 어릴 때 서울대병원에서 균도가 자폐라고 쉽게 진단 내리지 못한 것도 이 때문이었다. 또 균도는 어찌 보면 사회성이 충만하다. 아무리 낯선 자리에 가도, 낯선 여자를 만나도 무조건 이름과 나이, 사는 곳을 알아낼 수 있는 능력자가 균도다. 균도는 특히 어릴 때부터 여자들에게 인기가 많았다. 종잡을 수 없는 매력의 소유자라고나 할까. 그런데 사회는 모든 사람을 하나의 틀에 끼워 맞추고 일반화하려 한다. 균도는 그런 틀에 맞지 않는다. 그래서 장애인이다.

균도와 같은 발달장애인은 조금만 끈기를 가지고 기다리면 할 수 있는 일이 많다. 하지만 빠른 것만 추구하는 조급증에 걸린 사회는 우리 아이들을 기다려주지 않는다. 다름을 인정하지 못하는 사회에서 우리 아이들은 마치 전염병 환자처럼 고립되어 간다. 조금 더 기다리고 다름을 인정해 준다면 어떨까? 그러면 우리도 같이 살 수 있지 않을까?

청년
균도

드디어 경기도에 입성했다. 복숭아의 고장 장호원이란다. 충북 감곡면이랑 맞닿아 있지만, 그래도 경기도라고 하니 서울이 눈앞인 것 같아 마음이 설레었다. 하지만 균도가 다리가 너무 아프다고 해서 걷기를 중단하고 택시를 불러 병원에 갔다. 여기까지 걸어왔다고 하니 걷지 말아야 낫는단다. 그래도 멈출 수는 없는 노릇이다. 마음은 아프지만 걸음을 재촉한다.

오늘은 제천 부모회 분들과 같이 걸었다. 대부분이 학령기 아이들의 엄마들인데 아버지도 한 분 따라오셨다. 동락 초등학교 앞에서 만나 음성군 생극면까지 12킬로미터 정도를 동행했다. 균도는 작업쟁이다. 언제 병원에 갔다 왔나 싶게 애교도 부려 가면서 젊은 엄마들을 너무 잘 따른다. 엄마들이 사진기를 들이대거나 말을 걸면 주저 없이 브이 모양 손가락을 뺨에 갖다 대며 방긋방긋 웃는다.

오늘처럼 부모님들과 많은 대화를 나눈 적은 없었던 것 같다. 아이들이 아직 학령기에 있으니 엄마들이 궁금한 것이 많았다. 이야기를 하다 보니 3급 아이들의 부모님들이 가장 마음에 걸렸다. 사회적으로 가장 문제가 되고 피해를 많이 입는 것도 바로 이 경계선에 있는 아이들이다. 발달장애인은 1~3급만 존재하는데, 어느 정도 말도 되고 사회성도 있지만 결정적인 순간에 비장애인보다 못해 밀려나 있는 아이들이 3급을 받는다. 부모들은 정성으로 돌보고 조금은 다그쳐도 보지만 장애란 것이 극복될 수 있는 것이 아니기에 부모들의 기대만큼 절망도 커진다. 학교에서 어느 정도 대화나 소통이 되다 보니 왕따도 경험하고, 폭력에 노출되기도 한다. 이런 연유로 나는 경계선의 아이들이야말로 사춘기를 경험할 때 특수학교를 권한다. 균도 같은 중중의 아이는 스스로 세상을 왕따시키기 때문에 왕따를 모른다.

오후 두 시 즈음 다 같이 식사를 마치고 또 둘이서 길을 나선다. 헤어짐이 다리를 더 무겁게 한다. 아마 오늘 오후가 지금까지 걸어온 날들 중 가장 무거운 하루인 것 같다. 나도 절룩거린다. 병원에서 받아온 약으로 내일을 준비한다. 내일부터는 '잰걸음으로 세상걷기'다.

균도는 올해 스무 살이다. 곧 있으면 투표권이 나오고 법적으로 내년이면 성인이다. 언제나 품 안의 자식이라고 하지만, 균도의 이성 문제를 생각하면 마음이 먹먹하다. 몸은 훌쩍 자랐지만 사회적 나이가 유아기를 벗어나지 못해 혼란스럽다. 아침저녁으로 자신의 몸을 만지고 장난치는 걸 보면, 아빠로서 묘한 감정이 든다. 자연스러운 행동이지만, 곁에서 지켜보고 있자면 정신적 나이와 신체적 나이의 괴리가 보여 마음이 아프다. 저녁에 균도 속옷을 빨아 줄 때면 몽정의 흔적을 보며 생각에 잠긴다. 과연 균도를 성인으로 받아 줘야 하는지 아빠인 나 역시 판단이 서지 않는다. 지금이 한창 혈기 왕성할 때이니 아마 성적 호기심도 생겼을지 모른다. 과연 균도는 이성을 어떻게 이해하고 있을까. 남자와 여자는 구분하지만 아직은 어린아이 수준 같다. 그래서 아직 나부터가 정확히 판단을 내리지 못하고 있다.

균도는 누나들이 많다. 특유의 귀여운 행동 때문인지 특히 누나들에게 사랑을 많이 받는 편이다. 균도는 그런 누나들을 만나면 혼자 프러포즈를 한다. "유미 누나랑 8월 27일날 결혼할래요" 하고 혼자 날을 정한다. 그것도 한 명이 아니라 매주 다른 누나와 결혼식 날짜를 잡는다. 하지만 정작 그날이 되면 별 관심이 없다. 그저 날짜 놀이만 하는 것이다. 결혼의 의미에 대해서도 아는지 모르는지 모르겠다.

사실 내게는 간절한 바람이 하나 있다. 균도가 결혼해서 손자를 안겨 주는 것이다. 누구는 염치도 없다고 욕을 하겠지만, 난 그런 속인의 마음을 가지고 있다. 우리 균도, 혼자 늙기에는 …… 너무 잘생겼다. 인생을 돌아보니 장애는 별 문제가 아닌 것 같다. 장애인보다 못한 사람들도 많지 않은가.

이런 꿈을 갖고 난 균도와 걷고 있다. 가끔 균도가 좋아하는 사람들을 모두 균도 코뮌으로 묶어 본다. 물론 나 혼자만의 상상이지만, 상상만으로도 즐겁다. 상상이면 뭐든 할 수 있지 않은가. 나 혼자 균도를 국회의원도 시켜 봤다. 발달 장애인 최초의 국회의원 이균도. 이균도 의원 때문에 국회 의사당 구내에는 롯데리아가 있어야 한다. 균도 같은 사람이 선거권을 넘어 피선거권까지 당당히 행사할 수 있는 세상. 나는 진짜 멋진 세상은 균도가 국회의원이 될 수 있는 세상이라 생각한다. 아무튼 난 균도와 즐기면서 걷고 있다.

혹시 균도한테 관심 있는 분들은 꼭 연락해 주세요. 균도가 무언가를 "줄게요" 하든지 "업어" 라고 하면 그 사람을 좋아한다는 뜻입니다. "누구를 닮았어요" 라고 하는 건 작업 멘트고요. 다들 알아주시길!

정책이 바뀌면
엄마의 근심도
사라지지 않을까

저녁 늦게 균도의 모교인 성우학교에서 응원차 찾아왔다. 그 편에 균도 엄마도 와서 하루를 같이 보내기로 했다. 균도 엄마는 나만 보면 항상 뭐라고 구시렁댄다. 오늘도 두 부자가 거지꼴이라며 어김없이 잔소리를 한다. 깨끗한 옷으로 갈아입히고 거리를 나선다.

균도는 엄마랑 두 손을 마주잡고 방방 뛰다가는 거리를 내달린다. 어느 날보다 더욱 생기가 넘친다. 어느새 훌쩍 커버린 균도. 이제 엄마는 균도 몸집의 반밖에 되지 않는다. 그런 균도가 엄마를 보며 싱글벙글한다. 엄마, 엄마 하며 떨어지질 않는다.

오늘은 균도 엄마를 생각해 쉬엄쉬엄 걷기로 했다. 3번 국도가 쭉 뻗은 길이라 차가 쌩쌩 지나는 까닭에 신경이 쓰인다. 그래도 오늘 하루는 호위하는 차량이 있어 다행이다. 걸으며 균도 엄마랑 많은 이야기를 했다. 균도 엄마는 아이에게 신경 많이 쓰라고 다짐에 다짐을 받는다.

숙소에 도착했는데 균도 엄마가 나를 뚫어지게 처다본다. 살이 너무 많이 빠졌단다. 결혼 생활 20년 동안 이런 내 모습은 처음이라 한다. 처음 만났을 때 1백 킬로그램에 육박하던 몸매가 아이와 걷고 예행연습을 하면서 80킬로그램 초반으로 줄어들었으니 낯선 것도 당연하다. 균도 엄마는 앞으로 이 의지 변치 말고 열심히 하자고 나에게 단단히 이야기한 뒤 부산으로 내려갔다.

균도 엄마는 나를 사회복지학과에 보내면서부터 생업을 혼자 책임지기 시작했다. 가장으로서 미안하지만, 아내는 부모의 역할이 돈이 전부는 아니라면서 나를 이해해 줬다. 마음으로는 매일 고맙다. 나를 이해하는 가장 소중한 사람이다. 집사람을 내려 보내는데 마음이 울컥한다.

자식을 낳았으니, 부모의 책임은 누구보다 통감한다. 오죽하면 아이보다 하루만 더 살았으면 하는 게 우리 부모들의 소원이 되었겠는가. 그렇지만 부모가 죽고 나면 누가 우리 아이를 책임질까? 돈을 많이 벌어 두면 된다는 사람들도 있지만, 과연 그럴까? 난 아니라고 생각한다. 난 정책이 바뀌면 이런 부모의 근심도 많이 사라질 것이라 믿는다. 장애라는 사회 최약자를 부모 혼자 책임져야 한다면, 복지국가는 아닐 것이다. 난 균도를 사랑한다. 그리고 나머지 가족들 역시 사랑한다. 우리 균도가 나머지 가족들에게 짐이 되어서는 안 된다. 우리 가족이 함께 살아갈 수 있도록 사회적으로나 정책적으로 도움을 달라. 그 책임을 가족에게만 전가하지 말아 달라.

균도를 키운 건, 사실 팔 할이 외할머니, 외할아버지다. 남들은 처가가 멀어야 한다고들 하지만 나에게만은 해당되지 않는 이야기다. 지금도 바로 옆집에 사시면서 우리가 바쁠 때면 수시로 균도를 돌봐 주신다. 집 주위에 사는 균도 이모들도 많은 도움이 되고 특히 한 이모는 균도의 활동 보조까지 맡고 있다.

신접살림을 할 때부터 처가 인근에 살아서 그런지 난 장인, 장모님과 흉허물이 없다. 균도를 키울 때 같이 살지 않았더라면 어떻게 균도를 키울 수 있었을지 모르겠다. 장인어른은 특히 막내딸인 균도 엄마와 균도에게 애정이 많다. 내가 가정생활을 등한시할 때도 쌀이나 반찬을 꼭 나눠 주었다. 오랜 시간을 호구지책보다 사회 활동에 전념할 수 있었던 이유도 사실은 처가와 붙어 살았던 덕분이다.

장인, 장모님도 나를 아들처럼 여기고 나도 장인, 장모님을 어마이, 아바이라 부른다. 내 부모가 있지만 사실 난 장인, 장모님이 더 좋다. 고등학교를 졸업하고 바로 부모 곁을 떠났고, 결혼하고 바로 처가 식구들과 살았으니 장인, 장모님과 함께한 시간이 더 많기도 하다. 나는 좋지만 균도의 과잉 행동으로 장인, 장모님이 겪는 고충은 상당하다. 몸집이 왜소한 장모님은 특히 자주 균도에게 당하신다. 그렇지만 한 번도 싫은 내색을 하신 적이 없다. 아픈 것이야 낫지만 평생 마음에 멍이 들어 사는 막내딸을 위해서인 것 같다. 균도는 외할아버지에게도 불만이 많다. 매일 잔소리를 쏟아 내는 외할아버지를 한 번씩 슬쩍 치고 달아나다가 잡혀서 벌을 서곤 한다.

이렇게 나에게는 균도를 나눌 가족이 있다. 나에게 아쉬운 일이 있다면 이제는 그분들과 함께할 시간이 지금까지 보내 온 시간보다 짧게 남아 있다는 것이다. 점점 쇠약해지는 몸으로 점점 건장해지는 균도를 돌봐야 하는 현실도 안타깝다. 지금 내가 균도를 뒷바라지하는 시간이 늘어나는 것도 그 때문이다.

오늘도 장인어른이 균도 엄마와 같이 가게에 나가셨다. 생업을 부부가 나누어야 하는데 내가 장애인부모회에 출근하다 보니 장인어른이 생업에서마저 내 몫을 메울 때가 많다. 균도 엄마가 집을 비우면 이모와 장모님이 집을 정리한다. 고맙다고 인사도 하지만 가족이니 그런 말 하지 말라고 한다.

균도와 같은 발달장애인은 이렇게 함께 볼 수밖에 없고 또 그러는 편이 더 좋다. 이제는 사회가 그 짐을 나눌 때다. 오늘 저녁은 같이 외식이라도 해야겠다.___2015년 1월 12일

느린
걸음으로

아직 아침 공기가 차다. 하지만 오후가 되면 더위에 쉽게 지친다. 그래서 아침 일찍부터 균도를 재촉했다. 가는 길이 답사 때 가보지 않은 길이라 무척이나 생소하다. 42번 지방 국도를 들여다보니 쭈욱 가기만 해도 된다. 이 도로 역시 고속도로랑 마찬가지다.

오늘도 무리를 했다. 앞으로 비가 온다기에 빨리 수원에 도착해 며칠 쉬기로 했다. 땀이 많이 흐른다. 여행을 떠나고 나서 이렇게 힘든 적이 또 있을까 싶다. 오전 세 시간, 오후 네 시간. 밥 먹는 시간을 제외하고 가다 쉬다를 반복한다. 걷는 데 이골이 나 있지만, 역시 20킬로미터를 넘으면 무리다.

가는 길에 균도랑 조그마한 공원에서 시소를 탔다. 이제 균도가 건너편 앞줄에 탄다. 가벼워진 나는 뒤에 타야 균형이 맞다. 그제야 시소는 움직인다. 그렇지 않으면 움직일 수 없고 재미도 없다. 사회가 시소를 배우면 좋겠다. 사회도 균형이 생명이다. 가진 자들만의 사회 재미없다. 이 단순한 논리도 우리가 알려 줘야 하는 걸까. 장애인이 사회에 적응하려면 과연 무엇이 필요할까? 무엇이 주어지면 균형이 맞을까? 필요한 것이 있으면 갖추게 해서 힘의 균형을 맞춰 줘야 한다.

어렵게 양지면에 도착했다. 파김치다. 일곱 시간을 걸었다. 전화가 온다. 일정을 당겨서 서울로 오란다. 4월 7일 장애아동복지지원법 관련 집회가 비 때문에 며칠 연기됐다. 4월 12일 국회의사당에서 집회를 하는데, 그 집회 때 우리 부자를 초청한단다.

힘들게 온 길을 다시 돌아가려니 엄두가 안 난다. 차를 타고 복귀하기로 한다. 64배속 되돌리기 버튼을 누른 화면마냥 획획 지나간다. 이렇게 가까운데 우리는 왜 뚜벅거리며 걷고 있을까? 우리의 느린 걸음, 느린 몸짓을 사람들이 과연 알아볼 수 있을까?

　　　　　　　　　　　　균도를 잃어버렸다. 잠시 편의점에 들러 물을 사고 돈을 계산하고 났는데 균도가 보이지 않았다. 20분을 헤맸다. 눈물이 나온다. 어떻게 키운 아이인데 …… 별생각이 다 들었다. 균도 핸드폰으로 전화를 하니 누군가가 뛰어온다. 균도가 맘대로 근처 모텔로 찾아들었던 모양이다. 균도는 모텔 안내판 앞에서 나를 기다리고 있었다. 아이도 아빠를 잃어버리면 어찌할지 다 생각이 있다. 자기도 놀랐는지 큰 눈을 멀뚱거리고 있다. 눈물을 닦고 균도를 쳐다보니, 나를 향해 "옹" 하고 웃는다. 사랑한다, 나의 아들, 나의 미래…….

◆ ◆ ◆

이들 부자가 세상에 하고 싶은 이야기는 무엇일까. 문경 온천으로 향하는 길을 기자도 함께 걸었다. 출발할 때보다 훨씬 까맣게 탄 균도와 인사를 하고 명함을 건넸다. 어떻게 첫마디를 던질까 잠깐 고민했다. "많이 탔네?" 그다지 반응이 없다. 오히려 명함을 이리저리 만지던 균도가 "옹"이라고 말한다. 옹? 옆에서 아버지가 거든다. 균도가 가장 좋아하는 단어가 '옹'이란다. '좋아하는 음절'이라고 하는 것이 적확한 표현일 듯하다. 균도는 발음이 재미있는 단어를 좋아한다. '옹' 말고도 그런 단어는 더 있다. '고들빼기'나 '소대가리'도 균도가 사랑하는 단어다. 걷는 동안 기자도 균도와 '소대가리' '고들빼기'를 외치며 함께 걸었다. ＿김희권,

"그들은 왜 먼길 돌아 국회에 가나," 『시사저널』 1120호(2011/04/04)

힘없는 자들이
말하는 법

배낭을 메고 나섰는데, 비가 내린다. 다시 들어가려니 영 모양새가 구겨져 그냥 걷기로 했다. 들어가서 하루 넋 놓고 있는 것보다 아픈 다리라도 걸으면서 푸는 게 더 나을 것 같았다.

한 시간 반 정도 우산을 받쳐 들고 걷던 중 전화가 왔다.『조선일보』기자다. 오늘 걷는 사진이 몇 장 필요하단다. 나오길 잘한 것 같다. 오늘 같은 날씨에는 걷는 일정을 줄인다고 협박도 해가며 빨리 만나자고 재촉했다. 목적지는 고개 넘어 곤지암까지 가는 것으로 정했다.

비 오는 날 사진 찍기. 계속 웃어야 하는데 거참 어려웠다. 그런데 균도는 너무나 자연스럽다. 평소 두 시간 반이면 걸어갈 거리를 로드 인터뷰 때문에 5시간 이상 걸렸다. 명색이 전국 일간지 가운데 가장 독자가 많다는 신문 아닌가. 우리의 고통을 널리 알릴 수 있는 자리인 만큼 열심히 취재에 응했다.

잠시 비를 피하며 쉬기 위해 버스 정류장 처마 밑에 앉았다. 균도는 앉자마자 으레 양말을 벗고, 나는 과자와 연고를 꺼내 든다. 균도의 발은 여전히 상처 투성이다. 내가 발바닥에 약을 펴바르기 시작하자 균도가 다시 재잘거리기 시작했다.

"아빠, 왜 약을 발라 주나요?"

"아프니까."

이렇게 무뚝뚝하게 대답해도 균도는 그 뒤에 내가 할 말을 다 꿰고 있다. "뜯으면 절대로 큰일 나요. 아빠, 뜯지 맙시다, 발. 안 뜯으면 걸을 수 있어요. 뜯으면 못 걸어요. 발 안 뜰을 건가요? 안 뜨기로 약속했어요." 나와 주고받을 말을 혼자 줄줄이 쏟아 놓고는 새끼손가락을 내미는 균도. 나는 연고를 바르다 말고 새끼손가락을 걸어 준다. "약속."

세 시간을 빗속에서 사진을 찍다 보니 비를 너무 많이 맞았다. 나도 힘들지만 균도에게 감기가 찾아오지 않을까 걱정이다. 짧은 거리지만, 걷고 나니 마음은 푸근하다. 비 오는 날 균도랑 걸으면 더 친해지는 것 같다. 시야가 좁아지는 만큼 균도는 나에게 더 의지한다. 나 역시 균도의 손을 더 꼭 쥐었다.

장애아를 둔 부모가 아이의 손을 놓지 못하는 이유도 이런 것이다. 우리 아이들 앞에 놓인 길이 너무나 흐릿하기 때문이다. 사회적으로나 정책적으로 우리 아이들이 배려를 받을 수 있다면, 우리 부모들도 자기 인생을 설계할 수 있을 것이다. 왜 장애아의 부모들이라고 자기네 인생이 없겠는가.

하지만 아직까지는 그럴 수 없다. 집에 장애인 자녀가 있으면, 그 이유 하나만으로 그 가족에게는 사회적 낙인이 찍힌다. 사람들은 동정 어린 시선으로 우리를 바라본다. 그냥 바라만 보는 것도 아니다. 그 시선으로 사람들은 우리를 가족이라는 울타리 속에 가둬 버린다. 또 우리 아이들에게 사회에 나오지 말라고 한다. 그냥 집에서 쉬라고만 한다. 부모가 집에서 책임을 져야 한다고 한다. 동정은 감옥이 된다.

뇌병변 장애인들이 쇠사슬로 몸을 묶고 거리로 나온 이유를 생각해 본다. 그렇게 하지 않으면 아무도 우리를 위한 정책을 만들어 주지 않기 때문이다. 우리는 힘이 없다. 그래서 연대만이 살 길이다. 내가 걷고 또 걷는 이유, 아이의 아픈 다리를 매만져 가며 물집 난 발에 다시 신발을 신기며 이 먼 길을 가는 이유를

사람들은 알아줄까? 요즘 같은 시대에 무슨 미련한 짓이냐고, 청와대나 국회의
원에게 인터넷으로 민원이나 넣어 보라고, 아이를 학대하는 것이 아니냐고 하는
사람들도 있다. 장애아를 꾀어 이 길을 걷는 게, 과연 아이를 위한 일이냐고도
묻는다. 마음이 들끓는다. 그나마 이렇게라도 하니, 우리 아이들의 삶에, 우리의
미래에 그나마 관심을 두는 게 아닌가? 행동하지 않으면 결과가 없다.

　이것은 힘없는 우리의 마지막 항변이다.

관심이 쏟아질수록
의지가 굳어진다

아침 신문을 보니 우리 이야기가 나왔다. 전화에
불이 난다. 균도를 취업시켜 주겠다는 이야기도 들린다. 전국 조간지의 위력을
다시 한 번 실감한다.

오늘도 아침 일찍 균도랑 길을 나섰다. 어제 비가 온 까닭인지 아직 몸이 으
스스하다. 한낮이 되어서야 앞깃을 열고 걸을 수 있었다. 신문에서 봤다고 많은
사람이 알아보고 인사를 한다. 일부러 우리 일행을 본다고 음료와 간식을 들고
기다리는 사람도 있다. 나를 장하고 대단한 아빠라고들 한다. 균도에게 별로 해
준 것도 없는데 괜스레 미안해진다.

점심시간 무렵 어느 장애인 부모님이 식사 대접을 하겠다고 찾아오셨다. 긴
시간 함께하지는 않았지만, 그 마음을 다 알 것 같다.

오늘 가야 할 길이 멀다. 무리하지 않으려 하지만, 일정이 정해져 있어 힘을
내본다. 성남시로 이어진 터널을 지나오니 목이 너무 아프다. 독한 매연 냄새가
너무 메케하다. 앞서가는데 뒤에서 트럭 기사 아저씨가 초코파이 두 개를 들고
내린다. 아침에 신문을 보고 많이 울었단다. 고맙다. 잠깐 쉬면서 오늘자 신문
인터넷판에 들어가 댓글들을 읽어 봤다. 자신의 아들도 내년이면 성인이 되어
복지 혜택을 받을 수 없는 나이가 되어 걱정이라는 이야기, 국가가 사회적 약자
를 위한 시스템을 마련해야 한다는 이야기, 정치인들이 국가 예산 가지고 이런
장애우들 먼저 돌봐야 한다는 질책, 균도에게 좋은 직장이 생겼으면 좋겠다는
이야기 등 따뜻한 응원 글들과 더불어 어김없이 우리나라 복지 현실에 대한 한

탄이 이어진다. 관심이 쏟아질수록 의지가 더욱 굳어진다. 내가 해야 할 일, 가야 할 길이 조금씩 보이는 것 같다.

성남에 도착하니 감회가 깊다. 이곳은 균도랑 균도 엄마랑 2년을 살았던 곳이다. 균도가 장애를 가진 것 같아 철없는 부부가 무작정 상경해 터전을 잡았던 곳이다. 아침이면 어린 균도를 들쳐 업고 균도 엄마는 병원으로, 어린이집으로 출퇴근을 했다. 철은 없었지만 용감하긴 했다. 우리 아이는 아니겠지? 하는 생각에 그 낯선 땅까지 갔지만, 결국 하늘이 꺼지는 심정으로 떠났던 곳이다. 그렇지만 오늘은 이곳에 얽힌 슬픈 기억을 떨치려 한다.

내일은 야탑 광장에서 전국장애인부모연대 경기 지부 부모님들과 만날 예정이다.

서울 표지판이
보인다

모텔이 빌딩 안에 있어 창문이 없었다. 밤새 악몽에 시달렸다. 공기가 순환되지 않아 에어컨을 돌렸다. 그래서 거의 뜬눈으로 밤을 샜다. 시내 고시텔이 이런 곳이 아닐까. 폐쇄 공포증을 느낀다. 아마 자폐를 가진 우리 아이들이 과잉 행동을 하게 되는 것도 이런 답답함 때문이 아닐까. 간접경험이라도 너무 싫었다.

전국장애인연대 부모님들은 열두 시에 만나기로 했지만, 답답해서 열 시부터 나와 광장에 앉아 있었다. 오고 가는 사람들 얼굴을 쳐다본다. 균도와 비슷한 또래의 젊은 친구들이 많이 보인다. 그런데 우리 균도는 아직 부모 곁을 맴돌고 있다. 날개 꺾인 새처럼 우리 아이는 둥지를 벗어나지 못하고 있다. 그 날개를 우리가 달아 줘야 하지 않을까 곰곰이 생각해 본다. 어디선가 하나둘씩 모여들어 낯익은 풍경이 펼쳐진다. 내가 우리 균도의 손을 잡고 있듯이, 다들 아이들 손을 꼭 잡고 있다. 넓은 광장이 우리 같은 사람들로 붐볐지만, 어느 누구도 눈치를 보거나 주눅 들어 보이진 않았다. 서울에 입성한다고 축하해 주러 온 장애인 가족들이다. 같이 있으니 서로에게 힘이 된다. 이렇게 당당하고 자신 있게 살고 싶다.

다른 부모님들과 한나라당 신상진 의원 사무실을 찾았다. 그렇지만 도착해 보니 문이 닫혀 있었다. 닫혀 있는 철문. 두드려도 두드려도 열리지 않는 벽 같았다. 그래도 전진한다. 계속 두드리면 꼭 열리겠지.

우리 균도

이제 다시 서울로 향한다. 복정동을 지나면 서울이다. 멀리서 서울 표지판이 보인다. 균도를 꼭 안아 보았다. 눈물이 핑 돈다. 아직 여정은 남아 있지만, 감격부터 한다. 30일간의 여정이 주마등처럼 가슴을 쓸어내린다. 물집이 나서 절룩거리면서도 꿋꿋이 걷던 균도, 때론 아파서 쉬자고 투정 부리던 균도, 먹을 것만 안겨 주면 세상 다 가진 표정을 하며 행복해지던 균도, 우리 이야기를 알리겠다면 만났던 정치인과 공무원들, 거리에서 물심양면으로 우리 부자를 챙겨 주던 사람들, 그리고 함께 걸어 준 사람들……. 모든 게 다 사랑스러운 순간과 추억으로 남을 것 같다.

아빠들

아침에 만나기로 한 사람들이 있다. 신문에 난 우리를 보고 같이 걷고 싶다며 연락이 왔다. 생면부지의 사람들이지만 장애아를 두었다는 공통점이 우리를 모이게 했다. 잠실 놀이공원에서 만나기로 하고 기다렸다. 멀리서도 한눈에 들어온다. 우리 아이들은 먼발치에서도 금방 알아볼 수 있다. 발달장애인의 특징은 우리 아이들 스스로 드러낸다. 어쩜 저럴 수가 할 정도로 우리 아이들은 똑같고 또 다르다.

동행하기로 한 이들은 두 가족이다. 모두 발달장애인 가족이지만 서로 대조적인 부분도 많았다. 한 아빠는 치과의사였는데 가족 전체가 아이의 장애를 순조롭게 받아들이고 비교적 평화롭게 가정을 유지해 온 것 같았다. 또 한 아빠는 부인과 이혼한 후 혼자 애를 키울 수 없어 평일에는 애를 시설에 맡기고 주말에만 아이를 만나고 있었다. 하지만 여기까지 자식을 데려온 그 마음은 다르지 않았을 것이다. 석촌 호수에서 간단히 서로 소개를 하고 출발했다. 서울은 공해 때문인지 쉽게 피곤함이 몰려왔다. 소도시를 걷거나 시골의 한적한 길을 걸을 때는 경험할 수 없는 정지와 대기의 반복도 우리를 힘들게 했다.

동행한 두 아이 모두 사랑스럽고 밝은 얼굴이었다. 처음에는 경계심을 보이던 한 아이도 시간이 지나면서 마음의 문을 열었다. 두 아빠와 나는 어느새 친구가 되어 많은 이야기를 했다. 우리 부모들끼리 만나면 과거는 묻지 않는다. 아이가 어떤 장애인지도 잘 묻지 않는다. 자세한 사연을 듣지 않아도 얼마나 힘들었을지 잘 알고 어떤 장애인지 굳이 말하지 않아도 지내다 보면 알 수 있기 때문이다. 우리는 주로 미래를 이야기한다. 오늘도 그랬다. 사회를 바라보는 시선도 어쩜 그리 똑같은지 놀라웠다.

강남인데도 일요일이라 그런지 사람이 적어 아이들이 걷기 편했다. 평일에는 많은 사람들로 북적거리겠지만, 오늘은 균도가 뛰어도 넉넉할 만큼 넓어 보인다. 시내를 이렇게 마음껏 달려 본 것이 언제인가 생각해 본다.

일곱 시간의 시내 질주는 강남터미널에서 끝이 났다. 좋은 이야기와 앞으로의 계획을 공유하고 마무리한다. 멀어져 가는 두 부자의 모습에서 우리의 미래를 발견한다. 그 처진 어깨들이 당당해질 때까지 노력하겠다고 다짐한다.

함께 걷고 있는 아이들을 보고 있자니, 균정이 생각이 났다. 균도에게는 다섯 살 아래 동생이 있다. 매번 균도를 챙기느라 동생 균정이에게는 제대로 마음을 쓰지 못했다. 균정이에게 비친 내 모습도 균도 해바라기였다. 나 역시 아들 많은 집의 둘째로 태어나 형의 뒷모습만 바라보며 자랐다. 그래서 여느 집 둘째의 설움은 어느 정도 알고 있다. 문제는 우리 집이 여느 집 같지 않다는 점이다.

사실 우리는 균정이를 균도의 외로움 때문에 태어나게 했다. 균도의 장애를 알고 나서 동생 없이 혼자 키우려 했으나, 균도가 크면서 외로움을 타는 것 같아 형제가 필요하겠다는 생각에 균정이를 가졌다. 그렇게 둘째로 태어난 균정이는 장애 아들 뒷바라지에 힘들어했던 엄마와 아빠 때문에 부모의 사랑을 형의 나머지로만 받아야 했다. 지금도 미안하기만 하다.

더 마음 아픈 사실도 있다. 균정이는 균도 때문에 열 달을 다 채우고 나오지도 못했다. 균도가 난산 끝에 낳은 아이라, 균정이는 제왕절개를 하기로 했다. 마침 예정일이 균도 생일과 비슷해 같은 날로 하기로 마음먹고 한 달 정도 일찍 나오게 해달라고 부탁했다. 그때의 판단이 평생 내 마음을 짓누른다. 균도가 평생 장애를 안고 살아가야 하는 까닭에 균정이가 태어날 날을 부모가 선택한 것이다. 균도가 장가를 못 가고 혼자 살면 어쩌지 하는 마음에 생일이라도 같으면 우리가 세상에 없더라도 균정이 생일밥이나마 같이 먹을 수 있지 않을까 하는 생각이었다. 그렇게 나는 균정이에게 못난 짓을 했다(하지만 그날은 현충일이라 의사들이 수술을 하지 않았고 그래서 균정이는 6월 4일에 태어나게 했다).

균정이의 삶은 이렇듯 모든 것이 형에게 맞춰진 채 시작되었다. 어린 시절에도 균정은 모든 것을 형에게 양보하라고 강요당했다. 게다가 균정이가 태어나서부터 가세가 기울기 시작했다. 그해 IMF 위기가 닥쳤다. 결국 내 사업은 부도수표로 끝났다. 살던 집마저 은행에 경매로 넘어가고 일광어촌에서 셋방살이를 하게 되었다. 그리고 월세 보증금마저 다 까먹고 처갓집 아래 살게 됐다. 원래 상가였던 곳에 가내 샤워기만 설치해 살았는데, 균정이는 화장실이 없는 그 집부터 기억을 한다. 집에는 창문이 없어 하루 종일 깜깜했다. 균도 엄마는 부업으로 옷수선 가게를 하고 나도 신용 불량자가 선택할 수 있는 최후의 직업인 택시 운전을 하게 되었다. 낮이면 잠을 자야 하는 아빠와 일을 해야 하는 엄마 때문에 균정이는 유치원에서 돌아오면 혼자 균도 형이 물려준 동화책을 보며 노는 게 고작이었다. 그렇게 놀다 지치면 윗층 외갓집에 가서 외할머니의 꽁무니를 따라다니곤 했다.

균정이가 학교에 들어간 후에도 사정은 달라지지 않았다. 균정이가 초등학교를 다녔던 일광은 시골이라 난 균정이 공부에 대해서는 별 기대를 하지 않았다. 또 균도 엄마의 제안으로 점점 커가는 균도의 일은 아빠, 균정의 일은 엄마 소관으로 정해지면서 균정이는 나에게서 더 멀어졌다.

균정이가 중학교에 들어가면서 기장읍으로 이사를 했다. 그간 열심히 살아서 가세도 좀 나아졌다. 이제는 균정이를 조금이라도 나은 환경에서 공부시키고 싶어 도서관 인근에 집을 구했다. 그 집에 처음 이사 가던 날 균정이 내 옆에 눕더니 감격스러운 목소리로 말했다.

"아빠, 내 이렇게 호강해도 되나?"

자기 방이 처음 생겼기 때문이었다. 어느새 훌쩍 커버린 아이의 말에 목이 메어 왔다. 그전까지만 해도 균정이는 균도 형과 나와 한 방에서 살았기 때문에 한 번도 자기 방을 가진 적이 없었다. 균정과 균도는 항상 내 양 옆에 누워 잠을 잤다. 하지만 그때조차 균도가 먼저였다.

중학교 중간고사를 치르고 난 뒤 균정이가 나를 불렀다.

"아빠 내 시험 치고 왔다."

"그래 잘 봤나? 여는 시골이니 중간만 하면 된다."

"내 1등 하면 뭐 사줄래?"

난 웃으며 이야기했다.

"암마 촌놈이 무슨 1등이가?"

"좋다! 내 1등 하면 노트북 사줘."

그래서 약속을 하고 말았는데 그놈이 며칠 뒤 1등을 한 성적표를 내밀었다. 균도에게 정성을 쏟다 보니 작은아들이 크는 것도 몰랐고 그 아들이 무엇을 잘하는지도 몰랐던 것이다.

그 아들이 커서 곧 고등학교 졸업반이다. 아직도 형의 그늘에서 벗어나지 못해 스트레스가 많다. 그래도 착하게 자라 지금은 형의 작은 보호자가 되어 제법 잘 챙긴다. 균도보다는 작은아들이지만 형을 돌보는 큰아들 역할을 하는 아들이다.

균정이는 대학을 가면 사회복지학과나 문헌정보학과에 가고 싶다 한다. 형을 좀 더 이해해 보고 싶기도 하고 책이 좋아 도서관에서 일하고 싶기도 하단다. 미래는 아무도 모르지만 장애인 형 곁에서 마음으로 키운 아들이 잘 자라나서 다행이다. 앞으로 균도뿐만 아니라 균정이 생각도 좀 하면서 살련다. 내가 장애인 운동을 시작하게 된 것도, 그리고 장애인 당사자가 아닌 장애인 가족에 초점을 맞추게 된 것도 균정이에 대한 미안함에서였다.

균정아, 고맙다. 사랑한다.

균도를 복지관에 보내고 오랜만에 사무실에 앉았다. 집기들이 여행 후유증을 앓고 있는 내 마음처럼 널브러져 있다.

균도와 세상걷기를 통해 난 몇 가지 문제를 세상에 던졌다. 그 가운데 하나가 '아버지의 역할'에 대해서였다. 발달장애인 가족은 누구보다 엄마에게 장애아의 양육과 보호를 강요하고 있다. 평범한 가정도 여전히 그렇긴 하지만 장애인 엄마는 특히 아이의 그림자 역할을 강요당한다. 내가 장애인부모회에 발을 들였을 때도 아빠들은 거의 찾아볼 수 없었다. 지금도 성별로 보면 난 소수다. 장애인의 아빠로 산다는 것이 너무나 힘든 것일까? 어떤 아빠들은 장애아의 존재를 가정 일로만 묻어 둔 채 바깥 생활을 할 때는 굳이 밝히지 않는다.

몇 년 전 균도랑 영화 〈말아톤〉을 보고 나서 혼자 무작스럽게 운 적이 있다. 아무런 존재감도 없는 초원이 아빠의 모습이 비겁하게 느껴지기도 하고 예전의 내 모습도 생각났다. 그때부터 이제 밖에서도 떳떳하게 밝히고 다닐 것을 결심하고 실천했는데, 돌아오는 것은 동정인 경우가 많았다. 씁쓸했지만, 그간 무관심했던 내 과거가 그런 반응을 야기한 게 아닌가 생각했다.

몇 년 동안 장애인부모회에서 열심히 일했다. 엄마들 틈바구니에서 열심히 쫓아다녔다. 발달장애인과 그 가족의 문제를 조금이나마 알게 될 즈음 관공서에 찾아가 우리 이야기를 했다. 하지만 당신들은 전문가가 아니고 장애인 부모이기 때문에 우리가 제기하는 문제와 해법은 받아들이지 못하겠다는 투로 이야기했다. 장애인 운동 단체에 우리 이야기를 하니, 이번에는 장애인 당사자가 아니라고 했다. 사방이 벽이었다. 비단 사회의 벽들만이 아니었다. 장애인 아빠들의 외면도 우리를 힘들게 했다.

방관자로 살아가는 아빠들을 깨우고 싶었다. 아빠들도 나서서 힘을 보태야 한다고 생각했다. 엄마만이 부모가 아니다. 현실적으로도 사회적 경험이 많은 아빠들이 함께해야 더 큰 힘이 생긴다. 발달장애인의 경우 75퍼센트가 남자인 까닭도 있다. 엄마들 혼자 남자아이들의 뒤처리나 성 문제 때문에 고생하며 끙끙 앓는 모습을 보면 마음이 아프다.

우리 아이들을 더는 방관하지 말자. 우리 아이들을 홀로 세상에 보내지 말자. 우리 아빠들도 그 세상 속으로 같이 들어가자. ___2011년 5월 12일

아빠

왜 우나요

　　　　　　공식적으로 부산에서 여의도까지 6백 킬로미터
여정이 마무리되는 날이다. 63빌딩으로 가는 작은 다리를 지나는데 눈물이 흐
르기 시작했다. 다른 일정은 며칠 남아 있지만 걷기 일정은 오늘이 마지막이다.
부산부터 꼭 부여잡고 걸어온 여정이 다시 머리를 스쳤다.

　식전 당뇨 수치가 2백이 훨씬 넘어가고, 식후 당뇨가 4백 가까이 가는 내 몸
이 이겨낼까 하는 의구심이 들기도 했지만, 아침 마른목에 당뇨약 두 알, 혈압약
한 알을 털어 넣고 강행군을 이어 갔다. 시간이 지나면서 인슐린보다는 의지를
시험했다. 운동량이 많아 저혈당이 올 것에 대비해 주머니 속에 사탕 두 알과 초
콜릿을 넣어 두고 버텼다. 아마 동행해 준 부모들의 응원이 없었다면 이마저도
어려웠을 것이다.

　6백 킬로미터를 걸어온 균도를 생각하니 더 눈물이 난다. 균도는 눈시울이
붉어진 나를 보고 묻는다. "아빠, 왜 우나요?" 내가 눈물을 훔치니 연신 내 손을
치우며 자기 손을 갖다 댄다. 균도는 내가 왜 우는지 알까? 내 심정을 이해하고
있을까?

　이제 과정보다는 결과가 남아 있다. 내일부터는 결과를 위해 또 걸어야 한다.

균도
할아버지

　　아침 일찍 아버지 산소에 갔다. 아버지는 4·19 국립묘지에 계신다. 균도는 아직 죽음이라는 것을 알지 못한다. 보지 못한다는 아쉬움만 아는 정도다.

　　아버지는 균도가 장애라는 것을 알고 우리를 애잔하게 쳐다보기만 하다 돌아가셨다. 자식에게 그 어느 아버지보다 무뚝뚝하셨지만, 말을 잘 못하는 손자 녀석을 보고는 남모르게 많이 우셨다. 하늘로 떠나시기 전날에도 손자 걱정이 앞섰던 아버지 앞에, 오늘은 자랑스러운 균도의 모습을 보여 주고 싶다. 자랑하지 못했던 아들이지만, 지난 여정 사이 어느 아들보다 더 자랑스러운 아들이 됐다.

　　아버지는 1997년 가을, 62세로 세상을 등지셨다. 4·19 당시 머리에 총상을 입고 평생을 정신분열증과 편집증으로 불안에 떠시며 살았다. 옆에서 지켜보는 가족은 더 힘들었다. 지금의 나보다 젊은 나이에 처음 중풍을 만나 돌아가실 때까지 세 번의 중풍을 겪으셨고, 그로 인해 몇 차례 뇌 수술을 받으시더니 결국 뇌출혈로 돌아가셨다. 보통이 아니었던 아버지의 해병대 기질까지 더해져 집에서는 폭력이 난무했고, 가족의 삶은 고통스러웠다. 같이 살 때는 그렇게 원망스러웠지만, 시간은 용서를 가르치고 원망 대신 그리움을 안겨 주었다. 오늘 우리의 여정 끝에서 그분 앞에 아들과 그 아들의 아들이 나란히 앉았다. 균도도 나를 따라 절을 한다. 아무 말 없어도 아마 내 뜻을 아시겠지. 몇 번의 절과 막걸리 몇 잔을 올리고 다시 길을 재촉했다. 돌아서는 순간 아버지의 환영이 용기를 준다.

서둘러 수유리를 나와 여의도 이룸 센터로 향했다. 오늘 그 앞에서는 장애아동복지지원법 제정을 촉구하는 장애인 부모 및 장애 아동 복지 종사자 전국 집중 결의대회가 열린다고 했다. 많은 분들이 모여 있었다. 우리가 도착하자, 사람들이 마치 개선장군 맞이하듯 우리에게 길을 터주며 박수를 친다. 사회자가 연단 앞으로 우리를 부른다. 장애아동복지지원법과 발달장애인법 제정을 위해 지난 3월 12일부터 부산, 양산, 밀양, 대구, 칠곡, 구미, 문경, 충주, 이천, 성남을 거쳐 서울까지 6백 킬로미터를 걸어 왔다고 소개하는 말이 아득히 들린다. 그 말을 들으니 그동안 균도와 걸었던 길들이 꿈처럼 스쳐 간다. 애써 태연한 척했지만, 쏟아지는 환호와 시선이 너무 낯설고 얼떨떨했다. 과연 내가 오늘 여기 모인 많은 부모님의 바람을 제대로 다 전달할 수 있을까? 건네받은 마이크를 어색하게 든 채 균도 아빠로서 발언을 시작했다.

균도가 학교를 졸업하고 사회에 나왔는데, 아무 데도 갈 곳이 없었습니다. 학교를 졸업해서 더는 학교에 갈 수가 없는데, 작업장은 물론이고 다른 어느 곳에서도 받아 주질 않았습니다. 지난 세월 균도에겐 오직 학교와 가정밖에 없었습니다. 힘없고 돈 없는 부모가 과연 무엇을 할 수 있을까 생각해 보았습니다. 아무리 생각해 보아도, 나와 균도가 살아야 할 곳은 바로 이 사회였습니다. 그래서 함께 걸었습니다. 30여 일 6백 킬로미터를 함께 걸으며 더 넓은 세상을 보여 주고 싶었습니다. 우리 아이를 세상에 밀어 넣으며, 우리가 이렇게 힘들게 살아가고 있다는 것을 이 사회에 알리고 싶었습니다. …… 균도는 자폐성 장애 1급입니다. 부모가 24시간 붙어 있지 않으면 힘든 아이입니다. 이제 막 성인기에 들어섰는데, 우리 아이에게 필요한 게 무엇이겠습니까. 발달장애인법이 제정돼야 합니다. 그리고 그러기 위해서는 꼭 장애아동복지지원법이 제정돼야 합니다. 제발 우리 아이들이 사회에서 뛰놀게 해주세요.

나도 모르게 흐느끼며 절규하고 있었다. 균도는 또 옆에서 재잘거렸다.

"균도 아빠 왜 우나요?"

나도 균도에게 물어보았다.

"균도야 서울 왜 가니?"

"서울까지 아빠랑 세상걷기! 장애아동복지지원법을 제정하기 위해 왔어요."

균도는 속사포처럼 대답을 쏟아 놓고 효자손을 휘저으며 무대 뒤로 사라져 버렸다. 앞에는 흐느끼는 엄마들 옆으로 천진난만한 아이들이 보였다.

집회를 마치고, 국회의원들을 만나러 부모회 분들과 함께 국회를 누볐다. 의원실에 들어앉아, 장애아동복지지원법 원안 통과에 대한 우리의 의견을 전달했다. 균도도 간담회 시간에 의젓하게 테이블 앞에 앉아 한몫 거들었다.

모든 게
아름다운 것만은
아니다

아침부터 다시 말문이 터졌다. 오늘도 장애아를 키우면서 겪은 설움을 토해 냈다. 세상은 나와 균도가 걸어온 시간을 아름답게만 생각하는 모양이다. 균도가 걸어온 6백 킬로미터를 누군가는 미사여구로만 꾸미려 한다. 하지만 그 길은 우리에게 눈물의 고갯길이기도 했다. 난 그것을 말하고 싶었다.

오늘은 420장애인차별철폐공동투쟁단(이하 '420 공투단') 활동가들과 함께했다. 이제 며칠 후면 4월 20일 '장애인의날'이다. 정부와 다양한 관변 단체들은 이날 각종 기념식을 열고 장애인에게 상을 준다. 또 각 지자체들은 장애인 콜택시를 무료로 운행하기도 하고, 도시락을 나눠 주기도 한단다. 1년에 단 하루 그렇게 한다. 420 공투단은 이런 장애인의날을 거부하는 이들의 연대 단체다. 장애인을 동정과 시혜의 눈으로만 보지 말라고, 장애인에 대한 모든 사회적 차별을 철폐하고 장애인의 인권을 되찾아야 한다고 말하는 이들이다. 그런 의미에서 장애인의날을 '장애인 차별 철폐의 날'로 바꿀 것을 제안하기도 했다.

420 공투단 활동가들과 함께, 오전 열 시부터 오후 세 시까지 보신각에서 시작해 보건복지부를 거쳐 청와대까지 도보로 이동하며 장애아동복지지원법 제정을 바라는 15만 명의 서명서를 전달하고 기자회견을 하기로 했다. 420 공투단 활동가들과 부모들을 보며 저들이 걸어왔던 길을 내가 다시 걸어야 한다고 생각하니 마음이 먹먹해졌다.

보신각을 출발해 보건복지부로 걸어가는 길, 균도와 내가 앞에 섰다. 15만 장의 서명서가 우리 부자와 420 공투단 부모들의 손에 나뉘어 들려 있었다. 이 짧은 거리를 오는 데 얼마나 오랜 시간이 걸렸는지 생각한다. 오늘처럼 길이 넓어 보인 날이 과연 얼마나 있었을지. 우리의 대오를 위해 경찰이 먼저 길을 열어 준다. 길은 열렸지만, 정작 문들은 모두 닫혀 있었다. 간신히 보건복지부 관계자에게 균도가 두툼한 손으로 서명서 상자를 전달했다. 이걸 받아 들고 그들은 과연 무슨 생각을 할까?

다시 청와대로 이동했다. 이번엔 중간에 길이 막혀 청운동 주민센터 앞에서 기자회견을 열었다.

우리 두 명이 걸어온 길이 아름답게 보입니까? 그 대장정을 암 투병 중인 아버지의 부성애로 그려 내고 있지만, 이것은 당신들이 생각하는 아름다운 길이 아닙니다. 15층 옥상에서 매일 떨어지고 싶은 마음으로 사는 우리 장애인 부모들 도대체 어디에 서야 합니까? 왜 우리는 점심 먹을 때 오후 세 시가 넘어 식당을 찾아야 합니까? 열두 시에 밥을 먹으면 사람들이 뭐라고 하시는지 아십니까? 병신을 자식으로 두었으면 저 구석에 처박혀 있으라 합니다. …… 말도 통하지 않는데 끈을 잡고 걸어왔습니다. 이 길을 걸어오면서 전화도 많이 받았습니다. 우리 균도 취업시켜 준답니다. 어디에 시켜 준다는지 아십니까? 자신이 운영하는 시설에 넣어 주겠답니다. 제가 균도를 시설에 넣고 싶어서 이 자리에 왔겠습니까? 저는 균도를 시설이 아닌 이 사회에서 당신들과 함께 살게 하고 싶습니다. 장애아동복지지원법은 그렇게 대단하고 어려운 법이 아닙니다. …… 균도를 이 사회에 살게 해주십시오. 아빠 없이도 이 사회에서 살 수 있게 해주십시오.

그간의 설움을 청와대에 대고 시원하게 질러 보았다.

숙제가
남았다

여긴 어디고 나는 무엇을 하고 있는 걸까…….
아침부터 저녁까지 균도와 내가 갔던 길 중에 한적한 곳을 골라 촬영을 하고 있
다. 올라올 때보다 훨씬 힘들다. 균도 역시 짜증을 낸다. 내 마음은 온종일 전화
기에 쏠려 있다. 국회 보건복지위원회 소위원회 회의 결과가 나올 시간이기 때
문이다.

저녁 일곱 시가 넘어 연락이 왔다. 기초법과 마찬가지로 6월에 다시 논의를
하기로 했다 한다. 복지부가 예산 문제로 너무 완강해서 상정이 어렵다 했다.

아이와 힘들게 걸어왔다. 그 길을 걸으며, 발달장애인이 이 사회에 더불어
살 수 있게 해달라고 외쳤다. 그것이 아무런 성과 없이 끝나는 것 같아 씁쓸했
다. 언론도 우리 이야기를 아름다운 부성애, 균도의 인간 승리로만 다루는 것 같
다. 우리가 전하고 싶은 이야기는 왜 들으려 하지 않을까?

숙소에 들어 뜻 모를 이야기를 중얼거리는 균도를 바라보고 있자니 마음이
아파 온다. 6월까지 앞으로 두 달간 숙제를 더 해야 할 것 같다.

균도의
소원이
이루어졌다

이번 여행에서 균도에게 꼭 만나게 해준다고 약속한 사람이 있었다. 포미닛의 현아다. 균도는 현아를 무척 좋아한다. 균도랑 같은 해, 같은 날 태어났기 때문인지 모르겠다(날짜에 집착하고 노래를 좋아하는 균도는 자신이 좋아하는 아이돌 가수의 생일도 줄줄이 꿰고 있다). 그래서 힘들 때마다 공수표를 날렸다. 서울 가면 현아를 만나게 해준다고. 그런데 어쩌다 이 약속이 정말 현실이 되었다. 포미닛의 팬 사인회가 열린다는 소식을 듣고 어제 저녁 서둘러 찾아갔다. 균도는 만나기 전부터 흥분하기 시작해 행사장에 도착하자 이미 하늘을 날고 있었다. 나초 과자를 선물로 주겠다며 단단히 벼르던 균도는 현아가 "균도 씨 건강하세요" 하며 안아 주는데도 엉거주춤 어쩔 줄을 몰라 했다. 어떻게 기념사진까지 한 컷 찍는 데 성공했다. 아빠를 따라나섰던 균도가 드디어 마음에 품었던 소원 하나를 달성했다. 나 역시 흐뭇했다.

오늘은 연예 뉴스면에 실린 싱글벙글 균도의 사진을 뒤로하고, 늦은 저녁 장애인차별철폐문화제를 보러 갔다. 이번엔 정보과 형사들에게 둘러싸인 채 공연을 봤다. 이제 나도 정보과 형사랑 인사를 나누는 사이가 되었다. 나의 동태를 파악한다니 조금은 신기하다.

연단에는 많은 장애인 당사자들이 나와 절규하고 있었다.

"부양의무제, 이 말도 안 되는 법안 때문에, 우리 모두는 눈에 보이지 않는 족쇄를 차고 있습니다!"

"국가가 주도하는 학교교육에서 장애인들을 배제했다는 것은 국가가 주도적으로 장애인들을 차별하고 억압했다는 것입니다."

"부양의무제로 인해 130만 명의 빈곤층이 수급권을 받지 못하고 있습니다. 연락도 안 되는 부모와 자녀에게도, 먹고살기도 갑갑한 부모와 자녀에게도 부양의무제 기준을 들이대며 사각지대를 만들고 있습니다. 그래서 사람들은 부양의무제를 '가족해체법'이라 말하고 있습니다. 심지어 자식을 위해 부모가 목숨을 끊는 비극까지 일어나고 있습니다."

나 역시 단상에 올라 한마디 했다.

"장애아동복지지원법은 장애 부모가 이 땅을 헤쳐 나가기 위한 기초적인 법안입니다. 하지만 우리 사회는 아이들의 복지를 장애인 가족에게만 떠넘기고 있습니다. 이제는 사회가 책임져야 합니다. 가난하고 힘없는 부모가 이 길을 택했을 때 이 사회는 과연 무엇을 해줬습니까? 우리 모두 차별에 저항합시다."

단상에서 연대 발언을 마치고 내려오니 전국장애인부모연대 활동가 윤경 씨가 칭찬한다. "회장님, 이제 많이 느셨어요." 내가 봐도 그렇다. 균도를 키우면서 느낀 이야기가 쌓이니 이제는 어디를 가도, 누구를 만나도 두렵지 않다. 균도를 위해서는 이제 무엇이든 할 수 있을 것 같다.

균도가
웃는 세상

어느덧 벚꽃이 피고 있다. 일정은 이제 정말 막바지다. 기치로 내걸었던 장애아동복지지원법, 발달장애인법 제정은 끝내 이루지 못했다. 하지만 언론과 방송의 보도로 균도와 같은 발달장애인과 그 가족의 애환을 어느 정도 알린 것 같다고 위안 삼아 본다.

장애아동복지지원법 처리가 6월 국회로 연기되었지만, 방송에서 많이 언급되었기에 적잖은 사람들이 우리 요구를 알게 된 것 같다. 오늘 방송 촬영에서도 부탁한다. 우리 이야기를 아름답게만 그리지 말고, 장애인 가족의 애환과 장애인 당사자의 현실을 알려 달라고.

세 시간여의 촬영을 마치고 종각역으로 와서 엿새째 천막농성 투쟁 중인 420 공투단 동지들을 다시 찾았다. 농성장에서 모처럼 균도랑 박경석 노들야학 교장과 셋이서 피자를 시켜 먹었다. 걷기 시작하고 처음 먹는 피자다. 균도는 너무 달게 먹는다. 균도가 420 공투단 동지들과 자연스럽게 어울려서 마음이 놓인다. 균도는 특히 박경석 교장을 좋아한다. 늘 백발의 꽁지머리를 휘날리며 휠체어를 타고 현장을 누비는 박경석 동지는 나와 비슷한 연배인데도 균도는 늘 '할아버지'라고 부르거나 '박경석 교장 선생님이옵십니다'라고 부르며 잘 따른다. 어찌 보면 균도는 나보다 더 넉살이 좋다. 오늘은 『비마이너』의 김유미 누나랑 8월 27일에 결혼을 한단다. 이제 유미 씨는 꼼짝없이 균도에게 찍혀 혼삿길이 막혔다.

난 이곳이 좋다. 이곳이야말로 균도가 꿈꾸던 바로 그런 세상이 아닐까. 우리 균도가 이렇게 밝게 웃는 세상이 좋다.

　　　　　　　　사실 균도 아빠로서 나는 장애인 당사자와 조금
은 괴리감이 있다. 내가 당사자가 아니기에 마음으로만 이해하는 것 같아 미안
하기도 하다. 장애인 당사자들과 같이 호흡하는 활동가를 만나면 나이의 많고
적음을 떠나 배우려고 노력한다. 나의 정체성 혼란을 극복하기 위해 오늘도 열
심히 배우려 한다. 부모 운동으로 출발했지만, 나만의 이해를 떠나 다른 장애인
들과 함께 몸으로 말하며 살고 싶다. 물론 난 한 가정의 가장이다. 그렇지만 우
리 장애인 가족 모두가 처한 현실을 외면하고 한 가정만의 행복을 위해 살기에
는 이제 너무 멀리 와 버렸다. 앞으로는 장애인이 쇠사슬 묶고 절규하는 일이 없
는 사회였으면 좋겠다. 내가 그들 앞에 설 수는 없지만, 묵묵히 그들 옆에서 그
들과 같이 살고 싶다.

장애인 없는
장애인의날

오늘은 장애인차별철폐의 날이다. 40일을 걸어오면서 내내 들었던 생각은 과연 나는 무엇을 하고 있는 것인가 였다. 지금도 이 질문이 여전히 머릿속을 떠나지 않는다. 과연 나는 다른 발달장애인, 그리고 신체장애인들에 대해 얼마나 이해하고 있는 것일까? 어느 정도 활보가 가능하고 일상생활이 자유로운 균도를 데리고 너무 엄살떠는 것이 아닌가? 아직도 이런 질문에 대한 답을 내리지 못하고 있다. 그래서 그 부모들과 같이 걸으려 했다. 장애인을 생각하는 것이 '장애인의날' 하루에 그치지 않았으면 좋겠다. 우리를 바라보는 시선이 동정과 시혜가 아니었으면 좋겠다.

사람들은 오늘이 '장애인의날'이라고 하지만, 아침부터 이상한 일을 겪었다. 마음을 다져 먹고 백범기념관 장애인의날 행사에 참석했다. 택시에서 내리자 웬 건장한 남자들 몇 명이 내게 다가왔다. 행사 준비를 맡고 있는 사람들인지 나를 둘러싸더니 균도 아버지 왔다고 무전이 오간다. 유명 인사 다 되었다 생각했다. 여기 왜 왔느냐고 물어 초청받아서 왔다고 이야기했다. 사실이었다. 한국장애인개발원에서 초청 전화가 왔었다. 하지만 이들 말로는 이 행사는 보건복지부가 주관하는 행사이기 때문에 들어가지 못한단다. 짐작은 했지만, 역시 쪼잔하다는 생각이 든다. 연일 이어진 보건복지부를 향한 내 발언 때문에 참석을 취소시킨 걸까, 아니면 처음부터 나와 균도 같은 이들은 이 행사에 참여할 수 있는 장애인이 아니었던 걸까? 장애인의날 행사에 균도와 같은 장애인을 막다니 한숨이 나온다.

식장으로 입장하는 다른 장애인들을 보고 있자니 이런저런 생각이 들었다. 식장에는 'A급' 장애인만 들어가는 곳인 모양이다. 장애를 '극복'하고 비장애인 사회가 인정하는 무언가를 이룬 사람들, '장한 장애인'이니 '인간 승리'니 하는 수식어들과 함께 언론의 조명을 받는 이들. 소위 '극복'을 거부하고 권리를 요구하며 길바닥에 모인 사람들은 들어갈 수 없는 것인가? 나 같은 사람은 난장을 치며 소리나 지르게 생겼으니 못 들어가게 하는 건가? 아무튼 신기한 나라다. 들어가는 입구에서 한바탕 구호를 외치고 대정부 비판 발언을 하고 나니 속이 시원하다. 역시 내 체질에는 보신각이 맞다. 나를 이해해 주는 사람들이 있는 그곳으로 다시 발길을 돌렸다.

420 결의대회를 마무리하고 길거리 시가전이 남았다. 경찰이 인간 벽을 만들어 우리를 호위한다. 실은 호위라기보다 우리가 갑자기 거리를 점거하지는 않을까 전전긍긍하는 모습이다.

참 이상한 나라다. 우리나라 사람들은 자신들의 조그마한 불편을 타인의 중요한 권리보다 더 소중히 여기는 것 같다. 게다가 그 불편의 원인이 무엇인지 제대로 보지 못하고 엉뚱한 데 욕을 하곤 한다. 유럽에서는 청소 노동자들이 파업해 길거리에 쓰레기가 넘쳐 나도 시민들이 아무런 불평을 하지 않는다. 그 요구를 어떻게 생각하든간에 파업은 힘없는 노동자들이 거대 기업이나 정부를 압박하기 위한 최후의 정당한 방편이라 생각하기 때문이다. 도와주지는 못할망정 적어도 재는 뿌리지 않는 것이다. 집회와 시위를 통해 약자가 모일 권리는 당연한 권리라 어릴 때부터 가르치고 배운다. 그러나 우리나라는 기성세대부터 집회하는 사람을 보면 욕을 하는 무리가 있다. 오늘도 어김없이 시민들은 시위하는 장애인들에게 비난의 화살을 겨눈다.

우리 궤도

하지만 그렇다고 해서 내가 나서 그 화살을 막아 줄 수는 없다. 난 휠체어를 타고 열심히 투쟁하는 활동가들을 사랑한다. 그런데 난 소위 말하는 '당사자'가 아니다. 한 바퀴, 한 바퀴 그들의 바퀴가 굴러갈 때마다 그 삶의 무게가 느껴진다. 박경석 동지가 휠체어를 타고 힘차게 시위를 진두지휘하는 모습을 보면 많은 것을 배운다. 하지만 난 그 순간 구경꾼이 되어 버린다. 보신각에서 복지부까지 거리는 얼마 되지 않았지만, 동지들은 몸으로 그 길을 만들어야 한다. 전진과 점거의 되풀이……. 경찰도 진땀을 뺀다. 당사자가 아닌 부모로서의 혼란과 고민에 휩싸여 걷다 보니 어느새 나는 그들 덕분에 복지부에 다다라 있었다.

늦은 저녁을 먹고 어김없이 일정대로 나를 재촉하는 균도를 앞세워 부산으로 내려왔다. KTX를 타니 두 시간 반. 두 시간여 거리를 39박 40일로 느리게 살았다. 전동 휠체어를 타는 동지들보다 약간 느린 그 걸음의 속도로.

동정과 시혜보다는 우리의 힘으로, 우리의 권리를 쟁취하면서 살고 싶다. 내일부터는 부산에서 다시 시작이다.

다시
일상

어제부터 균도는 복지관 주간 보호 센터로 다시 출근(?)을 시작했다. 이제 정말 일상으로 돌아온 것 같다. 아침부터 부산스럽다. 균도 엄마는 균도가 걸어서 서울까지 갔다 왔는데도 살이 빠지지 않았다며 밤새 컴퓨터를 뒤지더니 중고 러닝머신 한 대를 발견했다. 1백 킬로그램이 넘는 균도가 뛰어도 견딜 만한 튼튼한 놈을 고르느라 욕봤다 했다. 오늘은 그곳에 물건을 확인하러 가기로 했다. 헬스장을 하는 곳인데, 실제로 보니 좀 낡아 보였다. 러닝머신이라는 게 집에 있으면 부피를 많이 차지하는 물건이라 난 주저했지만 균도 엄마는 저지른다. 난 따라야 한다. 싫은 내색을 했다가는 보복이 뒤따른다.

한 달 후에 가져가기로 하고 5만 원을 선금으로 냈다. 30만 원이라는데 과연 값어치를 할까 의문이다. 셈을 치르는데 러닝머신을 파는 양반이 신문에서 우리 부자 이야기를 봤다고 아는 체한다. 아무튼 이제는 어디 나다니기가 무섭다.

집으로 돌아와 보니 귀에 익은 노래가 들려온다. "내 거울아 거울아 거울아 거울아 거울아 …… 언제나 너무 멋진 너 너 너 너 너 …… 거울아 거울아 이 세상에 누가 제일 예쁘니?" 요즘 균도 방에서는 온종일 이 노래가 흘러나온다. 컴퓨터 바탕 화면에는 현아와 같이 찍은 사진이 깔려 있다. 포미닛의 현아를 만나고 난 뒤 이렇게 됐다. 직접 표현은 안 하지만, 가끔씩 피식 하고 웃는 걸 보면 좋은 추억으로 남은 것 같다.

균도가 가끔씩 멀쩡한 행동을 하면 되게 웃긴다. 그럴 때면 균도를 그저 장애인이라는 편협한 시각으로만 바라봤던 게 아닌지 반성해 본다. 멀쩡함의 극치는 균도가 균정이와 싸울 때다. 갑자기 균정이 방에 침투해서 문을 꽝 닫고 "균정이 나한테 죽을래?" 이러고는 나와 버린다. 그러면 균정이가 잔뜩 약이 올라 외친다. "아빠! 형아 장애인 아니다. 연기하는 거다. 잘 봐라. 저것이 바로 메소드 연기다!" 이런 일들이 우리 부부를 웃게 한다.

우리 균도

균도도
대한민국
국민이다

여행 후 찾아오는 잠깐의 육체적 고통도 견디지 못하는 나 자신이 영 마뜩찮다. 420 공투단 투쟁 때 휠체어에서 힘겹게 내려 지하철 맨바닥에서 잠을 청하던 활동가를 생각하며 애써 힘을 내본다. 균도도 여행이 끝나고 집에만 있다 보니 스트레스를 많이 받는 모양이다. 40일 동안 칭얼거리는 것이 없었는데, 집으로 돌아오니 아이처럼 징징거린다. 먹을 걸 물려 놓는 순간만 조용하다. 잘 걸으려고도 하지 않는다. 자기는 나름대로 걷는 약속을 지켰으니 이제부터는 차를 타고 가야 한다고 제법 논리적인 근거까지 든다. 그런 균도를 꼬셔 간신히 성당까지 갔다. 부활절이라고 비빔밥을 준다. 편식이 심하고 특히 당근을 광적으로 싫어하는 균도는 부지불식간에 입 안에 들어간 당근도 귀신같이 골라 내놓는다.

균도 엄마는 균도를 '일당백'이라 부른다. 균도 한 명 키우는 것이 1백 명의 아이를 키우는 것과 같아서다. 발달장애인을 키우는 모든 부모의 심정이 그럴 것이다. 하지만 힘든 게 아이들 때문만은 아니다. 그 아이가 살고 있는 지역사회, 관련 단체들, 그리고 사회와도 힘든 싸움을 해야 하기 때문이다. 학교 다닐 때는 그나마 괜찮다고 생각했는데, 졸업을 하고 성년기 삶을 시작하니 우리 모두 적응에 힘들어 하고 있다. 남들 같으면 가장 찬란할 인생 2막이 올랐는데 집과 복지관 말고는 갈 곳이 없는 균도는 가족과 더 많은 시간을 함께해야 할 것이다. 막막하다.

어떤 장애인 단체들은 우리 부모들이 이야기를 하면, 당사자가 아니라고 한다. 그런 이유로 우리를 장애인 단체가 아닌, 유관 단체로 분류한다. 장애인 당사자주의에서 벗어난다고 말이다. 법에 등록된 장애 유형 전체에서 보면, 우리 아이들은 소수일 뿐이다. 그만큼 우리 아이들은 장애 인계에서 소외되고, 장애인 복지의 사각지대에 놓여 있다. 그래서 아빠는 사회 복지사가 되어야 하고, 엄마는 활동 보조인이 되어야 하며, 동생은 부모의 사후 를 대비해야 한다.

발달장애인들은 전 생애 주기를 모두 장애로 살아야 한다. 어느 시점에 사고 로 인해 장애를 갖게 된 장애인들과 달리 요람에서 무덤까지 이들은 장애인이 다. 법에 등록된 장애 유형 전체로 볼 때에는 소수이지만, 19세 이하의 전체 장 애인 가운데 63퍼센트가 발달장애인이다. 그래서 장애아동복지지원법이 시급 한 것이다. 또 우리 아이들은 그 특성이 너무나 다양하며, 생애 주기별로 필요한 것들도 다 다르다. 그래서 발달장애인법 제정이 절실하다.

균도가 사회에서 혼자 뛰놀고 혼자 다닐 수 있는 그런 사회적 서비스를 제공해 야 한다. 균도 역시 대한민국 국민이다. 당신들이 이야기하는 선진국 국민이다. 선 진국 국민에 맞는 복지 서비스를 달라.

균도와
고리 원전

아침에 동남권원자력의학원에 들러 CT 촬영을
했다. 혈관을 통해 조영제가 들어오는데 너무 매스껍다. 빈속을 전부 뒤집어 놓
았다. 오늘은 CT 촬영 말고도 피 몇 방울을 뽑고 집에 간다. 아마 며칠 뒤면 입
원해서 수술을 해야 할 듯하다.

부산시 특수학교 회장단과의 만남이 잡혀 국가인권위원회 부산 사무실로 갔
다. '균도와 세상걷기' 소식으로 부모님들이 모두 기뻐하고 계셨다. 그런데 조금
말쑥해진 내 모습에 회장단이 나를 잘 알아보지 못한다. 간사의 소개가 있고 나
서야 모두들 날 알아보고 반가워한다. 균도 덕에 내가 완전 연예인이 다 되었다.
자식 잘 둔 덕에 이런 호강도 한다. 평소 부모회에 협조하지 않던 사람들도 호의
적이라고 한다. 균도와 세상걷기가 부모회 활동에 큰 획을 그어 기쁘다고 이야
기한다. 언론에 연일 보도된 탓에 부산에서도 많은 이야기가 돌고 있다. 이를 계
기로 장애 부모가 한자리에 모였으면 하는 것이 개인적 바람이다.

돌아오는 길에 부산시청 앞마당에서 고리 원전 1
호기의 즉각 폐쇄를 요구하며 단식 5일째에 접어든 진보신당 해운대구 김광모
구의원과 한 시간가량 이야기를 나누고 왔다. 의지가 굳은 친구다. 그 누구의 지
원 없이도 저지르고 보는 성격이 나랑 죽이 맞는다.

고리 원전에 대해서는 나도 할 말이 많다. 균도의 고향 마을이 고리 원전에

서 5킬로미터 반경 안에 있다. 균도를 임신했을 때 살던 곳은 지금 핵발전소 문제로 시끄러운 고리 원전 인근 마을이다. 균도가 장애 판정을 받을 때 원전 탓이 아닌가 하는 의혹으로 밤을 새운 적도 있다. 언젠가 한 번은 조사하리라 마음을 먹었지만, 워낙 그 방면에는 젬병이어서 아직은 생각에만 그치고 있다.

아무튼 지금 고리 원전 1호기가 말썽이다. 폐기 처분되어야 할 1호기가 경제성을 이유로 수명이 연장됐다. 일본의 후쿠시마 원전 사태를 거울로 삼아야 하는데 정부 특기가 소 잃고 외양간 고치기니 할 말이 없다. 경제 논리보다 더 중요한 것이 안전이고 환경인데 무슨 사고라도 터져야 정신을 차릴 것인가. 발달장애인이 늘어나는 원인 가운데 하나로 환경요인이 꼽힌다. 그만큼 환경이 중요한데, 지역의 민심도 아랑곳하지 않고 탁상 행정을 일삼는 정치인들, 제발 검증 좀 하고 뽑았으면 좋겠다. 김 의원과 이런 이야기를 나누다 돌아왔다.

◆◆◆
동남권원자력의학원과 기장군은 2010년 7월부터 2013년 연말까지 3년 6개월 동안 기장군민 건강 증진 사업을 공동으로 진행했다. 이 사업을 통해 암 종합 검진을 받은 군민은 총 3,031명이며, 이 가운데 94명에게서 97건의 암을 발견했다. 이는 수도권 대형 종합병원 암 진단율의 두 배가 넘는 수준이다. 94명 가운데 갑상샘암은 41명, 위암 31명, 대장암 6명 등으로 나타났다. 2009~2013년 원전 주변 지역 주민의 갑상샘암 발생율은 일반 지역보다 8배 높았고, 1992년부터 누적한 자료는 2.5배 높게 나타났다. __「울산저널」(2014/10/28)

우리 균도

우리 가족은 고리 원전 근처에서 20년 이상을 살아왔다. 지금도 근처에 살고 있고 앞으로도 그럴 것이다. 필자가 고리 원전을 두고 한국수력원자력공사(이하 '한수원')와 소송을 벌이기로 마음먹었던 것은 아주 사소한 사건에서부터 비롯됐다.

고리 원전은 30년 이상 이곳 기장 땅에서 기생해 왔다. 한수원은 전기 생산이라는 미명 아래 매일 똑같은 말만 되풀이해 왔다.

"안전하고 값싸게 전기를 공급할 수 있는 연기 없는 산업체이며, 지역민의 경제 활성화에 많은 기여를 한다."

그런데 후쿠시마 사태가 일어나고 난 뒤 주민들 사이에서도 의혹이 제기되기 시작했다. 그렇게 안전하다던 일본의 원전이 한순간 몰아친 쓰나미에 폭발해 방사능이 대거 유출되면서 일본 국민들에게 큰 상처를 남겼다. 후쿠시마 원전 역시 지진이나 쓰나미에 안전하다고 생각해 지어진 것이었다.

이 시점에서 우리나라 고리 원전 역시 다시 고민해 볼 필요가 있다. 고리 원전 반경 30 킬로미터 내에 350만이라는 거대 인구가 살고 있다. 건설 당시에도 많은 사람이 살았고 입지 조건도 건설 조건에 많이 미비했다. 그러면 한수원은 안전을 위해 더욱 노력해야 한다. 그런데 원전을 둘러싼 비리가 잇따라 터져 나오면서 의구심이 일기 시작했다. 결정적으로 후쿠시마 원전 폭발의 원인이었던 블랙아웃 사태마저 고리 원전이 은폐했다는 사실이 공개됐다. 이를 해명하는 기자회견 자리에서 한수원 사장이 내뱉은 말은 필자를 분개하게 만들었다. 어느 기자가 그를 향해 이렇게 물었다.

"그렇게 안전하고 아무런 피해가 없다면 서울 인근에 짓는 것이 맞지 않습니까?"

한수원 사장은 이렇게 대답했다.

"서울·경기는 사람이 밀접해 있고 위험하기 때문에 지을 수가 없습니다."

그렇다면 우리는 대체 무엇인가? 우리는 사람이 아니란 말인가? 고리 원전 인근에선 고리 1, 2호기를 시작으로 현재 가동 중인 것만 6기, 건설 중이거나 예정된 것까지 포함하면 총 10기가 가동될 예정이다.

후쿠시마를 가정하지 않는다고 해도 너무 위험하다. 매일 안전하다고 이야기하지만 한수원의 작태를 보면 한심스럽다. 사장부터 말단 직원들까지 많은 이들이 가짜 부품 사건에 연루되어 구속되고 심지어 자살하는 사태까지 벌어지고 있다. 그런 집단에 과연 우리가 무엇을 기대할 수 있는지 되묻고 싶다.

블랙아웃 사태가 언론을 장식해도 기장군 관계자들은 아무 말도 하지 않는다. 인근 지자체에서 철저한 조사와 고리 1호기 폐쇄를 이야기하면서 성명서를 내놔도 이들은 움직이지 않는다. 그래서 주민의 입장에서 소송에 뛰어들게 되었다. 고리 원전 인근 에서 태어난 아들은 발달장애를 앓고 있고, 같이 사는 장모님은 위암 수술을 했으며, 나는 직장암, 아이 엄마는 갑상샘암에 걸렸다. 이런 모든 일들을 그저 한 가족만의 불 행으로 몰아 버리기엔 너무나 억울했다.

기장 주변 지역엔 아무런 공해 시설이 없다. 어느 곳보다 청정한 지역이고 바다를 끼 고 있다 보니 조금의 오염원마저 바닷바람에 날아가 버린다. 우리 불행의 원인은 원 자력발전소밖에 없다.

한수원은 언제나 안전하다는 이야기만 하며 국가 기간산업이라는 이유로 정작 주민 들에겐 어떤 내용도 공개하지 않는다. 모든 환경영향평가마저 민간은 제쳐 두고 자기 들끼리 진행하고 만다. 그 결과를 믿을 수 있겠는가.

우리 가족의 소송은 휘황찬란한 원자력 신화에 작으나마 흠집을 내는 계기가 됐다. 지역 갑상샘암 발병 환자들의 실태를 알아볼 수 있게 된 것이다. 국가에서 조사한 암 환자 비율을 제대로 공개만 했더라도 이렇게 힘든 싸움은 진행되지 않았을 것이다. 소송 중 알게 된 우리 지역 암 환자 발병율은 다른 지역보다 2.5배 정도 높았다. 암 환 자 공동소송을 준비하는 과정에서 암 환자로 등록하고 소송을 신청한 사람의 숫자는 상상을 초월했다. 과연 법정에서 한수원 측이 이런 결과에 대해 뭐라고 할지 궁금하 다. 얼마나 많은 사람들이 그저 개인의 불행으로 치부하며 살아왔는지 국가는 알아야 한다.

사실 원전은 지역사회의 활성화에는 아무런 도움이 되지 못한다. 원전의 일자리마저 좋은 일자리는 저들이 독점하고 우리 지역민은 단기적 용역 일자리에 한시적으로 투 입될 뿐이다. 원자력발전으로 얻는 원전세도 직접적인 게 아니고 간접적으로 제공되 기 때문에 지역민에게는 큰 도움이 되지 못한다. 우리의 땅을 제공해 우리가 얻는 혜 택은 미미한 수준에 불과한 것이다.

원전의 미래에 대해서는 굳이 이야기할 필요가 없을 것이다. 발전으로 남게 되는 고준위, 중저준위 폐기물 처리장 역시 발전소 인근에 유치될 것이 뻔하다.

지금 지역사회엔 갑상샘암 소송의 후폭풍이 거세게 몰아치고 있다. 지금까진 몰랐던 사실들에 대해 사람들이 의문을 갖기 시작했다. 해수 담수화 작업과 관련해서도 기장 군민들이 자발적으로 반대 대책위를 만들어 활동을 시작했다. 조그마한 소송 결과가 지역을 바꾸고 있는 것이다. 나는 소송 사실을 알리기 위해 지방선거에도 출마했다가 낙선했다. 그 당시 귀 기울이지 않았던 주민들조차 지금은 적극 나서 격려해 주고 있다. 이제는 혼자가 아니다. 안전에 의문을 제기하는 사람들이 많아질수록 원전은 저들 마음대로 함부로 돌리지 못하게 될 것이다. 아무리 돈이 좋다고 한들 안전하지 못하다면 무슨 소용이 있겠는가.

원전은 안전이 담보되지 않으면 재앙일 뿐이다. 체르노빌, 스리마일, 후쿠시마의 아픈 교훈을 기억하자. 우리 세대가 만들어 놓은 무분별한 핵발전소들이 앞으로 큰 골칫덩이가 될 것이다. 미래 세대에 부담을 주는 그런 몰지각한 선조가 되지 말자.

핵 마피아들은 이렇게 이야기한다. 핵이야말로 우리가 개발한 가장 이상적인 에너지 혁명이다. 하지만 그것은 그들이 군림하기 위한 수단밖에 되지 못한다. 지천에 널려 있는 재생에너지야말로 우리의 미래다. 태양광, 바람, 지열, 이런 것들이야말로 진정한 대안이 될 수 있다. 재생에너지에 열을 올리는 유럽 국가들을 보라. 우리 역시 그들을 따라가면 이 고통에서 벗어날 수 있다.

국내 최초의 이 소송은 내 자신의 이익을 위해 시작한 것이 아님을 다시 한 번 밝혀 둔다. 앞으로도 살아야 하고 또 우리의 후손들 역시 이곳에서 살아가야 하기에 원자력의 폐해를 밝히고 알리고자 한 것이다. 우리는 안전지대에 살 권리가 있다.___「위클리 서울」(2015/ 01/12)

우리 아이도
나보다 오래 살
권리가 있다

아침에 일어나니 균도가 한껏 들떠 있다. 오늘도 어김없이 균도를 복지관 차에 태워 보냈다. 균도에게는 여느 날과 다름없는 일상이지만, 나는 오늘 좀 다른 마음이 든다. '균도야, 아빠 병원 간다.' 속으로 균도에게 이야기했다. 균도를 태운 차량이 내 마음은 아랑곳없이 저 멀리 내달렸다.

균도랑 도보 여행을 준비하던 와중에 종합 검진에서 발견한 악성종양을 오늘 수술하러 간다. 병원에서는 별 걱정 말라고 하지만, 그래도 왠지 자꾸 부정적인 생각이 든다.

균도 엄마랑 병원에 갔다. 그래도 신랑이라고 걱정이 태산이다. 의사에게 이것저것 묻느라 여념이 없다. 의사는 별 걱정 말라며 퇴원 후 몸 관리부터 이야기한다. 현재가 아니라 미래가 더 중요하다는 것이다.

병원 원무과에서 쪽지를 내준다. 동사무소에 암 신고를 하란다. 그러면 암 환자는 총 급여의 5퍼센트만 부담한다고 귀띔해 준다. 슬쩍 보니 '직장 내 악성 신생물'이라고 찍혀 있고 암이라고 체크되어 있다. 성인 인구의 30퍼센트 정도가 암을 경험한다고 하지만 괜스레 으스스하다. 그래도 균도와 건강하게 살라고 우연한 기회에 발견한 것에 감사하자고 생각한다.

균도 엄마를 집으로 보내고 혼자 병원을 돌아다니다 보니 모두 암 환자다. 병원 자체가 암 전문 병원이라 그런지 분위기가 무겁게 가라앉아 있다. 위치도 한적한 시골에 있고 인적도 드물다. 오가는 사람이 없다 보니 병원에 계시는 분들을 바라보며 상념에 젖는다. 그러다 보면 자연스레 생각은 균도에 이른다.

사실 내게는 건강 염려증이 있다. 내가 건강해야 균도와 함께할 시간이 보장되기 때문에 병원 출입이 잦은 편이었다. 하지만 종합검진은 처음이었다. 경제적 부담 때문에 평생 해보지 못할 일이었다. 먹고사는 데 급급하기도 했고, 종합검진까지 할 정도로 건강을 신경 쓸 나이는 아니라고 생각했다. 동남권원자력의학원이 우리 마을에 들어오면서 기장군청과 협력해 무료 건강검진을 일부 주민에게 해주기로 했다. 나이가 얼마 되지 않아 혹시나 하는 마음으로 신청한 것뿐이었는데, 마지막에 나이 드신 한 분이 포기하면서 대상자가 되었다. 아무튼 그렇게 해서 결국은 이렇게 수술까지 받게 된 것이다.

이왕 이렇게 된 거 좋은 경험이자 기회라고 생각해 본다. 물론 병원에서 투병하시는 분들을 보니 마음이 아프다. 죽음과 삶의 경계에 서있는 분들이다. 그래도 나는 이렇게 살아서 오늘도 우리 아이의 미래를 생각하고 있으니 행복한 걸까?

우리 발달장애인의 부모들이 자주 하는 이야기가 있다. 아니 우리의 슬로건이라 할 수도 있다. "내 아이보다 10분만 더 살게 해주세요!" 이보다 아픈 말이 또 있을까? 난 그렇게 말하고 싶지 않다. 사회가 아이들을 전부 부모에게 팽개치는 실정이니 그런 말을 하는 게다. 부모들의 자식을 향한 마음을 이용하지 말고, 사회정책을 바꾸기 위해 노력한다면, 서서히 그런 걱정은 사라질 것이다. 우리 아이도 좋은 세상에서 나보다 더 오래 살 권리가 있다.

언제까지
품 안에

　　　　　　　　　수술은 잘 끝났다. 어제 오후에 내시경으로 조직
을 절취했다. 비용이 만만치 않다. 이에 대한 고민 역시 균도 엄마 몫이다. 난 이
럴 때 또다시 비겁한 가장이 된다.

　오늘은 균도가 병원에 다녀갔다. 온 식구가 출동했는데 균도가 유독 반가웠
다. 40일 동안 끼고 있어서 그런지 며칠 떨어져 있는 시간도 애틋한 마음을 더한
다. 균도 때문에 병원에서도 유명세를 치르고 있다. 어딜 가도 아는 체를 한다.
사람들은 주로 장애아 부모의 드라마 같은 이야기로 날 기억한다. 내가 더 주목
받는 것 같아 미안하다.

　균도는 아직 누가 아프다는 것도 잘 모르고 이별이라는 것도 잘 모르는 것
같다. 그런 아들을 보고 있으면 슬프기도 하다. 지금은 아빠랑 같은 세상을 바라
보고 있지만 언젠가는 이별을 해야 할 텐데 언제나 내 곁을 맴도는 균도를 보면
걱정을 안 할 수가 없다. 건강하지 못한 아빠가 되니 더 미안하다. 가끔은 균도
에게 우리가 없을 때를 대비해 어떻게 해야 하는지 여러 가지 당부를 해두기도
한다. "아빠가 없으면 누구랑?" "엄마랑." "엄마가 없으면?" 그러면 균도는 묻는
다. "엄마 아빠 어디 갑니까?" 균도가 불안해할지도 몰라 나는 다시 이야기한다.
"아무데도 안 간다."

　아빠가 병상에 있는데도 균도는 손님이 가져다준 음식 보따리에만 온 신경
이 가있다. 균도 손에 먹을 것을 쥐어 주면서 다짐한다. 힘들어도 더 힘을 내보
자고.

장애인도
일하고 싶다

메이데이다. 어제저녁 그렇게 비가 오더니 언제 그랬냐는 듯이 쨍하다. 이렇다 할 월급 생활을 해보지 않았던 내겐 여전히 생소한 날이긴 하다. 하지만 경영 합리화를 구실로 일하던 현장에서 내몰리고 있는 노동자들을 보고 있으면 마음이 아프다. 한진중공업 노동자들과 쌍용차 노동자들의 투쟁 현장은 균도와 함께 틈만 나면 찾던 곳이다. 어찌 보면 장애인이 놓인 현실과 무척이나 닮았다. 밀려나지 않고 이 사회에서 살아남기 위해 발버둥치는 모습 때문이다.

일자리에서 내몰리는 것은 노동자들만이 아니다. 일자리에서 차별받는 것도 비정규직 이야기만은 아니다. 수많은 장애인 노동자 역시 비정규직으로 올바른 대우를 받지 못하고 있다. 특히 우리 균도와 같은 발달장애인은 노동의 기회마저 갖지 못한 채 가차 없이 빈민으로 내몰린다. 처음부터 노동의 가치나 의미를 경험하고 배울 수 있는 기회마저 박탈당하고 있는 셈이다.

우리 장애인도 일하고 싶다. 우리 균도도 일하고 싶어 한다. 적어도 난 그렇게 생각한다. 그게 모든 사람들이 평범하게 하루하루를 살아가는 방식이기 때문이다. 그래서 균도가 학교를 졸업하고 난 뒤, 난 무슨 일이든 시키고 싶었다. 돈도 돈이지만 노동의 즐거움을 느끼게 하고 싶었다. 사람들과 더불어 사는 법을 알려 주고 싶었다. 그것이 아비의 소원이었다. 목표 의식을 가지고 일하는 사회인으로 키우고 싶었다. 그렇지만 현실은 냉정했다. 세상 그 어디에도 균도가 갈 곳은 없었다.

물론, 장애인 보호 작업장이란 곳이 있다. '균도와 세상걷기'가 언론에 보도되면서, 시설 작업장에서 연락이 오기도 했다. 하지만 평소 탈시설을 주장해 온 나로서는 그 제안을 받아들이기 힘들었다. 그렇다고 모든 장애인 시설 작업장을 비판하는 것은 아니다. 하지만 우리 아이들을 흔쾌히 보낼 수 있는 작업장이 과연 있는지 의문이 드는 것은 사실이다. 상당수 장애인들은 법적으로 보장된 최저임금조차 받기 힘들다. 장애인 시설에 입소하는 순간 장애인 본인에게 지급하던 사회복지비가 시설에 귀속되고 장애인 본인에게는 2~3만 원의 용돈만 지급된다고 한다. 고용노동부의 공인을 받은 장애인 표준 사업장에서조차, 장애인에 대한 비인간적 차별과 폭력이 존재한다. 이게 현실이다.

특수교육 대상 학생들이 졸업 후 일을 할 수 있는 곳은 크게 장애인 보호 작업장과 장애인 근로 사업장 두 가지로 나눠진다. 2010년부터 실시된 장애인복지법 시행규칙에 의거해 장애인 보호 작업장은 국비의 지원을 받아 설립된 작업장으로 직업 능력이 취약한 장애인에게 직업 재활 훈련 프로그램과 근로 기회를 제공하며 장애인 근로 사업장이나 그 밖의 경쟁적 고용 시장으로 옮겨갈 수 있도록 돕는 역할을 한다. 관리 주최는 지방자치단체이며, 장애인 단체 및 장애인부모회 등에서 위탁 운영한다. 이에 비해 장애인 근로 사업장은 개인 사업자가 비교적 직업 능력이 있는 장애인을 고용하는 경우로 최저임금 이상의 임금을 지급한다. 정신 또는 신체장애로 근로 능력이 현저히 낮은 자로서 고용노동부 장관의 인가를 받은 경우에는 최저임금법이 적용되지 않는다. 하지만 부모들은 하루에 천 원을 받더라도 놀이터라 생각하고 보내고 싶어 한다. 그러나 이 역시 장애 등급이 3급 정도 되는 경우에만 해당되는 이야기일 뿐 1급에 해당되는 균도와 같은 아이들은 그조차도 가지 못한다.

2011년 현재, 전국적으로 근로 사업장은 45개소, 근로 사업장에 소속되어 있는 근로 장애인 수는 1,817명이며, 보호 작업장은 377개 소, 총 1만115명이다. 한 설문 조사에 따르면, 조사 대상 보호 작업장의 평균 임금은 1만 원 미만이 20.9퍼센트, 1만 원 이상 5만 원 미만이 39.9퍼센트, 5만 원 이상 10만 원 미만이 20.3퍼센트에 달해, 한 달에 10만 원도 받지 못하는 노동자들이 80퍼센트가 넘었다.

___박민성(2011), "지적장애인들의 장애인 직업재활시설 근로에 대한 부모인식실태연구: 장애인보호작업장 이용 중심으로"(대구대학교 사회복지대학원 석사학위논문) 참조

건강보험
유감

　　　　　　　　　　　"저 이진섭인데요, 혹시 병원비 얼마나 나왔나요?"

늦은 저녁 원무과 직원에게 슬쩍 물었다.

"정확한 건 아닌데 150만 원 정도 되겠네요."

나흘 입원에 150이라니 충격이다. 입원할 때만 해도, 동사무소에 암 환자 등
록을 하면 총 병원비의 5퍼센트만 낸다고 들었다. 그런데 비급여가 그렇게 많았
다. 살려 놓으니까 보따리 내놓으라 하는 걸로 보일지 모르겠지만, 나도 할 말이
있다.

사실 간단한 내시경 수술로 해결 가능하다고 해서 별로 걱정하지 않고 있었
다. 애초에 병원에서는 내시경만 한 번 더하면 되는 간단한 '시술'이라고 했다.
평소 대장 내시경이 5만 원 정도였고, 암 환자로 등록해서 병원비가 얼마 안 나
오리라 짐작했다. 어림잡아 상급 병실료 하루 7만 원, 나흘이니 28만 원, 수면
내시경 5만 원, 그리고 얼마간의 비급여 수술료를 포함해 모두 50만 원 정도가
되지 않을까 예상했다. 그렇지만 30분간의 수술료가 거의 1백만 원이 넘었다.
모두 비급여 신기술이란다. 조그마한 수술실에다 옆에서 보조하는 인력이 많은
것도 아니었다.

아무튼 집에 부랴부랴 전화를 걸어 130만 원을 치르고 퇴원했다. 무엇보다
하루 더 있기에는 방값이 큰 부담이었다. 수술하기 전 2인실을 잡고 하루 이틀
이면 다인실이 나온다고 해서 순서를 기다렸다. 그런데 방은 나지 않았다. 제대
로 된 벌이가 없는 나로서는 부담일 수밖에 없었다. 셈을 치르려니 묻는다.

"혹시 암보험 들어 놓은 거 없으세요?"

"누가 당뇨랑 고혈압 있는 사람에게 보험 들어 주나요?"

되물으니 아무 말이 없다. 며칠 전 주변 사람들과 이야기하다 보니 유리 지갑 월급쟁이 생활자에게도 건강보험료는 폭탄이라고들 했다. 이것도 모자라 현실은 민영 의료보험을 하나 이상씩 권장하는 시대다. 하지만 나처럼 고질병이 있는 사람이나 생활 능력이 없는 장애인들에게는 그것도 꿈같은 이야기다. 들고 싶어도 이래저래 들 수 없는 구조다. 현재 건강보험으로 할 수 있는 것은 평소 생활 진료뿐인 것 같다. 막상 큰일을 당해 병원에 가면 선택 진료다, 비급여다 하면서 모든 것이 있는 자에게만 공급된다. 병으로만 고통 받아야지 아픈 몸에 돈 문제로까지 고통 받아야 쓰것나!

다름을
인정하는 사회

　　　　　　　　균도는 연말에 달력을 받으면 해야 할 일, 하고
싶은 일들로 칸을 빼곡히 채우기 시작한다. 가끔씩은 그 달에 꼭 챙겨야 할 테마
같은 것을 적어 놓기도 하는데, 예를 들면 6월 밑에는 '참외', 7월 밑에는 '팥빙
수', 8월 밑에는 '우산' 이런 식이다. 그러고는 이대로 꼭 일정을 소화한다. 안 하
면 큰일 난다. 일절 상의도 없다. 엊그제 5월 2일에는 '오리 데이'라면서 가족들
에게 오리 고기를 먹였고, 4월 14일에는 '블랙 데이'라고 같이 있는 사람 모두에
게 짜장면을 먹였다.

　오늘은 오드리 님과 노래방에 가야 한다고 적혀 있다. 물론 이 스케줄은 여
행 중에 작성되었다. 노래방 가자고 그렇게 성화였는데, 도보 여행 중에는 한 번
도 가지 못했다. 하루 걷기 일정을 마치고 나면 녹초가 되어 움직일 수 없었고,
밤새 글까지 써야 했기 때문에 도저히 다시 숙소 밖을 나설 엄두가 나지 않았다.
어쨌든 오드리 님도 균도를 잘 알기에 흔쾌히 응했다.

　노래방에서 1시간 반 동안, 균도는 절대 마이크를 놓지 않았다. 어디서 배웠
는지 록가수처럼 머리까지 돌려 대는 통에 배꼽을 잡는다. 특히 싸이의 〈챔피
언〉을 부를 때는 엽기 그 자체다. 혼자서 몇 바퀴를 돌고 난 뒤 어지러운지 벽을
잡고 컥컥거린다. 술 취한 아저씨가 전봇대를 끌어안고 있는 형상이다. 같이 있
던 오드리 님과 난 너무 웃어 이성을 잃는다. 멀쩡하게 노는 균도의 모습은 우리
에게 많은 즐거움을 준다. 그리고 많은 '의문'도 들게 한다. 너무 멀쩡하다. 오늘
하루, 균도의 스케줄대로 움직였는데 너무 즐겁다. 사회가 이렇게 움직인다면

얼마나 즐거울까 생각해 본다.

고백하자면, 걱정되는 일이 하나 있다. 8월 27일. 그날도 균도 스스로 스케줄을 정했는데, 이 스케줄이 성사되려면 또 다른 당사자가 응해야 한다. 8월 27일, 그날은 균도의 결혼식이다. 장소는 구미 예식장. 사실 나로서도 퍽 즐거운 일이지 않은가. 그날이 기다려지지만 눈감고 모른 척하기로 한다.

스무 살 균도의
어린이날

어제부터 균도는 어린이날 노래를 불렀다. 엄연히 스무 살인데 아직도 뭘 해달라고 한다. 이런 것은 고쳐야 하지 않겠나 생각해 보지만, 딱히 뭐라 하기도 그렇다. 어머니 앞에서는 나 역시 어린애가 아닌가. 아침부터 어디 가자고 조르는 통에 마침 '해운대 마을 만들기' 식구들이 주말농장을 연다고 해서 같이 집을 나섰다.

발달장애 자식을 둔 부모들 소원 가운데 하나가 전원생활이다. 나 역시 나중에 균도와 농촌 생활을 꿈꾸고 있다. 지금 계획하고 있는 일들 중 하나도 이것이고, 그 방법으로 사회적 기업에 대해서도 생각하고 있다. 이런 생각이 어느 정도는 도피 심리에서 비롯된 것이라는 점도 인정한다. 우리 아이들의 성향이 사회적으로 맞지 않아, 사람이 드문 환경에서 마음껏 키우고 싶은 부모의 답답함에서 나온 것이기도 하다. 하지만 현실은 우리 아이들을 여전히 모른 체하고 있기 때문에 답답한 마음을 이렇게라도 해소해야 할 것 같다. 사회는 우리 아이들을 잊은 듯하다. 왜 우리는 사회에서 살면 안 될까? 이런 질문을 오늘도 던지며 마음을 다잡는다.

주말농장에 도착해 보니 아직 개간 중이라 황무지뿐이다. 몇 명의 식구들과 곡괭이, 쇠스랑, 팽이를 들고 부지런히 왔다 갔다 한다. 사람의 힘은 무섭다. 황무지가 금세 평평해진다.

균도는 돕는 척하다가 이내 쉴 곳을 찾느라 부산하다. 요즘 기업에서는 능동적 인재 운운하지만 균도는 수동적 인간형의 표본 같은 존재다. 아직 목적의식이 없고 자기가 도맡아 하는 분야가 없어 그런지 쉬이 싫증을 낸다. 이런 아이들을 데리고 전원생활이 가능할까 고민이 뭉게뭉게 피어오르는데 멀리서 음악 소리가 들린다. "거울아 거울아 세상에서 누가 제일 예쁘니?" 또 현아다. 1992년 6월 6일 현충일에 태어난 균도의 진짜 동갑내기 친구다. 그런데 한 명은 인기인으로, 한 명은 장애인으로 세상을 살고 있다.

하지만 생각해 보니 균도도 여행 중 많은 사랑을 받았다. 우리가 걸었던 길에서 균도는 세상의 중심에 있었다. 언론도 사람들도 모두 균도를 주목했다. 아는지 모르는지, 아니면 정말 그것을 즐기고 있는지 균도는 아무리 카메라 플래시가 쏟아져도 카메라 따위는 전혀 의식하지 않으며 천연덕스럽게 평소의 매력을 발산했다. 그래서 방송국 사람들이 특히 균도에게 푹 빠져들었다.

길거리를 지나다 보면 아직도 수군거리는 사람들이 있다. 내 이미지가 너무 이상적인 아버지로만 굳어 가는 것 같아 부담스럽다. 그래도 속으로 말한다. '그렇소, 그게 바로 우리요!'

균도가
균정이를
때렸다

균도가 갖고 놀던 효자손으로 힘껏 동생을 내려치고 도망간다. 하지만 이내 나한테 잡혀 반성하고 눈물을 흘린다. 동생은 동생대로, 형은 형대로 부모 마음에 상처를 낸다. 균도가 때린 게 맞긴 하지만, 딱히 누구 편을 들 수 없어 골머리다. 둘이 멀쩡히 잘 놀다가도 이렇게 돌변하는데, 하소연할 곳도 없는 문제다.

사내아이 둘이라 그런지 다투는 소리를 자주 듣게 된다. 밖에서는 거의 폭력적인 성향을 보이지 않지만, 집에서는 자주 소리가 난다. 가족이라는 것을 알아서 그런지 일종의 권력 다툼인 건지 동생에게 함부로 한다. 한창 나이 아이들 사이의 다툼이야 어느 가족들에서도 있는 일이지만, 언제나 배려를 강요당하는 동생 균정이를 보면 안쓰럽기도 하다. 장애인 본인의 문제도 중요하지만, 가족의 문제 역시 중요하다. 장애인 가족이 처해 있는 상황에 대해 사회는 잘 모르고 있다.

이런 가족을, 이런 부모들을 누가 보듬어 주어야 할까? 아직 이들을 보듬어 주는 곳이 없다. 그나마 이런 일을 하기 위해 가족 지원 센터나 장애인부모회가 있다. 나 역시 이들을 위해 사무실에서 상담을 한다. 그런데 생각해 보면, 참 막막한 일이다. 자기 일도 건사하지 못하는 사람이 누구에게 충고를 한단 말인가? 요즘은 다른 사례들을 익혀 문제를 해결해 볼 수 있을까 싶어 책을 더 많이 읽으려 한다. 아직 뾰족한 수는 없다.

휴일이
부담스럽다

　　　　　석가탄신일이다. 징검다리 연휴의 마지막이다.
이런 연휴 때가 되면 솔직히 부담스럽다. 우리는 어디 가기도 그렇고 집에 있기
도 그렇다. 그나마 아이들이 학교에 가거나, 주간 보호 센터에 갈 수 있는 평일
에는 부모에게도 어느 정도의 휴식이 보장된다. 그러나 이런 휴일에는 꼼짝없이
함께 붙어 있어야만 한다. 나 역시 이번에도 어김없이 균도랑 시간을 보내기도
했다. 균도는 나이가 들어 성인이 되었어도 누가 함께 나가 주지 않으면 집에 있
을 수밖에 없다. 혼자 밖에 내보내기는 위험하다. 세상은 균도 같은 발달장애인
에 대해 호기심의 대상이기도 하지만, 그만큼 수많은 편견과 위험이 도사리고
있는 곳이기도 하다.
　　균도와 같은 발달장애인들의 이야기만은 아니다. 세상 모든 것은 비장애인
들에게 맞춰져 있다. 그나마 요즘 들어 시내 중심가나 관공서를 중심으로 여러
가지 안전시설이 설치되고 있기는 하지만 여전히 많이 부족하다. 가장 허울 좋고
표시 나는 곳들에만 그런 시설들이 설치되어 있다. 장애인들은 그런 시설만 이용
하는 존재인가. 부산 같은 곳은 아직 지하철역에조차 엘리베이터가 설치되어 있
지 않은 곳이 있다. 장애인들에 대한 사회적 편견도 편견이지만, 기본적인 이동
권조차 제대로 보장받지 못하고 있는 곳이 바로 우리 사회다.
　　균도는 장애 1급이라 활동 보조 서비스를 이용한다. 그렇지만 발달장애인들
에게 활동 보조인 서비스는 턱없이 부족하다. 균도에게는 월 40시간의 활동 보
조가 제공된다(병원에 가서 이유를 설명하고 읍소를 하면 몇 시간이 더 주어지긴 한다). 월

40시간으로 무엇을 할 수 있을까. 균도가 아침저녁으로 복지관을 왕복하는 시간으로만 겨우 쓸 수 있다. 그렇다면 나머지 시간에는 필요가 없는가? 발달장애인에 대한 책임을 거의 대부분 가족에게 지우고 있는 것이나 다름없다.

행동 장애의 경우 하루 24시간 지켜볼 필요가 있다. 어떤 과잉 행동이 남에게 피해를 끼칠지 모를 일이기 때문이다. 휴일은 그래서 가족에게 더 힘든 날이다. 균도 역시 휴일의 무료함 때문에 스트레스를 더 받는다. 그렇지만 지역적으로는 아무런 대안 프로그램도 없는 상황이다.

최근에는 이런 일상에서 조금이라도 벗어나 보고자 균도랑 인근에 있는 주말농장에 간다. 차가 다니지 않는 들판이라 감시가 조금은 덜하니 편안해 하는 것 같다. 뛰어다니고 소리를 질러도 누가 뭐라 하는 사람도 없다. 함께한 사람들도 균도를 잘 챙겨 준다. 균도를 많이 접하다 보니 발달장애인의 특성을 이해하고 함께 사는 법을 자연스레 터득했다. 이런 이해가 쌓일수록 균도가 나설 수 있는 세상도 조금씩 넓어져 갈 것이다.

◆ ◆ ◆
장애인 활동 지원 제도

신체적·정신적 장애 등의 사유로 혼자서 일상생활과 사회생활을 하기 어려운 장애인에게 활동 지원 급여를 제공함으로써 자립 생활과 사회참여를 지원하는 제도. 2007년 장애인 활동 보조 지원 사업이라는 이름으로 시작되어, 2011년 장애인 활동 지원 제도로 바뀌었다. 처음에는 장애등급 1급만 신청이 가능했지만, 이후 2급으로 확대되었고, 2015년 6월부터는 3급까지 신청할 수 있다. 비록 제도가 점차 확대되고는 있지만, 제한적인 활동 보조 이용 시간, 서비스 수급 자격의 제한, 일률적인 본인 부담금, 낮은 서비스 질과 활동 보조인과의 갈등 등 다양한 문제가 있다.

균도만이 아닌
장애인을 위해서

               어제 저녁 균도 눈이 부은 것 같아 집에 있던 안약을 넣어 주었다. 그런데 아침에 일어나니 눈이 더 심하게 부어 있었다. 아무래도 다래끼인 것 같았다. 복지관을 조금 늦게 가기로 하고 안과로 갔다.

    누구나 그렇듯이 균도도 병원을 싫어한다. 나이가 들면서 좀 나아지나 싶었는데 주사에 민감한 건 여전하다. 연약한 눈 주위를 조금 쨌다 보니 더 아파한다. 균도는 연방 "싫어"를 발사한다. 오른쪽 눈에서 피고름이 시원하게 배어 나온다. 안타깝지만 어쩔 수 없다. 움직일까 봐 양손을 꼭 부여잡아 보지만 힘에 부친다. 병원 옆에 붙어 있는 롯데리아로 달래 본다. "리버샌드! 참으면 리버샌드!" 그러자 용케 참아 낸다. 복지관은 하루 쉬자니 순하게 응한다.

    나는 약속이 있어 균도를 외할머니에게 맡겨 두고 시내에 나왔다. 균도를 집에 두고 다니면 마음이 불편하다. 조금 힘들어도 같이 다니는 게 편하다. 40일간 배인 나의 습관이다.

               오늘은 부산 장애인의 현재 모습을 바라보기 위해서 대연동에 있는 함세상 장애인자립센터를 방문했다. 방문은 처음이지만, 그곳 활동가들은 이미 여러 번 만난 적이 있는 터라 낯설지 않다. 투쟁 현장에서 자주 보아 왔지만, 사무실에서 이야기를 나누는 것은 처음이다.

    사무실에 들어서니 게시판에 균도가 나온 신문 기사가 스크랩되어 있어 씩 웃었다. 신문 속 나의 사랑스러운 아들의 웃는 얼굴에 눈을 맞추니 기분이 좋다. 오늘은 발달장애인에만 고립되어 있던 나에 대해 많이 깨우쳤다. 그간 알고 있던 게 겉핥기에 불과했던 것 같아 반성한다. 이제 이 사람들과 장애인의 현실에 대해 많이 고민하고 연대해야겠다고 다짐한다.

내가 사는 부산은 오랫동안 보수 1당이 지배해 온 곳이라 장애인의 목소리는 낼 수조차 없는 곳이다. 열심히는 하지만 의회정치에서는 소외당한다. 조례만 하더라도 다른 지역보다 많이 뒤쳐져 있다. 장애인 활동가들은 열심히 외쳐 보지만 한계가 있다. 할 일은 많은데 진보 진영의 연대나 공조도 미미하다. 활동가가 아무리 열심히 한다 한들 돌아오는 성과가 미약하다. 물론 시민의 인식을 바꾸려면 더 힘을 들여야 할 것이다.

오는 길에 김정민 수영 장애인자립생활센터 팀장과 늦은 점심을 먹었다. 뇌병변 장애인 활동가인 김정민 팀장은 언제나 웃는 얼굴이다. 처음엔 말도 잘 알아들을 수 없었지만 만남이 쌓여 가니 이제는 대화가 된다. 편협했던 내 시각이 정승규 소장과 김정민 팀장 그리고 김주현 씨를 만나면서 많이 깨었다. 같이 활동하고 있다는 것이 너무 행복하다.

오늘 김정민 팀장이 했던 말이 가슴에 남는다.

"우리 같은 단순 뇌병변보다 발달장애인은 너무 안쓰러워요. 평생을 부모에게 의지해야 하고, 사회는 책임을 회피하고 부모에게만 책임지라 하니까요. 우리 그런 아이들을 위해 열심히 일합시다!"

마주 보던 밥상에서 눈시울이 뜨거워져 담배를 피운다고 밖에 나갔다. 그런데 들어와서 보니 벌써 밥값을 치러 버렸다. 식사 한 그릇이지만, 많은 것을 느낀다. 김 팀장을 보면서 다시는 그러지 말라고 협박을 했다. 아무튼 너무 고맙다. 나보다 훨씬 더 불편한 그들이 남을 위해 이야기하고 투쟁하겠다고 하니 마음이 맑아진다.

균도만이 아닌 장애인을 위해서 나 역시 열심히 일하고 싶다. 오늘도 새롭다. 나를 깨우친 세 명의 동지 얼굴이 계속 아른거린다.

균도 균정
모두 사랑한다

작은아들 균정이 생일이다. 균도가 일찍 깨서 나의 선잠을 깨웠다. 균도는 잠이 없는 편이다. 새벽 한 시나 돼야 잠이 들지만 여섯 시 정도면 일어난다. 낮잠도 안 잔다. 온종일 부산하게 반복 행동을 하는데도 밤잠이 없다. 에너지를 그렇게 소모하니 먹는 양도 많다. 가만히 보면 신기하다. 연구 대상이다. 아침녘 부모회 회원 몇 분이랑 국제장애인협회 행사 답사 겸 운동을 나왔다. 균도는 오늘도 공원을 마음껏 뛰어다녔다. 같은 길을 몇 번씩 왔다 갔다 하기 때문에 운동량이 나보다 두 배는 되는 것 같다.

늦은 오후에는 균도 중학교 때 선생님이었던 김한나 선생님 결혼식에 갔다. 균도의 세상걷기가 선생님들에게 깊은 인상을 남겼던 것 같다. 결혼식장에서 만나는 선생님마다 균도를 너무 반가워한다. 중학교 선생님들은 훌쩍 커버린 균도 모습에 더 반색을 한다. 균도의 세상걷기가 일선 학교에서도 발달장애인을 이해하는 데 큰 도움이 되었다고 한다.

그런데 균도가 이번에도 사고를 쳤다. 균도는 몹시 기분이 좋을 때면 욕을 하곤 하는데, 오늘도 사람들이 가득 찬 예식장에서 흥이 났던지 방방 뛰기 시작하더니 신랑에게 삿대질을 하며 욕을 했다.

"개○○야! 개○○야!"

무척 행복한 표정으로 욕을 내뱉는 균도를 급히 밖으로 데리고 나오려 했지만, 균도는 그럴수록 더 신이 나 외쳤다. 당연히 사정을 모르는 하객들은 인상을 쓰며 뒤를 돌아봤지만 산만 한 덩치에 검은 옷까지 차려 입은 우리 둘을 보고는 다시 얼굴을 돌렸다. 김한나 선생님은 균도 때문에 무척이나 기억에 남는 재미있는 결혼식이었다고 이야기하지만 미안한 건 어쩔 수 없다.

균도는 중학교 시절 김한나 선생님과 결혼할 거라고 했는데, 기억하고 있는지 모르겠다. 졸업을 하고 난 뒤에도 방학 때면 김한나 선생님과 한 번씩 짧은 여행을 떠났다. 벌써 6년째다. 균도가 첫 제자여서 그런지 더 마음을 많이 써준 선생님이다. 예쁜 마음만큼 더 행복하게 살길 바란다.

이런저런 행사들이 겹쳐 늦은 밤이 돼서야 돌아왔다. 균정이 생일인데 아무것도 신경 써주지 못해 미안하다. 아빠는 매일 균도 형만 생각해서 섭섭하다는 균정이의 푸념이 스친다. 난 또 다른 아들에게는 나쁜 아빠가 된다. 하지만 균도를 사회에 내놓기 위해 그러는 것이니 이해해 주었으면 좋겠다. 균정아, 네가 지기엔 너무 무거울 짐을 덜어 주기 위한 것이니 아빠를 이해해 다오. 조용히 자는 균정이 머리맡에 선물을 놓고 하루를 마감한다. 아빠는 균도와 균정이 너희 모두를 많이 사랑한단다.

우리는
소수가 아니다

얼마 전 기장군의회에서 어린이 지원 조례가 통과
되었다. 그 내용에 진작부터 요청해 왔던 발달장애인 놀이터안이 포함되었다. 발
달장애인은 비장애 아동과 달리 놀이터에서도 자유롭지 못하다. 시선의 압박으
로 언제나 외톨이가 된다. 장애인 부모도 그 과정에서 충격을 받는다. 이 조례에
는 놀이터에서조차 마음껏 뛰놀지 못하는 발달장애 가족들의 애환이 담겨 있다.

발달장애인 놀이터가 지정되면 그곳에 발달장애인의 취업 자리를 마련하려
고도 한다. 지금은 놀이터 관리를 자원봉사자나 공공 근로자가 전담하고 있지
만, 그런 일들은 우리 아이들도 충분히 할 수 있다. 그래서 해운대 구의회의 조
례를 담당하는 진보신당 김문령 씨에게 부탁해서 기장군 정종복 의장을 통해 발
의안을 만들어 제출했다.

조그만 성과이긴 하지만 나름 뿌듯하다. 기장군에 이어 해운대 구의회도 회
람 중이다. 난 발달장애인의 직업 문제는 지자체에서부터 먼저 풀어야 한다고
생각한다. 물론 중증 장애인들이 혜택을 받기는 힘들겠지만, 경쟁 사회에서 소
외될 수밖에 없는 발달장애인의 미래에 작으나마 도움이 될 것이다. 무척 기대
되는 부분이다.

아침부터 부산하다. 오늘은 장애인 부모님들을
모셔 사무실에서 꽃꽂이 강습을 하기로 했다. 11시부터 진행되지만, 난 영 신경

이 쓰인다. 지인의 도움으로 테이블을 갖다 놓고 걸레질을 한다. 남자라고는 달랑 나 혼자뿐이니 힘쓰는 일은 다 내 몫이다.

부모회는 주로 엄마들로 이루어져 있다. 엄마들은 아이들을 학교에 보내고 난 뒤에야 잠깐 개인 시간을 가질 수 있다. 개소식 이후에 가장 많은 어머니들이 오셨다. 작은 공간에 어머니들과 마주하니 너무 즐겁다.

우리 부모회 어머님들에게 나는 샌드백이다. 엄마들의 스트레스는 가히 상상을 초월한다. 아빠에게 못하는 것을 내게 다 푸는 것 같다. 그래도 난 조금이나마 엄마들의 마음을 풀어 주니 즐겁다.

오늘도 나를 보자마자 질문 공세다. 균도와의 여행 이야기며, 앞으로 할 일들에 다들 관심이 많다. 작지만 기장에 장애인 전용 놀이터가 생긴다고 하니 기뻐한다. 그동안 놀이터라는 공간에서도 우리 부모들은 마음이 편치 않았다. 장애아를 데리고 놀이터에 가면 눈칫밥 먹기 일쑤였다. 옮는 병을 가진 것도 아닌데 우리가 그곳을 가면 다 피한다. 그만큼 사회적 의식이 문제다. 사회는 우리가 있다는 걸 알고 있지만 애써 우리 존재를 부정하고 있다.

하지만 그래도 아이들을 데리고 당당히 밖으로 나가야 한다. 이번 걷기를 통해 나 역시 많이 바뀌었다. 세상을 바라보는 눈도 바뀌었고 균도에 대한 의식도 변했다. 이제 난 당당하다. 장애인 가족은 소수가 아니다. 누구는 우리를 소외계층이라고 이야기하지만 우리는 천만 명에 육박하는 압력단체다. 당당한 우리가 사회를 바꿀 것이다.

오늘에야
작은 열매를

장애아동복지지원법이 국회법안심사소위원회를 통과했다. 소위 통과가 뭐 대수냐고 할지도 모르겠으나, 내게는 그렇지 않다. 이제 시작이기는 하지만 뿌렸던 씨앗의 결실을 거둔다고 생각하니 기쁘다.

나는 국회 본관 6층에서 온종일 숨죽이고 통과 과정을 지켜보았다. 아침녘에 들리던 말과는 달리 국회에 참석한 보건복지부 공무원이 호의적이었다. 오전 일정을 마치고 나니 좋은 소식이 들려왔다. 몇 가지 용어를 조정하고 오후에 통과시키기로 합의했단다.

오후 협상과 협의는 긴박하게 오후 5시 30분까지 계속되었다. 복지부와 용어 정리 등 양측 의견을 협의하고, 소위원회에 넘겼다. 저녁 6시, 나무망치 소리가 경쾌하게 들린다. 균도와 같이 했던 40일이 주마등처럼 스쳐 지나간다. 무거운 발걸음을 옮기며 1천5백 리 길을 장애아동복지지원법 제정을 위해 걸었다. 회의장을 빠져나오는 공무원들, 의원들과 인사를 나눈다. 환호가 터져 나왔다. 오늘 하루 같이했던 우리끼리도 축하한다. 복지부 공무원들도 나에게 축하 인사를 한다. 오랫동안 복지부와 협상하느라 고생한 부모연대 외 여러 활동가들에게 감사한다.

"균도는 이제 성인이라 이 법안을 통해 혜택을 받을 수 있는 사람이 아닙니다. 그렇지만 너무나 좋습니다." 난 이렇게 답했다. 공무원은 발달장애인법 역시 열심히 연구하고 있다고 이야기하며 위로한다. 균도에게 큰 선물이 될 거라고 기대하라고 한다. 아쉬운 점이 없지 않으나 나름대로 만족한다. 아무튼 오늘은 즐기고 싶다.

　이 글을 쓰기 시작한 지 90일이 되었는데 균도와 내가 서울에 도착한 날만큼 기쁘다. 우리가 던진 작은 씨앗이 오늘에야 열매를 맺는 것 같다. 또다시 시작하고 싶다. 난 세상에 이슈를 던지는 데 더욱 노력할 테니 다른 이들은 투쟁해서 이루어 달라고 뒤풀이에서 다시 이야기했다.

　즐거운 날을 다시 한 번 기억하면서 오늘은 흥분된 마음으로 하루를 마감한다. 균도야, 축하한다. 네가 친구들에게 선물을 주었구나! 우리 균도 장하다! 아빠는 너를 위해, 그리고 다른 이들을 위해 더 노력하련다.

우리나라의 장애인 정책은 성인 장애인을 중심으로 전개되어 왔고, 영유아법과 아동복지법은 비장애인을 중심으로 이루어져 있다. 그러다 보니 아동이자 장애인으로서 사회적 최약자에 속하는 장애 아동은 어느 영역에서도 충분한 서비스를 받지 못하고 있었다. 저소득층, 중증 등급의 아동만이 서비스를 받을 수 있었기 때문에 부모는 아이를 돌보기 위해 직장을 포기하거나 기초 생활 수급권자가 되기 위해 이혼까지 불사하는 경우가 나타났다.

장애아동복지지원법 제정 운동은 이런 장애 아동 가족들과 보육 시설 종사자 등이 주축이 되어 2008년부터 활발히 전개되기 시작했다. 2010년 8월에는 장애 아동에게 필요한 재활 치료 및 양육 지원 서비스 확대를 요구하며 장애 부모들이 1달여간 단식 농성을 전개했고, 49명의 장애 부모들이 집단 삭발을 감행하기도 했다. 더불어 지난 2011년 3월에는 균도 부자가 장애아동복지지원법 제정을 요구하며 부산에서 서울까지 6백 킬로미터를 걷는 국토대장정을 진행했고, 2011년 4월에는 장애아동복지지원법 원안의 모든 내용에 반대 입장을 표명한 보건복지부를 규탄하는 시위를 했다.

이에 장애아동복지지원법은 2010년 11월 18대 국회에서 윤석용 의원(한나라당) 등 121명의 국회의원들에 의해 공동 발의되었다. 하지만 보건복지부의 법안 수정, 법안 통과 연기를 거치면서, 균도와 세상걷기가 시작되던 2011년 3월에도 법 제정은 여전히 지체되고 있는 상황이었다.

난항을 거듭하던 장애아동복지지원법이 국회 본회의를 통과한 것은 2011년 6월 29일. 하지만 예산 문제로 최초 발의안보다 적잖은 부분이 축소되거나 삭제되었다. 재활 치료, 가족 지원, 돌봄 지원, 휴식 지원 등 여러 항목들이 강제 조항에서 임의조항으로 수정되고 방과 후 서비스 등 일부 내용은 삭제되었다. 또한 의료 지원과 보조 기구 지원 등의 지원 범위는 현행 수준을 넘지 못했고 장애 아동 복지 지원의 전문성 신장을 위한 발달 재활 서비스 제공자의 자격 기준 문제와 장애 아동 복지 지원 제공자의 처우 개선 문제는 부대 의견으로 담기게 되었다.

___ "장애 아동의 권리 보장 이제야 큰 걸음을 내 딛었습니다", 장애아동복지지원법 제정에 대한 장애아동복지지원법 제정을 위한 공동대책위원회 입장 발표문(2011/06/29) 참조

장애인도
연대의 손을
내밀 수 있다_한진중공업의 밤

　　　　　　　　요즘은 SNS를 많이 쓰다 보니 장애 문제 외의 다른 사회문제에도 관심이 많이 간다. 원래는 우리 이야기를 해보려고 시작했는데, 우리와 다른 사람들의 이야기도 유심히 읽게 된다. 하지만 세상 사람들은 장애인의 문제가 자신들의 문제가 아니라 생각해서인지 별 관심이 없다. 우리의 아픈 이야기를 알리려고 기자회견을 해도 우리끼리만 이야기할 뿐 기자 없는 기자회견을 하는 경우도 많았다. 설령 전해 준다 해도 일반인의 구미에 맞는 소식만 전한다. 어느 성공한 유명 인사들의 숨겨진 가족사나, 역경을 딛고 일어선 감동적 인간 승리의 미담으로 비칠 경우에나 관심을 가진다.

　　그나마 균도 이야기는 어느 정도 대중의 구미에 맞았나 보다. 장애 1급의 철 없는 아들, 아프지만 아이의 미래를 걱정하는 병든 아빠, 그들의 부산에서 서울까지 도보 여행. 방송에서는 우리 이야기를 인간 승리나 아빠의 애절한 자식 사랑으로 포장한다. 정작 내가 알리고 싶은 것은 우리가 처한 힘든 현실과 미래인데 말이다.

　　그렇지만 방송은 여전히 중요하다. 이것저것 따질 형편도 아니어서 기회가 닿는 대로, 또 기회가 없다면 만들어서라도 균도 같은 친구, 그리고 그 가족의 애환을 알려야 한다. 그렇다고 언론에만 기대지 않으려 한다. 균도와 나는 다른 많은 사회 활동에도 참여한다. 우리처럼 힘없는 사람들과 연대하면서 자연스럽게 우리 문제를 알리고 싶어서다. 그래서 쉬는 날이면 균도는 나랑 짝이 되어 이곳저곳을 다닌다.

부모가 장애인 활동가라고 아이를 너무 밖으로 나돌게 하는 게 아니냐고 하는 사람도 있다. 하지만 장애는 우리만의 문제가 아니다. 서로 무엇이 문제인지 무엇이 필요한지 알아야 연대할 수 있다. 그래서 의식적으로 찾아다니는 측면도 있다. 그들도 우리 문제에 관심을 보여 달라는 제스처이기도 하다. 장애인 부모와 당사자 조직만으로는 우리 문제를 세상에 알리기 어렵다. 연대를 통해 우리는 더 큰 목소리를 낼 수 있다.

어제도 한진중공업에 갔다. 때마침 김여진 씨도 온다고 했다. 많은 사람들 사이에 420장애인차별철폐연대 활동가들도 한자리를 차지하고 있었다. 우리 장애인들을 얻어먹는 사람으로만 보는 시선도 있다. 하지만 우리도 생각이 있고 어느 곳이나 연대할 수 있다. 그런데 자꾸 한진중공업 측 용역들이 우리에게 돈을 받고 동원되었다고 말한다. 그런 발상은 우릴 아프게 한다.

하루 저녁을 한진중공업에서 보냈다. '외부 세력'에 기뻐하는 사람들, 그들 때문에 희망을 보는 노동자 가족들이 보였다. 오늘 저녁은 하늘이 더 맑아 보인다.

◆ 2012년 12월 22일

오랜만에, 다시 한진 중공업에 다녀왔다. 최강서 동지의 추모 집회를 마치고 장례식장을 찾았는데, 한상철 부지회장의 울음소리만 듣고 왔다. 한상철 동지는 비틀거리면서 울기만 했다. 얼마 전 서울에서 열린 '함께 살자' 집회에서 만나고 오늘이 처음이다. '균도와 세상걷기'로 50일을 걸은 뒤 서울에서 만났을 땐 무척이나 반가웠다. 타지에서 만났다고 그렇게 서로 즐거워했는데 …… 그런 한상철 동지가 울고 있다. 본인이 노조 간부를 하면서 사람을 떠나보냈다고 자책하고 있다. 이번이 벌써 네 번째다. 그는 한진의 슬픔을 다 지켜보았다. 고 최강서 동지의 남은 두 아이들이 일곱 살, 다섯 살인데 나 역시 두 명의 아들이 있기에 너무 안타깝다. 남아 있는 가족의 뒷일이 걱정이다. 생을 달리한 최강서 동지는 나보다 얼마나 더 많은 생각을 했을까?

활동 보조인의
경험

　　　　　　난 균도와는 다른 장애를 가진 이들을 그리 많이
만나 보지 못했다. 애써 모른 척했는지도 모른다. 사회복지사가 되기 위해 학교
에서 공부할 때도 발달장애인 책만 본 것 같다. 부모 운동을 하면서도 다른 쪽
활동가들과 교류가 부족했다. 언제나 균도 같은 발달장애 영역만 이야기했다.

　오늘 국민기초생활보장법과 관련해, 보신각에서 공동 투쟁이 있어 전동 휠
체어를 탄 동지들과 온종일 함께했다. 활동 보조인으로서 차도 같이 타고 엘리
베이터도 같이 탔다. 평소에는 잘 몰랐는데 전동 휠체어를 탄다 해도 모든 것이
불편했다. 사회는 아직 장애인 이동권에 대해 시늉만 하고 있음을 이제야 느낄
수 있었다. 이나마도 이동권 투쟁으로 얻어 낸 결과라는 걸 되짚어 보니, 예전에
는 얼마나 불편했을까 안타까움이 앞선다.

　뭐든 실제 행동으로 옮기기 위해서는 인내와 시간이 필요하다. 화장실 문제
만 하더라도 우리는 그저 간단히 볼 일을 보는 장소지만 그들은 거기까지 가는
것 자체가 투쟁이다. 지하철역에는 이동 약자를 위해 엘리베이터가 설치되어 있
지만 대부분이 휠체어 한 대만 들어가면 만원이다. 노약자는 물론이고, 많은 비
장애인들까지 이를 이용하다 보니 기다려야 하는 시간도 만만치 않다. 여섯 대의
전동 휠체어를 탄 동지들과 같이 움직이는데 보통 시간이 걸리는 게 아니다. 평
소 별생각 없이 엘리베이터를 이용했는데, 이번 경험으로 많이 느낀다. 세상을
내 눈높이에서만 봐서는 안 되고 불편한 당사자가 되어 봐야 이해할 수 있다는
게 참 어렵다.

다르지만 똑같은
아이들

　　　　　　　　　　균정이는 여전히 공부를 하고 있다. 이제 중3이지
만, 시험이 없더라도 새벽 한 시까지는 공부를 하다 잠자리에 든다. 나름 형을
이해하려 드는 착한 동생이자, 듬직한 아들이지만 아무리 그래도 균도가 집에서
과잉 행동을 보이면 많이 힘들어한다. 언젠가 방송에서 균정이의 인터뷰 모습을
보고 적잖이 놀란 적이 있다. 내가 없을 때 했던 인터뷰라 텔레비전을 보고 나서
야 녀석의 속마음을 처음 알았다.

　"아빠가 얼마 전 수술하셨고, 엄마마저 어제 수술을 하러 가셨어요. 전 너무
괴로웠어요. 만약 부모님이 우리 형제 곁을 일찍 떠나신다면, 형에 대한 책임감
때문에 제 인생이 너무 힘들 것 같아요. 그 상황이 너무 겁납니다."

　인터뷰를 지켜보는 내내 균정에게 너무 미안했다. 태어나는 순간부터 모든
걸 형에게 양보해야만 하는 삶, 정작 부모보다 더 많은 세월을 형과 함께 살아가
야 할 동생, 그래서 그 미래마저 담보 잡혀 있는 균정을 볼 때마다 속이 아리다.
내 무심함으로 몰랐던 균정이 이야기를 듣게 될 때마다 균정에게 미안해 울기도
많이 울었다. 사실 내가 장애인 운동을 시작한 것도, 그중에서도 특히 장애인 가
족의 현실에 더욱 신경을 쓰는 것도, 균정이에 대한 이런 미안함에서였다. 균도
를 빗대어 발달장애인의 문제를 사회에 이야기하고, 균정이를 보면서 장애 형제
의 애환을 이야기한다. 그리고 기왕 이렇게 살아가는 인생, 우리 아이의, 우리
가족의 문제와 아쉬움에 다른 사람의 바람과 꿈을 집어넣는다.

　요즘에는 균정이에 대한 고민이 하나 더 늘었다. 균정이가 학교에서 성격 검

사가 있었는데 다른 학생보다 자살 지수가 두 배 이상 높단다. 그것도 2차 검사까지 위험 지수로 나왔다. 그런 균정이를 위해 요즘 신경을 더 쓰고 있다. 내 스마트폰을 1년 이상 만지작거리던 게 마음에 걸려 균정이한테 스마트폰을 선물했다. 누구보다 어른스러운 녀석이기에 의무 기한이 아직 남아 있는 휴대폰을 바꿔 달라 하지는 못하고 만지작거리고만 있었다. 바꿔 준다고 했더니 너무 기뻐한다. 위약금을 좀 물더라도 그러고 싶었다.

늦은 밤, 녀석들의 방문을 하나씩 열어 보며, 둘의 얼굴을 확인한다. 다르지만 똑같다.

균도의
잔꾀

균도는 아침에 일어나면 언제나 같은 소리를 한다.

"아빠 오늘은 화요일이고 내일은 수요일이며 어제는 월요일이었지요, 균도 아빠!"

그러면 나는 이렇게 대답한다.

"영어로 해라!"

그러면 이내 영어로 요일을 읊는다. 균도는 언제나 반복되는 일상을 좋아한다. 매일 같이 붙어 지내다 보니 나 역시 요령이 생긴다.

균도는 아침밥을 먹고 나면 나나 엄마에게 3천 원을 요구한다. 그럼 나는 묻는다.

"그걸로 모할기가?"

"맥도날드 사먹을 겁니다!"

별로 다를 것 없는 아이를 키우는 우리의 일상 역시 반복된다.

균도는 아빠랑 여행을 다니면서 편의점에서 군것질을 하는 버릇이 생겼다. 아빠인 나는 절제를 요구하지만, 하루씩 함께 걸으러 온 사람들은 균도의 요구에 쉽게 응했다. 균도를 보러 애써 나온 건데 무엇이 아깝겠냐는 생각에 균도에게 많은 선물을 안기기도 했다. 균도의 입장에서 보면, 이게 웬 떡이냐 싶을 만큼 즐거운 일이었을 게다.

여행에서 돌아오고 난 뒤 균도는 한동안 편의점을 이용하지 못했다. 집 근처엔 편의점이 없기 때문이다. 그러던 오늘 균도가 드디어 날을 잡았다. 결혼식에 갈 일이 생겼기 때문이다. 균도는 나와 함께 사람들과 건성으로 인사를 나누고는 주위를 두리번거린다. 균도도 며칠간 모은 돈으로 축의금을 전달했다. 예식장 풍경이 여느 곳과는 달라 균도가 즐거워한다. 동래 학춤을 추니, 균도 역시 연신 신이 나 덩실거린다. 늦은 식사를 마치고 바깥에 나와 앉아 있는데, 균도가 아빠에게 과자 타령을 한다. 그렇지만 식사를 마친 지 얼마 되지 않아 나는 절대 허락하지 않는다. 그때 균도가 갑자기 저 앞에 보이는 슈퍼 쪽으로 달려간다.

그래도 나는 꼼짝을 하지 않는다. 따라가지 않으면 포기하고 오는 습성을 잘 알기 때문이다. 그런데 이번엔 옆에 있던 부산실업극복지원센터 최영 소장이 걸려들었다. 균도가 뛰어가니 부리나케 쫓아간다. 균도의 미끼를 덥석 문 것이다. 균도는 슈퍼로 들어가 우선 최영 소장의 눈치를 본다. 그리고 과자 세 봉지를 손에 쥐고 최영 소장에게 슬쩍 눈길을 보내더니 가게를 빠져나간다. 꼼짝없이 당했다.

돌아와서 내게 최영 소장이 이야기한다.

"돈도 없이 나한테 눈길을 보내더니 과자를 그냥 들고 나갑디다."

"따라간 사람이 계산하는 것이 균도의 법이다."

대수롭지 않게 이야기하니 최영 소장이 웃고 만다.

균도는 아직 돈 개념이 없다. 아니 애써 모른 척하고 있을지도 모른다. 돈을 줘야 과자를 주는 것은 알고 있지만, 같이 있는 사람이나 활동 보조인이 계산하는 것에 익숙하기 때문에 이런 행동을 한다. 아빠는 자기 의지에 따라 주지 않으니 종종 이 수법을 쓴다. 나는 혹시 따라간다 해도 과자 한 봉지 이상을 넘기는 법은 없다. 두 봉지를 쥐면 "안 돼"라고 이야기한다. 그렇지만 오늘 최영 소장이 처음 자신을 따라나선 사람이란 걸 알기에 균도는 과자 세 봉지를 쥐고 승리의 노래를 부른다. 오늘은 최영 소장이 균도의 특성을 몰라 당한 날이다. 그래도 균도가 귀엽단다.

균도의
한 표

균도도 대선 열기에 휩싸였다. 내가 지지하는 후
보와 균도가 지지하는 후보는 달랐다. 난 김순자 후보를 지지하고 있었는데, 균
도는 어떤 날에는 박근혜를 지지한다고 했고, 어떤 날은 문재인을 지지한다고
했다. 나름 듣고 판단하는 바가 있는 것인지 그냥 숫자 놀이인지 모르겠지만, 매
일매일 달라지는 그 번호들 가운데 내가 지지하는 후보는 없었다.

드디어 투표 당일인 오늘, 나는 균도와 함께 투표소로 지정된 기장 도서관으
로 나갔다. 사실 균도가 투표를 하는 것이 오늘이 처음은 아니다. 지난 총선 때
균도는 거소 투표를 했다. 보통 사람들도 다 알 수 없을 만큼 후보가 많았기 때
문이다. 하지만 오늘은 대선인 만큼 선택이 쉽기도 하고 이것도 균도에게 경험
이 될 것 같아 밖으로 나왔다. 일부러 남들에게 우리 모습을 보여 주고도 싶었
다. 긴 줄을 물리치고 앞으로 나가 투표를 할 수도 있었지만 그렇게 하지 않고
여느 사람들과 같이 줄을 섰다. 균도는 아는지 모르는지 조용히 서있었다.

균도와 내 차례가 되었다. 선관위 사람들에게 균도의 장애를 설명하고 기표
소에 함께 들어섰다. 발달장애인도 혼자 기표소에 들어가 투표를 해야 한다고
이야기하는 곳도 있다지만, 우리 지역 선관위는 발달장애인에 대한 인식이 어느
정도 되어 있어 별 제제를 하지 않고 허락해 주었다.

그렇게 우리는 무사히 기표소로 들어섰다. 내가 기표하는 것을 보고 균도도
기표를 하려 한다. 그런데 균도가 잠시 머뭇거렸다. '아, 역시 균도에게는 어려
운 일일까?' 라고 생각하며 균도 대신 기표를 해주려는 찰나, 균도가 갑자기 크

166

게 고함을 질렀다. "안 돼! ○번 찍을 거야!" 순식간에 투표소에 일대 소란이 일었다. 선관위 사람이 들어와서 무슨 일인지 묻는다. 별일 아니라고 이야기했지만 내심 당황스러웠다.

그렇게 균도는 그 누구의 도움도 받지 않고 자신의 투표권을 직접 행사해 버렸다. 나는 균도의 투표권 행사에 부모라고 이래라 저래라 간섭해서는 안 된다는 교훈을 얻었다. 균도가 지지한 첫 대선 후보, 나와는 다르지만 어쨌건 당선을 빌어 주고 싶다.

스물두 살,
균도가 운다

오늘은 균도랑 장애인과 함께하는 아웃도어 캠프
의 예비 모임을 다녀왔다. 대한산악연맹에서 지원하고, 한국장애인부모회가 주
최하는 행사다. 그런데 오늘 균도가 여느 날보다 감정 기복이 심하다. 밥을 먹는
데 소리를 지르는 시간이 길더니, 돌아오는 길 차 안에서는 30분이 넘도록 흐느
낀다. 짜증이 나다가도 녀석의 울음소리에 마음이 무너진다. 스물두 살 청년의
통곡 소리. 애비 마음을 찢는다. 얼마나 답답한 세상인가? 균도는 어쩌다 한 번
씩 서럽게 운다. 지켜보는 애비는 그 심정을 짐작조차 하지 못한 채 쳐다만 본
다. 물어보면 "그냥 슬퍼서요……" 라고 한다. 놀랄 만큼 천연덕스럽게. 그리고
다시 흐느낀다. 내가 죽어도 그렇게 구슬프게 울지는 않을 것 같다. 답답하다.
균도야 우짜노……. 먹고 있던 과자도 다 먹지 못하고 울고 있다. 균도가 울면
나도 슬퍼진다. 스물두 살 청춘이 눈물 속으로 사라진다. 균도야 답답하제? 봄에
또 가자! 울지 마라! 니가 울면 아빠도 운다. 발달장애인 부모는 이렇게 또 하루
를 보낸다.

가정
폭력

     나도 어쩔 수 없는 보통 아빠다. 언제부터인가 나 역시 균도에게 지시와 폭언을 반복해 왔다. 덩치가 커지면서 균도의 완력이 어느 수준을 넘어서고부터는, 인지 교육을 한다고 균도를 다그칠 때가 있다. 이마저도 안 하면 너무 사회성이 없어지는 것 같아 어쩔 수 없었다. 그런데 때로는 이게 내 의도와는 달리 균도에게 상처를 주는 것도 같다.

    균정이 역시 그렇다. 균도는 요즘 동생 균정이와 전쟁을 치르고 있다. 균도의 행동이 못마땅할 때 균정이가 형에게 지시하는 투로 말하게 되면 균도의 폭력성이 나타나기 시작한다. 형만큼 커진 균정의 덩치가 균도에게는 위협이 되는 것 같다. 언제나 균도에게 맞고 지내던 균정이가 힘에서도 우위에 서기 시작하자, 균도는 다시 자기 권위를 되찾기 위해 전쟁 중이다. 그러나 이제 균정도 지지 않는다. 그러면서 간헐적으로 때리고 도망가는 균도의 행동이 반복되고 있다.

    그 와중에 나도 희생양이 되었다. 평소 내가 하는 말이라면 곧잘 따랐는데, 이제는 이런 지시가 잔소리처럼 들리는 것 같다. 어제는 하루 종일 징징거려 그러지 말라고 훈육을 하면서 효자손으로 균도를 몇 대 때렸다. 그러자 균도가 갑자기 나를 때리고 밀치더니 집을 뛰쳐나갔다. 소리를 지르며 동네를 돌더니 주차되어 있는 차에 자기감정을 토해 내기 시작한다. 맨발로 집 밖의 놀이터를 광적으로 질주하기도 했다. 나는 그런 아들이 무섭다. 활동 보조를 하는 이모가 균도를 잘 타일러 일단락되었지만, 남았던 앙금이 기어이 오늘 아침에 터지고 말았다. 나도 모르는 사이 방 안에서 잠자고 있던 내게 다가와 갑자기 발로 내 허리를 짓이기고 도망을 간 것이다. 충격에 잠에서 깨어 고통을 호소하니, 균도 엄마가 놀라 균도를 타일렀다.

"아빠 허리 아파 이제 너랑 걷기 안 한다."

그러니 이내 무릎을 꿇고 두 손을 싹싹 빈다.

"잘못했어요. 다시는 안 할게요."

나는 눈물이 난다. 지금도 허리가 아파 병원을 다니고 있다. 하지만 육체적 아픔만이 문제가 아니다. 아이가 커지면서 내가 택했던 훈육 방법은 커다란 난관에 봉착하게 되었다. 나름 열심히 한다고 하지만 나는 아직도 균도의 과잉 행동을 어쩌지 못하고 있다. 발달장애인의 부모는 언제나 자녀의 폭력에 노출되어 있다. 사무실에 있다 보면 부모가 상담하는 내용의 많은 부분이 이런 폭력 문제에 있다. 정상적인 훈육 방법은 통하지 않는데 그렇다고 아이가 원하는 대로 마냥 해줄 수만도 없다. 그러다 보면 그 이상의 것을 부모에게 요구하게 된다. 그런데 자신의 요구에 대한 부모의 반응이 마음에 들지 않을 경우 폭력으로 돌아오는 것이다.

발달장애인의 과잉 행동은 원인을 좀처럼 알 수 없기에 대처하기도 쉽지 않다. 하지만 균도의 경우 전조 증상들이 있다. "누구누구 때릴 거야. 밀어 버릴거야" 라고 말을 한다든지 하면 우리는 그 누구누구를 피신시킨다. 하지만 이건 시작 언어가 있어 방어 태세를 갖추기 쉬운 양호한 경우다. 사실 대부분 밖에서 생활할 때 나타나는 과잉 행동은 시작과 동시에 바로 진행되기 때문에 무척 난감하다. 불특정 다수를 향해 질주할 때도 막을 방법이 별로 없다.

현재는 약물로 치료하고 있지만 이것은 보조제일 뿐 원인에 대해 많은 고민과 연구가 있어야 한다. 또 무엇보다 스트레스를 받지 않게 하는 것도 중요하다. 아이의 상태에 대한 정보도 모두가 긴밀하게 공유해야 한다. 보통 균도가 복지관에 갈 때는 글이나 전화로 균도가 집에서 어떤 상태였는지를 자세히 교사에게 전달한다. 교사들도 균도의 그날 상태에 대해 자세히 묻곤 한다. 숙면을 취하지 못한 날은 과잉 행동이 심해지기도 하기 때문이다. 어쩌면 비장애인이 컨디션이 나쁠 때 평소와는 다르게 신경질적인 반응을 한다든지 하는 것처럼 균도도 스트레스를 받을 때 그렇게 행동한다고 할 수 있다.

또 매일매일의 반복 훈련과 교육 역시 중요하다. 나이를 떠나 평생교육이 필요한 대상인 것이다. 그래서 평생교육 센터를 요구하는 것이기도 하다.

하지만 여전히 아무도 과잉 행동의 원인에 대해서는 정확히 알지 못한다. 이는 자폐에 대한 연구가 여전히 미진한 때문이기도 하다.

오늘도 고민이 깊다.

오늘도
무사히

        균도가 약을 먹었다. 오늘은 여느 때보다 빨리 잠에 든 것 같다. 약이라는 것이 안정보다는 잠을 청하게 된다는 것이 약점이다. 어린 시절에도 잠을 너무 많이 자서 먹던 약을 끊은 적이 있다. 어제는 하루 종일 낮잠을 자더니, 이른 저녁에도 다시 잠자리에 들었다. 사회생활을 해야 하기에 어쩔 수 없이 이 선택을 했다. 물론 나의 선택이라기보다는 의사의 소견을 믿어 보기로 했다. 우리 집에는 방이 세 개다. 부부가 쓰는 안방과 아들 둘이 각자 자기 방으로 쓰는 방이 있다. 그렇지만 나는 언제나 거실에서 잔다. 별일이 없으면 아홉 시만 돼도 자리를 펴는 균도 엄마랑 취침 시간이 다르기도 하고, 균도 곁에 있어야 하기 때문이기도 하다.

    오늘은 피곤해서 일찍 잠자리에 들었다. 하지만 열 시 전에 잠이 들면 한 시간도 자지 못하고 다시 일어나야 한다. 거실에서 잠을 자고 있으면, 균도가 나와서 컴퓨터를 한다. 자기 방에도 컴퓨터가 있지만, 늘 내 주변을 얼쩡거린다. 오늘도 내 얼굴을 보더니 씩 웃어 보이며, 컴퓨터를 켠다. 아빠가 일어나는 시늉을 하자 다시 "자야지" 하더니 자기 방으로 건너간다.

    방의 불이 일찍 꺼진다 해도 어둠 속에서 혼자 놀 때가 많다. 대개 새벽 두 시가 되어야 잠이 든다. 그사이 괴성도 지르고, 예전 기억을 떠올리는지 웃기도 하고 울기도 한다. 무슨 일이 일어날지 몰라 난 언제나 균도 방에 귀를 기울인다. 자폐를 안고 태어난 우리 아들. 처다보기만 해도 괜스레 미안하다.

    오늘은 약을 먹어서인지 열두 시 전에 균도 방에 불이 꺼졌다. 그래도 영 마음이 쓰인다.

균도 방에서 인기척이 느껴져서 보니 화장실 가는 소리다. 뒤따라가서 신변 처리를 잘하는지 지켜본다.

"가서 잘기가?"

"네, 잘 거예요. 아빠 안녕히 주무세요."

균도가 착하게 다시 잠자리에 든다.

힘든 하루였지만, 오늘 하루 무사히 보낸 것에 감사한다. 내일은 또 어떤 일이 일어날까……

날이 밝으면
떠날 아들에게

                 균정이 방문을 열어 보니 익숙한 놈이 앉아 있다. 호시탐탐 기회를 노리더니 균도가 균정이 방을 점령했다. 균도 방보다 균정이 방이 조금 크다. 균정이 책상 때문에 그렇게 정했다. 균도는 언제나 큰 방을 노렸지만, 공부하는 균정이에게 양보하도록 했다. 그런데 오늘부터 그 방에서 지낸단다. "균도, 어디서 잘 거야?" 엄마가 물으니, "균정이 방에서 잘 거예요" 한다. "균정이 없으면 이 방에서……." 몇 번이고 이야기하며 깔깔거린다.

    균정이는 올해 기숙형 공립학교인 부산 기장 고등학교에 입학했다. 날이 밝으면 기숙사로 들어간다. 균정이한테 학교생활의 즐거움을 온전히 느끼게 해주고 싶어서 일부러 기숙사가 있는 학교를 선택했다. 또 형하고 떨어져 있는 시간을 가지면서 균정이도 스스로 성숙하길 바랐다.

    자기 방에서 자던 균정이가 거실에서 잠을 청하던 내 곁에 와 슬그머니 눕는다. 낯선 생활을 앞두고 아빠와 밤을 보내고 싶은 모양이다. 균도만 쳐다보고 산 세월. 균정은 항상 이해한다고 이야기한다. 어느새 나만큼 훌쩍 커버린 우리 막내. 편애한 것은 아니다. 균도는 마음으로 키웠고, 균정은 눈으로 키웠다. 균도 방 앨범에서 균정이 어린 시절 사진을 본다. 균정아, 기숙사 생활 열심히 잘하고 먹고 싶은 거 있으면 아빠에게 문자 보내라. 가까운 학교지만 떠나보내는 부모 마음은 그렇지 않다. 사랑하는 내 아들 균정, 다시 보니 많이 컸구나. 고등학교가 대학 가는 길목이 아니라 인생에서 가장 행복한 시간이 되길 바란다.

    남아 있는 균도가 여전히 웃음을 주지만 집이 휑하다.

오늘은 또
어떤 일이

어제는 너무 힘들었다. 균도가 하도 졸라 놀이공원에 다녀왔다. 균도 손을 잡고 놀이공원을 누볐지만, 실상은 질질 끌려다니는 형국이었다. 나이가 들면서, 점점 혈기 왕성해지는 균도와 함께 다니는 것이 힘에 부치고 그만큼 더 신경이 쓰인다. 놀이공원에서도 몇 차례 난동을 부렸다. 기다릴 줄 모르는 균도는 놀이기구를 태워 주지 않는다고 옆에 있는 친구들에게 과잉 행동을 했다. 같이 나들이 나왔던 가족에게는 무슨 봉변인가.

요즘은 균도의 허리춤을 잡고 다닌다. 이것이 내가 균도를 제압할 수 있는 유일한 방법이다. 그런데 최근엔 이 방법도 잘 통하지 않는다. 나보다 힘이 더 세져서 쉽게 뿌리치기 때문이다. 심할 경우에는 갑자기 이빨로 자기 손가락을 물어뜯으며 폭발한다. 내게도 주먹을 날리거나 발길질을 한다. 정말 힘들다.

사실 균도는 지난주에 복지관에서 폭력을 행사한 사건으로, 이번 주 한 주간, 집에서 가정학습을 해야 한다. 게다가 다음 주는 복지관 여름방학이다. 그나마 복지관에라도 다닐 수 있으니 다행이지만, 한 곳에 입소해 다닐 수 있는 기간은 2~3년에 불과하다. 그 기간이 지나면 또 다른 복지관을 알아봐야 한다. 복지관을 다닌다 해도 늘 불안하다. 사회복지사 한 명이 일고여덟 명의 발달장애인을 돌봐야 하기 때문이다. 맞춤형 프로그램이 아니다 보니, 아이들의 스트레스도 심해지고 결국 과잉 행동으로 문제를 일으키게 된다. 과잉 행동이 힘들어 복지관을 찾는 것인데, 과잉 행동 때문에 복지관에서 퇴소 권고를 받아야 하는 현실. 어떻게 해야 할까?

알바연대
알바노조

가을로 달려가니 해가 많이 짧아졌다. 덥지만 여름은 간다. 여름 두 달간은 다른 일정이 없으면 송정을 지킨다. 집사람이 갑상샘 수술 후 밤에 일을 못하게 된 뒤부터는 저녁 일곱 시부터 새벽 한 시까지 내가 해변가 커피숍에서 일을 한다. 아르바이트를 쓰기에는 그만한 수입이 나오지 않는다. 돈은 모두 집사람 차지다. 오늘도 난 무급 알바 나왔다.

나도 알바노조 가입해서 우리 마누라 압박하고 싶다.

난 지금 '알바'를 하는 곳이 몇 군데 있다. 알바라고 하기 어려울지도 모르지만 장애인부모회에서도 상근이지만 상근비를 받지 않고 일하고 있다. 사실 사업 등록증이 내 앞으로 되어 있으니 사업주이기는 하다. 어쨌든 상근비는 활동비로 책정되어 있는 월 50만 원이 전부다.

그리고 집사람 일을 돕는 게 또 다른 내 일이다. 나름 오랫동안 어깨 너머로 배운 게 있어서 아내가 자주 부려 먹으려 한다. 물론 이곳도 무급이다. 이것마저도 하지 않으면 밥을 얻어먹는 데 문제가 있다.

그런 내가 알바연대 회원으로 꼬박꼬박 알바노조 후원금을 내고 있다. 아예 알바노조 노조원으로 가입해 사업주 마누라를 압박하고 싶은 마음도 굴뚝같다. 호시탐탐 파업 기회를 노리고 있지만, 마누라의 서슬 퍼런 눈앞에 파업은 언제나 마음뿐이다. 그나저나 이런 마음을 알고 마누라가 밥 안 준다 하면 우짜지? 바람이 서늘하다.

내가
만일

아침에 송정 바닷가에 장사 준비를 위해 다녀오고 하루 종일 균도랑 집에 있었다. 지난주에 못 본 드라마 〈굿 닥터〉를 본다. 요즘 빠뜨리지 않고 보는 것은 이 드라마가 전부다. 남자 주인공 주원이 자폐인이다.

오늘은 주원이 여주인공을 위해 〈내가 만일〉이라는 노래를 불렀다. 그 노래를 듣고 있자니 눈물이 흐른다. 이 노래는 나와 균도에게 특별한 노래다. 균도가 내게 처음 불러 준 노래가 이 노래였다. 초등학교 다닐 때 노래방에 갔을 때였는데 그때도 나는 무지 울었다. '내가 만일'이라는 가정법. 만일 균도가 발달장애인이 아니었더라면……. 사실 이런 생각을 자주 한다.

그 노래를 듣고 있자니 괜스레 울적해진다. 방에서 컴퓨터를 하고 있는 균도를 불러 다시 노래를 불러 달라 했다. 노래를 부르는 청년 균도의 모습에서 어릴 적 균도의 얼굴을 찾아본다.

"아빠랑 재미있게 놀아요!"

노래를 다 부르더니 균도가 이야기한다. 지금도 그때처럼 행복하다고 이야기하지만, 스물이 넘은 청년이 아직 아빠랑 집에서 놀고 있다. 그래 우리 언제나 친구처럼 놀자. 괜한 생각 말고, 그저 우리 모습대로 열심히 살자. 열심히 …… 그런데 눈물이 난다.

안녕들
하십니까?

　　　　　　　전 안녕하지 못합니다. 오늘은 복지관 주간 보호 센터에서 균도가 과잉 행동을 보인다고 연락이 와서 부리나케 균도를 찾아왔습니다. 아침에 맡겨 놓은 아들이 한 시간 만에 사고를 쳤다고 하는군요. 선생님이 보이지 않을 때 균도가 다른 아이에게 발길질을 하고 거울 앞에서 고함을 질러 댔다고 합니다.

　　균도의 상태가 안정된 것 같아 먹는 약을 조절했더니 이런 일이 또 일어나네요. 나도 참 약한 아빠입니다. 다른 아이에게 이런 일이 발생하면 사회복지사에게 문제를 따지는 편이지만, 막상 균도 일이 되니 그럴 수가 없네요. 기장군청 사회복지과 실장에게 한소리하는 게 전부입니다. 장애인 주간 보호 센터를 시작할 때 목표가 성인 발달장애인 문제를 책임지는 것이었으니 그렇게 해달라고 말이죠.

　　장애인 주간 보호 센터는 균도와 같이 가정에서 돌보기 힘든 아이들이 있어야 할 곳입니다. 그런데 요즘은 그런 아이들보다 사회복지사의 지시에 순종하는 아이들이 있는 곳으로 변해 가는 것 같습니다. 현재 제도적 여건상 어려움이 있다는 것은 잘 알고 있습니다. 현장에 있는 사회복지사들만의 문제가 아니라는 점도 잘 알고 있습니다. 아니, 그분들이 이 문제를 더 잘 알고 있습니다. 그런데 정부만 외면하고 있습니다.

　　발달장애인법. 알맹이는 다 빼버린 정부안이 나왔습니다. 다시 움직여 볼 때가 된 것 같습니다. 힘든 세상이지만 힘을 내서 균도와 다시 나가 보렵니다.

그런데 균도야 …… 난동은 좀 부리지 마라. 제발 …… 부탁이다.

2014년 2월 5일 ◆

집에 들어오면 균도가 인사를 한다. "안녕하십니까?" 균도는 아무리 가족이라도 이 인사밖에 할 줄 모른다. 낮춤말도 모르고 동생에게도 누구에게도 안녕하십니까 한다. 한동안 안녕들하십니까 열풍이었다. 이 사회에 대한 젊은이들의 아우성이었다.

내 생각에 균도도 안녕하십니까 하면서 자기 처지를 이야기하는 것 같다. 다들 행복하십니까? 이렇게 묻고 있는 것 같다.

균도는 하루가 어땠을까? 아침에 일어나서 밥을 먹고 복지관 차를 타고, 복지관에서 생활하다 다시 집으로 돌아와서 자기 방에 틀어박힌다. 균도는 자기 의지로 갈 곳이 없다. 그래서 한 번씩 자기 방에서 운다. 혈기 왕성한 청춘이 갈 곳이 없어 서러워 우는 것 같다. 쳐다보는 나의 눈에도 눈물이 고인다. 한창 여기저기 쏘다닐 젊은 날, 균도는 자기 방에 갇혀 있다. 아니 사회의 한구석에서 아우성을 치고 있다. 이제 우리가 균도와 같은 발달장애인들도 어디든 다닐 수 있는 세상을 만들어야 하지 않을까?

경기도 지역 장애인 자립센터 친구들이 부산으로 놀러 올 계획을 짜고 있다. 그런데 참 만만치가 않다. 휠체어가 있는 여행이기 때문이다. 세상은 이렇다. 사람도 등급이 있고 그에 따라 차별이 존재한다.

오늘 아침 균도가 또 나에게 인사한다. "안녕하십니까?"

아들들은
전쟁 중

늦게 가게 뒷정리를 하다 느지막하게 집으로 돌아왔다. 요즈음은 새로 시작하는 집안의 소일거리로 가게 뒷청소는 내 몫이다. 어제는 균도와 함께 시내 외출을 다녀왔다. 내가 아무리 중요한 일정이 있다고 이야기해도 균도 엄마는 가게 일을 도와 달라고 묵묵부답이다.

어제도 내 외출을 허락하는 조건으로 균도와 함께 가라고 했다. 그래서 부모회 사람들과 함께 균도를 데리고 〈또 하나의 약속〉을 보았다. 영화관에서도 균도의 식탐이 빛을 발한다. 그렇게 큰 팝콘 한 봉지를 다 먹고 또 다른 봉지에 손을 댄다. 그런데 영화를 보고 집에 데려다 났더니 옆에 있는 사람들에게 주먹질을 하며 행패를 부렸다고 한다. 저녁에 균도와 출판기념회에 가려는데 균정이가 충고한다.

"아빠 조심해라."

오늘 집에서 행패를 부려서 하는 말이다. 안 봐도 안다. 균정이와의 갈등 때문이다. 둘 사이는 요새 전쟁이다. 균정은 이해심 깊은 동생이긴 하지만 가끔 신경질을 부린다.

출판기념회에 들렀다 가게 뒷정리 후 집으로 돌아왔다. 내가 주차하는 사이 균도는 먼저 집으로 들어간다. 이윽고 균정이의 아우성이 들린다. 내가 집으로 들어가자마자 균정이는 내 옆에 앉아 흥분한 목소리로 말한다.

"아빠, 균도 형아 정상이다. 들어오자마자 내보고 죽이삐까 ○○놈아 이런다."

균도가 아침부터 균정이랑 싸우고 난 뒤 이기지 못했다고 생각해서인지 복수를 한 것이다. 듣는 것이 있어 욕도 잘한다. 내가 죄인이다. 무심코 아이에게 던진 욕설을 균도가 익힌 것 같다. 경상도 아빠가 무심코 던지는 말 한 마디 때문이다. 반성한다. 아무튼 균도의 과잉 행동이 주변인들을 힘들게 하고 있다. 균정을 다그치고 균도를 구슬러 보지만 비장애인 형제들도 사실 이맘때는 다툼이 있는 법이니 곧 지나갈 수순이라 생각하고 싶다. 균정이가 기숙사 생활을 청산하고 집으로 돌아오니 마찰이 잦아진다. 균정이가 기숙사에서 오지 않는 평일에 균도는 균정이 방에서 잠을 잔다. 자기 방보다 균정이 방이 넓어서다. 그런데 이제 균정이가 매일 집에 있다 보니 싫은가 보다.

둘은 불이 된다. 쳐다보는 부모 마음은 다급해진다. 발달장애인은 바깥에서 여덟 시간을 보내지만 집에 머물러 있는 시간은 열여섯 시간이다. 학교나 복지관에서 아이 때문에 힘들다고 선생님들은 하소연하지만 부모나 가족은 두 배의 시간을 같이 보내야 한다. 오늘 우리 집 일을 보면서 또 다른 곳에서 힘들어할 발달장애인 가족을 생각하게 된다.

오늘을
산다

아침 일곱 시부터 해변에서 균도 엄마가 운영하고 있는 커피숍 문을 연다고 나갔다가 주차장에서 길냥이 가족을 마주쳤다. 엄마 고양이와 새끼 고양이 세 마리. 길에서 새끼를 키우느라 얼마나 힘들었을까?

오늘 같이 비 오는 날엔 균도가 반복어를 더 심하게 한다. "반도반도반도…… 카메라카메라카메라…… 에메랄드 엠비씨…… 니스서서스미스……." 밥을 먹고 나서도 끝없이 과일이나 과자 같은 걸 요구하는 통에 엄마도 지쳐 간다.

자폐 장애는 언제쯤 나아질까? 아마 우리 생이 끝날 때까지 반복되겠지. 이래서 발달장애인이 성인이 되면 시설에 보내는 수순을 밟곤 한다. 하지만 그곳에 가면 그들의 인권은 보호를 빙자해 끝이 난다. 차를 몰고 집으로 돌아오는데 마음이 무거웠다. 진정 내가 하는 일이 균도에게 잘하고 있는 일인지 혼자서 되물어 보았다.

어느 부모들은 발달장애인 자녀를 시설이나 그룹홈에 보내 놓고 눈물로 세월을 보낸다. 아이가 빠져나간 자리는 쉽게 채워지지 않겠지만 얼마간은 넓어 보이던 빈 자리가 시간이 지나면 일상이 될 수도 있다. 그룹홈에 있던 아이가 주말에 돌아오면 처음엔 반갑다가도, 이내 돌아가는 날을 기다리게 된다고도 한다.

우리는 흔히 발달장애인이 그룹홈이나 복지관의 주간 보호 센터에서 자립 생활을 한다고 이야기한다. 그러나 자기 방에만 틀어박혀 있는 것이 진정한 자립 생활이 될 수 있을까? 발달장애인의 자립 방식은 신체장애인들과는 좀 다른 방식이 되어야 할 것 같다. 자립 훈련의 문제는 언제나 고민이다.

어제는 아는 지인이 나에게 균도를 그룹홈에 입소시키는 게 어떻겠냐고 권했다. 과연 그것이 정답일까? 현재 재가 장애인이 선택할 수 있는 것은 낮 시간은 주간 보호 센터, 밤에는 그룹홈 아니면 생활 시설이 전부다. 발달장애인의 부모들은 그런 선택지들 가운데 하나를 골라야 한다. 내가 데리고 있는 것이 과연 애에게 도움이 될까? 전문가의 교육을 받으면 더 나아지지 않을까? 돌아오는 길에 별생각이 다 든다.

현재 발달장애인에 대해 관공서에서는 활동 보조 서비스를 지원한다고 하지

◆◆◆
그룹홈

대규모 장애인 수용 시설에 대한 대안으로 등장한 주거 형태로 지적 장애인 서넛이 가정을 이루어 살아간다. 장애인도 비장애인들이 살고 있는 통합된 지역사회에서 생활하는 것이 당연하다는 철학에 근거해, 주로 비장애인들이 살고 있는 지역사회 내의 주택에서 소수의 장애인들이 공동으로 생활하는 형식으로 운영된다. 자립 생활, 사회 적응, 지역사회와의 유대 등을 학습하며 살아갈 수 있도록 사회복지사가 함께한다.

그룹홈에서 지내려면 어느 정도 자조 기술이 있어야 하고 감정 조절이 안 되어 생기는 폭력성이 없어야 한다. 또 지역사회에서 이동할 수 있으려면 위험을 인지하고 상황을 판단할 수 있는 인지능력과 도움을 요청할 수 있는 의사소통 능력이 있어야 한다. 그래서 균도와 같은 중증 장애인들은 불가능한 경우가 많다.

실제로는 낮 시간엔 주간 보호 센터에 있다가 밤에는 그룹홈에서 생활하고 주말에는 부모가 있는 집으로 돌아가는 식으로 운영된다. 맞벌이 부부로 아이를 돌볼 수 없을 경우 많이 이용하며 부모가 한 달 생활비 20만~30만 원을 부담해야 한다.

만 월 1백 시간 내외의 시간을 제공하는 것뿐이다. 주간 보호 센터가 주중에는 발달장애인에게 갈 곳을 제공하기는 하지만 현재 주어진 활동 보조 시간만으로는 보호 센터를 오가는 시간밖에 쓸 수 없다. 발달장애인, 그중에서도 중증 발달장애인의 자립 생활. 부모는 나이가 들어가고 영원히 같이 살 수 없는데, 언젠가는 헤어져야 하는데, 지금부터 그 훈련이 시작되어야 하는데……. 발달장애인에게는 일대일 서비스가 필요하다. 같이 살고 싶은데 언제까지 이렇게 살 수 있을까? 돌아오는 차 안에서 많이 울었다.

출마의
변

　　　　이번 6·4 지방선거에서 부산시 기장군의원 선거에 출마하려 합니다. 많은 고민 끝에 결론을 내렸습니다. 제 자식이 장애인이라 장애인 차별 문제로 시의회, 군의회를 다니다 보니 당사자가 아닌 부모라고 그저 민원으로 치부되는 경우가 많았습니다. 그 한계를 극복하고 싶었습니다. 그렇다고 해서 제가 장애인 부모 운동을 포기하는 것은 아닙니다. 앞으로 무엇을 하던지 제 삶의 뿌리는 장애인 부모 운동입니다. 균도가 살아야 할 곳이 지역사회이기에 균도가 잘 살 수 있는 지역사회 모델을 만들고 싶습니다.

　　선거에 나가는 것이 군의원이 되어서 일하겠다는 포부 때문만은 아닙니다. 균도와 세상걷기를 통해서 전국적으로 저와 균도 이야기를 전달했지만 정작 지역에서는 잘 모르고 있습니다. 선거 기간 동안 우리 이야기를 지역민에게 알리고 싶습니다.

　　제가 하려고 하는 운동은 장애 운동과 사회복지 운동, 그리고 탈핵 환경 운동입니다. 기장은 원자력발전소로 인해 피해가 많은 지역입니다. 그래서 저는 2년 전 한수원을 상대로 지역민의 건강권 소송을 제기했습니다. 그러나 한계를 느꼈습니다. 선거를 통해 제가 사는 지역사회에서부터 장애인 이야기와 탈핵, 사회복지 이야기를 해야겠다고 생각했습니다. 저는 이 모든 것이 지역에 기반을 두고 이루어져야 한다고 생각합니다.

　　저는 기장을 사랑합니다. 제가 살고 있는 곳이기도 하지만 앞으로 내 아들 균도가 살 곳이기도 합니다. 이 지역에서 힘차게 일하고 싶습니다.

많은 분들이 저에게 무소속을 권유했지만, 저는 노동당 후보로 지역 일꾼이 되려 합니다. 균도와 함께 세상을 나설 때 우리 부자 손을 맨 처음 잡아 준 곳이 진보신당, 지금의 노동당입니다. 균도와 함께 세상을 바라보게 한 곳도 노동당입니다. 균도와 세상걷기를 제안한 곳도, 1차부터 5차까지 끊임없이 연대해 준 곳도 진보신당, 지금의 노동당이었습니다. 비록 힘은 미약하고 돈도 조직도 없지만, 우리에게 관심을 가져 주고 성원하신 분들에게 상처를 줄 수 없습니다. 아픈 상처를 가진 발달장애인 가족을 제대로 안아 준 그들과 함께하려 합니다.

거창한 슬로건보다 진정성을 가져가면서 선거를 치루고 싶습니다. 균도와 함께 균도 아빠가 아닌 이진섭으로 선거에 나갑니다. 결코 부끄럽지 않은 균도·균정이 아빠가 되고 싶습니다. 선거운동은 '균도와 세상걷기'처럼 기장 지역구를 균도와 함께 누비겠습니다. 저는 자신 있습니다. 그리고 절박합니다. 왜냐하면 저는 장애인의 아빠이기 때문입니다. 비록 힘은 미약하지만 많은 분의 도움과 성원 부탁합니다.

◆ **2014년 6월 2일**

하루 종일 마음만 앞서고 몸이 천근만근이었다. 새벽에 일어나서 피켓을 들고 거리로 나섰다. 명함을 들고 동네방네 소리치며 다니지만 큰 정당이라는 장벽 앞에 막막하기만 하다. 그들 앞에서 우리 목소리를 낸다는 것이 너무 힘들다. 아침 출근 선전전을 하고 균도와 함께 사무실 소파에 누웠다. 균도는 역시 나에게는 위안덩어리. 균도를 안고 있으니 세상 시름을 잊는다.

오후엔 균도와 함께 선거운동에 임했다. 균도는 하얀 도화지에 자필로 "균도 아빠 꼭 찍어 주세요. 우리 아빠 기호 4번입니다" 라고 썼다. 유세를 하면서 균도를 쳐다보니 눈물이 났다. 유세를 하다 울어 버렸다. 함께하던 장애인들과 장애인 부모들도 같이 울었다. 감히 우리의 꿈을 안고 나선 선거. 이제 하루밖에 남지 않았지만 후회는 없다. 결과를 위해 달려가기보다는 내가 하고 싶은 말 한없이 쏟아 낸 과정이 더 중요했다고 생각한다. 차를 몰고 한 저녁 유세에 많은 사람들이 손을 흔들어 준다.

우리 균도

소득 보장 없는 발달장애인법은 껍데기뿐

80여 명의 발달장애인 당사자와 부모가 삭발을 단행했다. 발달장애인법제정추진연대(이하 '발제련')는 2014년 4월 10일 여의도 이룸센터 앞에서 2년째 국회에서 계류 중인 발달장애인법의 4월 내 제정을 촉구하며 총력 결의대회를 열었다. 삭발 참가자 중에는 발달장애 자녀와 함께 삭발식에 참여한 부모도 있었으며, 3년 동안 총 3천 킬로미터 전국 도보 행진을 하며 '발달장애인 균도와 걷는 세상이야기'로 발달장애인법 제정 촉구를 해온 이균도 씨도 삭발에 나섰다.

발달장애인의 소득 보장, 개인 맞춤형 서비스 등을 주요 골자로 하는 발달장애인법은 2012년 5월 30일 국회 1호 법안으로 발의되었으나 여전히 답보 상태다. 2013년 3월 보건복지부는 업무 보고에서 2013년 연내 제정을 약속했고 같은 해 4월 국무총리실에서도 연내 제정하겠다고 발표했으나 무산된 바 있다.

발제련은 올해 1월 13일부터 4월 8일까지 복지부와 총 다섯 차례 협상을 진행하고 결의대회가 열리는 당일에도 복지부와 최종 협상을 통해 소득 보장을 제외한 모든 부분에서 극적 타결을 이뤘다. 그러나 가장 예산이 많이 드는 소득 보장이 약속되지 않으면 발달장애인법은 '껍데기뿐'이라는 비판이 강하다.

이날 삭발식 현장에서는 삭발에 나선 발달장애인 부모 및 당사자들이 쓴 삭발 결의문이 낭독되면서 분위기가 더 숙연해졌다. 참가자들과 이를 지켜보고 있던 이들 모두 눈물을 쏟아 냈다.

전국장애인차별철폐연대 박경석 상임공동대표는 "성인이 된 아이들이 일하지 못해도 최소한의 인간다운 삶을 살 수 있도록 소득 보장을 해야 한다" 라며 "발달장애인법에 부양의무제를 적용하겠다는 건 사기다. 부양의무제 폐지도 소득의 문제다" 라고 지적했다.

한편, 발제련은 결의대회에 앞서 사전 대회로 늦은 2시 '이름 없이 죽어 간 발달장애인 추모제'를 열었다. 지난 3월 광주에선 발달장애 확진 판정을 받은 장애아동(5세)을 둔 일가족이 "아들이 발달장애로 아빠, 엄마도 알아보지 못해 마음이 아프다. 발달장애를 앓고 있는 아들을 치료하는 과정이 너무 힘들다"라는 등의 유서를 남기고 아들과 함께 연탄불을 피운 채 생을 마감했다.

또한 지난해 11월 서울 관악구에선 발달장애아들을 둔 40대 아버지가 "이 땅에서 발달장애인을 둔 가족으로 살아간다는 건 너무 힘든 것 같다"라는 유서를 남기고 아들을 살해한 뒤 자신 또한 나무에 목을 매고 숨진 바 있다.

결의대회를 마친 발제련은 4월 임시국회에서 '제대로 된' 발달장애인법 제정을 촉구하며 여의도 이룸센터 앞에 천막을 치고 농성에 돌입했다.__『비마이너』(2014/04/10)

발달장애 가족의
죽음에 부쳐

광주의 한 아파트에서 아들의 발달장애로 고민하던 부부가 아들과 함께 유명을 달리했다는 소식을 접했다. 방안에는 연탄불 세 장이 피워져 있었으며 노트 네 장가량의 유서가 발견됐다. 유서에는 발달장애를 앓고 있는 아들을 치료하는 과정이 너무 힘들다는 내용이 적혀 있었다. 최근까지 광주 한 대학병원에서 치료를 받아 왔던 발달장애 아들은 열흘 전 발달장애 확진 판정을 받았으며 장애 신청은 현재까지 하지 않은 것으로 확인됐다.

언제까지 우리는 이렇게 살아야 할까? 내가 생각해도 균도를 키우면서 가장 좌절한 시기가 균도가 발달장애 확진을 받던 날이었다. 그날 균도 엄마랑 얼마나 울었던지 지금도 눈물이 난다. 그 생각에 온종일 멍한 채 시간을 보냈다. 여전히 우리는 가족 중에 장애를 가진 사람이 있다고 하면 가족 전체를 불행과 절망으로 몰아넣는다고 생각한다. 나 역시 그렇게 생각하던 시절이 있었다. IMF 위기는 우리 가족을 비켜 가지 않았다. 당시 사업이 부도가 나 살 길이 막막했다. 빚을 독촉하는 전화가 매일 울려 대고 우편물이 쌓여 갔다. 균도가 눈에 밟혔다. 남은 사람이라도 잘살 수 있게 하자는 생각에, 집에는 말하지 않고 바닷가에 균도 손을 잡고 나갔다. 못 먹는 술을 몇 병이나 마셨다. 그냥 뛰어내리고 싶었다.

그런데 옆에서 혼자 재잘거리던 균도가 갑자기 말을 건넸다. "아빠 왜 우나요?" 그러더니 하는 말. "아빠 살려 주세요." 그 순간 눈물이 핑 돌았다. 아, 내 인생이 아니었구나……. 균도도 자기 인생이 있었던 것이다. 난 그 순간을 지금도 잊지 못한다. 그 기억으로 지금도 균도 손을 꼭 잡고 걷고 있다.

집에서 안타까운 시간을 보내기에는 세상이 우리를 너무 모른다고 생각했다. 그래서 이제 막 성인이 된 아이와 함께 손을 잡고 집을 나섰다. 그리고 무작정 서울까지 걷기 시작했다. 발달장애인에 대해 바로 알리기. 그것이야말로 우리가 지역사회에서 살 수 있는 길이라 생각했다. 발달장애인 자식을 세상 속으로 밀어 넣으며, 장애인도 당신 옆에서, 같은 공기를 마시며 살 수 있다는 것을 알려주고 싶었다. 어린 시절 아빠의 판단으로 세상을 등졌다면 이런 오늘은 없을 것이다. 균도는 지금 부산 기장의 한 구성원으로 당당하게 살아가고 있다. 균도로 인해 공무원들도 많이 바뀌어 가고 있다.

장애인 부모로서 감히 이렇게 제안한다. 죽음을 결심한 그 막바지의 마음으로 아이의 미래를 위해 같이 길을 나서자. 그 길에서 우리와 함께 힘을 모은다면 반드시 우리가 원하는 세상을 맞이하리라 생각한다. 우리 아이의 미래를 우리가 가로막을 수는 없다. 단언컨대 장애가 있는 아들일망정, 선택은 우리의 몫이 아니라 그들의 결정이어야 한다. 오늘의 참담함을 글로 다 담지 못하고 마음만 무겁다. 그렇지만 자식을 사랑하는 마음으로 세상 속으로 들어가 보자고 말하는 게 내가 할 수 있는 최선이다.

균도는 2013년, 기장 군민 대상 향토 봉사 부문상을 받았고, 올해는 아빠와 초록활동상 등 각종 탈핵 상을 받았다.

발달장애인법이 29일 국회 본회의를 통과했다. 발달장애인법은 지난 2012년 5월 19대 국회 첫 법안으로 발의돼 예산 문제로 2년 여간 국회에 계류 중이었으며, 이날 본회의에서 재적 의원 186명 중 찬성 181명, 기권 5명으로 가결됐다.

전국장애인부모연대(아래 부모연대) 김기룡 사무처장은 "발달장애인법은 발달장애인 특성에 맞는 지원 체계의 근거가 되는 법이다. 모든 연령에 걸친 발달장애인과 그 가족을 대상으로 권리를 보호하고 서비스를 보장하는 내용으로 구성됐다" 라며 "법 제정을 통해 발달장애인이 지역사회에서 다양하게 활동하며 권리를 보장받고, 개인이 원하는 서비스를 원하는 곳에서 받을 수 있는 환경이 만들어지리라 기대한다" 라고 전했다.

한국장애인단체총연맹 이문희 사무차장은 "법이 마련된 것은 평등의 한 걸음을 내디딘 것에 불과하다. 예산, 전문가, 프로그램을 마련하고 지방자치단체에서 조례를 제정하는 데 힘찬 투쟁이 없으면 이름뿐인 법이 될 것이라는 우려가 있다" 라며 "앞으로도 연대의 힘으로 발달장애인이 평등한 삶을 살도록 노력해야 한다" 라고 밝혔다.

부모연대 민용순 부회장은 "발달장애인법이 제정되기까지 수많은 눈물을 흘렸다. 발달장애인 염전 사건이나 광주 가족 자살 사건은 우리가 좀 더 이런 법을 빨리 만들었으면 일어나지 않았을 것"이라며 "앞으로 시행령과 3년 뒤 소득보장 조항을 잘 만들어 우리가 지역사회 주인공으로 나서자" 라고 강조했다.

이날 가결된 발달장애인법은 1년 6개월 뒤 본격 시행에 들어간다. 아직까지 시행령이 확정되지 않은 상태이며, 애초 발의안에 들어 있던 발달장애 가족들에 대한 소득 보장도 빠져 있는 상태다. 또한 그 설치가 명시된 발달장애인 지원 센터의 경우도, 특별시와 광역시에는 이를 의무화했으나 시·군·구 단위에서는 의무 사항이 아닌 것으로 되어 법의 적용에 한계가 있는 것으로 지적되고 있다.___『비마이너』(2014/04/29)

4부

달려라
우리 균도

내가 본
세상걷기

김유미__『비마이너』기자

2011년 봄 한 달 가까이 글로만 만난 균도와 균도 아빠에게서 서울의 경계를 넘었다는 연락이 왔다. 강남 고속버스터미널 근처에서 처음 만난 부자는 장애인부모회 어머니들에 둘러싸여 있었다. 부산에서 서울까지 고속버스를 타면 다섯 시간이면 충분히 도착할 거리이지만, 이들은 한 달을 꼬박 걸어 서울에 도착한 터였다. 그렇게 처음 만난 날, 다소 난데없어 보이는 효자손을 든 균도는 내게 이름과 사는 곳과 나이를 물었고, 그사이 균도 아빠는 방송사 카메라 앞에서 인터뷰하다 눈물을 보이고 있었다.

균도 아빠 이진섭 씨는 균도와 세상걷기를 시작하던 날부터 매일같이 자신들의 여정을 글로 정리했다. 나는 『비마이너』의 기자로 균도 아빠가 정리한 글과 사진을 정리해 인터넷에 옮겨 싣는 일을 시작하면서 이들의 여정에 함께하는 사람이 되었다. 매일 낯선 길을 걷고, 한 데서 밥을 먹고, 잘 곳을 구하고 그렇게 하루를 보내는 것만으로도 충분히 피곤했을 텐데, 균도 아빠는 억척스러울 만큼 글 약속을 지켰다. 노트북을 짊어지고 다니며 매일 밤 글을 써보냈다. 그간 자신에게 고인 무언가를 퍼내고 있는 것 같기도 했고, 할 말이 흘러넘치는 것 같기도 했다. 그렇게 39박 40일간 진행한 첫 번째 국토 행진에서 균도 아빠는 1백 편의 글을 썼다. 국토 행진을 마치고 집으로 돌아가서도 한동안 글을 보내왔다. 사람들이 알아주었으면 하는 것, 세상을 향해 하고 싶은 이야기가 너무나 많은 '간절

함'이 있는 사람이었다.

이 책에 실린 첫 번째 걷기 이후 국내에서만 네 차례 더 세상걷기가 진행됐다. 균도 아빠는 이후에도 계속 글을 썼고, 적극적으로 언론, 방송과 접촉하며 균도 이야기를 알려 나갔다. 어느 매체는 이들의 세상걷기를 암 투병 중인 아빠와 장애가 있는 아들의 감동적 여행기 정도로 소개하기도 했지만, 이들은 자신들의 이 행위를 '도보 시위'로 규정했다. 실제로 이들은 출발지에서 목적지까지 경찰에 집회 신고를 한 상태로 도보 행진을 해나갔다. '발달장애인 균도와 세상걷기'라는 글귀가 들어간 티셔츠를 맞춰 입고 장애아동복지지원법 제정, 발달장애인법 제정, 부양의무제 폐지 같은 자신들의 요구를 적은 작은 깃발을 만들어 들기도 했다. 장애인부모회가 있는 지역에 도착하면 그 지역 부모들과 도청, 교육청 앞에서 기자회견을 열어 장애인 가족의 눈물겨운 삶을 호소하기도 했다. 이 부자를 거듭해서 세상걷기에 나서게 한 것은 여전히 대책 없는 자신들의 삶, 장애인 가족의 삶이었다. 균도와 균도 아빠는 그 누구보다 이런 어려움을 필사적으로 알려 사회가 함께 적극적으로 방법을 찾아가야 살 수 있다고 믿은 것 같다. 아이와 함께 살기 위해 이것저것 안 해본 것 없는 아빠가, 사회 구석으로 몰릴 대로 몰린 한 가족이 선택한 길이었다.

온종일 밖에서의 일정으로 균도가 지쳐 있다. 혼잣말과 괴성, 자해 행위를 하는 것을 보니 힘든 것이 여실히 보인다. 일찍 숙소를 잡아 균도를 보고 있으려니 마음이 무겁다. 무엇이 우리를 거리로 내몰았는지 오늘도 나 자신에 물어보고 있다.

발달장애인의 부모로 세상을 향해 소리를 내고 있다. 그 외치는 소리 누군가는 듣겠지 하면서 아들의 손을 잡고 국토를 누빈다. 결코 메아리는 들리지 않지만, 언젠가는 이루어진다는 신념으로 오늘도 간다. __3차 세상걷기, 대전에서(2012/05/04)

균도와 균도 아빠는 2011년 3월 처음으로 부산에서 서울까지 세상걷기를 진행한 뒤, 그해 가을 곧장 부산에서 광주에 이르는 2차 세상걷기를 진행했다. 이들이 1차 걷기를 하며 요구했던 장애아동복지지원법은 그해 여름 국회 논의를 마치고 법 제정이 확정된 상태였다. 이에 2차 세상걷기의 목표는 '발달장애인법 제정'과 '부양의무제 폐지' 두 가지로 수정됐다.

장애인 당사자와 부모, 인권 활동가들로 구성된 장애인 운동 진영은 장애인이 사회 바깥으로 추방되지 않고 함께 살아갈 수 있도록 사회 안에 제도적 기반을 마련하는 운동을 여러 차례 진행해 왔다. 특히 2000년대 중반부터 거리로 나오기 시작한 장애아 부모들은 장애인교육지원법 제정 운동과 장애아동복지지원법, 발달장애인법 제정 운동에 많은 에너지를 쏟았다. 이들은 각 지역에서 장애인부모회를 조직하기 시작했고, 그간의 고통들을 사회를 향해 거칠게 내뱉었다. "내 아이를 위해서라면 감옥에라도 가겠다" 라며 정부청사 앞에서 시위하는 어머니도 있었고, 장애인교육지원법을 제정하라며 작은 현수막을 들고 차도를 점거한 채 농성을 벌이다 끌려가는 부모들도 있었다. '내 아이보다 하루 더 살고 싶다'는 눈물어린 바람이 부모들을 거리 위로, 정부기관 앞으로 불러 모았다. 장애인 부모 운동은 그렇게 아이를 위해, 자기 자신을 위해 법을 만들고 있었다.

1차 세상걷기의 목표였던 장애아동복지지원법이 제정되기까지도 4년여의 세월이 걸렸다. 장애인 부모들과 관련 전문가들은 법안을 만들고 국회를 찾아가 의원들을 만나고, 이후 국회 논의 과정에 의견을 표명해 가며 국회를 설득하고 압박하는 일을 해나갔다. 도심에서 대규모 집회를 열기도 하고, 삭발과 단식으로 그 간절한 마음을 표현하기도 했다. 균도 아빠 역시 그런 부모 가운데 하나였다. 균도 아빠는 이미 세상걷기 이전부터 부모 운동에 적극적으로 함께해 온 사람이었다. 장애인부모회, 장애인부모연대, 정당 등 균도와 같은 아이들의 세상을 넓히는 데 필요하다고 생각하는 활동은 가리지 않고 해왔다. 장애아동복지지원법은 고등학교 졸업을 앞둔 균도가 적용받을 수 있는 법은 아니었지만 이들은 장애인 부모 운동의 일원으로서 이 법의 제정 운동에 힘을 보탰다.

세상걷기에서 나는 중증 장애인에 대한 사회적 책임을 알리고 싶었다. 장애인으로 태어나서 전 생애 주기를 장애로 살아갈 수밖에 없는 발달장애인의 문제에 대해 사회는 재조명해야 한다.

유년기 시절은 그렇다 쳐도 나이가 들어가면서 발달장애인은 가족의 희생이 없으면 생을 유지하지 못한다. 사회의 편견과 시선 속에서 동네 나들이마저 불평등한 게 현실이다. 전염병 환자가 느끼는 그런 회피를 어린 시절부터 경험하게 되고, 대중의 놀림감으로 이용되어 불편한 시선의 주인공으로 살아간다. 내 돈 주고 밥을 먹어도 환영받지 못하고, 이해한다고 이야기하는 사람들도 뒤로는 불쌍하다고 이야기할 뿐 동정을 넘어서지 못한다.

균도는 사회에서 살아야 한다는 명제를 가지고 세상을 걸었다. 전국 22만 발달장애인의 꿈을 가지고 걸었다. 여기에는 480만 장애인의 염원도 숨어 있다. 균도와 세상걷기를 사회의 도덕을 회복시키는 계기로 만들고 싶었다.__2차 세상걷기를 마치고 부산에서 (2011/11/14)

2차 세상걷기부터는 성인이 된 발달장애인의 삶에 대해 본격적으로 말하기 시작하는데, 이들에게 원칙이 있다면 '장애인도 사회에서 함께 살아야 한다'는 것이었다. 균도 아빠는 아무리 개선된 장애인 생활 시설이라 할지라도 장애인을 이런 시설에 분리, 보호 수용하는 방식에 동의하지 않는다. 오히려 균도 아빠는 그런 입장들에 정면으로 맞서며, 어렵더라도 사회 안에서 함께 살 수 있는 새로운 방식을 찾아보자고 호소한다. 자신도 그 방법을 찾기 위해 길을 나선 것이고, 이 사회가 함께 고민하면 대안을 만드는 일도 훨씬 수월할 것이라 믿고 있다.

우리 균도

시설이 아니고서는 갈 곳이 없을까? 오늘도 길에서 답을 찾으려고 한다. 분명히 고민해 보면 할 수 있을 것 같다. 언제까지 발달장애인의 문제는 부모가 해결하고 난 뒤 안될 경우에만 국가가 2순위로 책임져야 할까?__2차 세상걷기 경남 하동에서(2011/10/09)

부양의무제를 없애야 한다고 주장하는 것도 마찬가지 이유에서다. 가족 안에서 부모나 다른 가족구성원이 장애인의 삶에 큰 기여를 할 수 있지만 그들에게 과도하게 책임을 전가하는 방식은 답이 아니라는 것이다. 도리어 지금은 가족에게 가중된 책임이 너무 무거워 심각한 폐해들이 발생하는 형국에 이르렀다. 장애아를 키우던 아빠가 부양의무제로 아이가 복지 서비스를 받지 못하게 되자 "나 때문에 아이가 못 받는 게 있다"며 스스로 목숨을 끊는 일이나 장애인 언니를 돌봐야 하는 부담에 짓눌린 동생이 "지쳤다"는 유서를 남기고 자살하는 일이 벌어지고 있는 것이다. 다섯 살 난 발달장애 아들의 치료가 너무 힘들다며 일가족이 연탄불을 피워 자살하고, 네 살배기 발달장애 아들을 안고 아파트에서 투신하는 그런 가족들이 한둘이 아닌 사회가 바로 이곳이다. 대부분의 부모는 아이의 성장 과정에서 내 아이가 또래와 확연히 다르다는 것을 아는 순간부터 갑자기 길을 잃은 사람과 같은 처지에 놓인다. 아이의 상태가 무엇인지 파악하고 무엇을 어떻게 해야 할지 대처해 나가는 데 도움을 주는 사회시스템이 제대로 마련돼 있지 않다. 이 때문에 가족이라는 단위 안에서 이 문제를 해결해 보려 전전긍긍하게 되고, 빠르게 지쳐 간다. 균도의 엄마, 아빠가 그랬듯 누구 하나는 아이에게 매달려야 하기 때문에, 번 돈은 전부 아이 치료에 퍼부으면서 가세가 기울어도 돈을 벌러 나가기 힘들다. 우리 사회는 어쩌면 이렇게 가족의 '부양의무'를 앞세워 장애인 가족이 경제적으로 심리적으로 지쳐 가는 것을 방조하고 있다. 부양의 의무가 가족에게 있다는 제도적인 원칙을 이야기하며 희생자들이 계속 생겨나고 있음에도 정부, 여당은 사회적 합의와 예산 문제를 들먹이며 이

죽음들을 방치한다. 국민기초생활보장법의 부양의무자 기준을 폐지하려는 운동 역시 세상걷기가 진행된 4년 여간 뚜렷한 성과 없이 답보 상태에 놓여 있다.

> 균도는 사회성이 부족한 자폐성 장애 1급이다. 부모는 그런 아이에게 가장 필요한 존재다. 그렇지만 그 필요를 사회에서는 역이용한다. 국민기초생활보장법상 부양의무제의 족쇄가 바로 그것이다. 1촌 간의 재산과 능력 유무로 그 많은 사회 서비스를 제한한다. 장애 가족이라는 멍울로 세상을 살아가는 것이 얼마나 힘이 드는데 장애인의 미래마저 책임지라고 하다니 …… 이런 독소 조항으로 얼마나 많은 부모가 세상을 버렸는지 …… 아이의 미래를 위해 위장 이혼도 불사하는 현실, 과연 사회가 할 짓인가 묻고 싶다.
>
> 균도 같은 발달장애인은 급수와 상관없이 움직이는 화약과 같다. 24시간 신경을 곤두세워야 한다. 활동 보조 서비스도 혼자 식사할 수 있다는 이유로 형편없이 적은 시간을 부여한다. 진정 우리가 원하는 복지사회는 얼마나 많은 고통을 이겨 내야 하는지 묻고 싶다.__2차 세상걷기, 강진에서(2011/10/18)

2차 걷기 이후 바로 다음 해인 2012년 봄, 이들 부자는 다시 3차 걷기를 진행한다. 2차 걷기를 마무리했던 광주에서 출발해 한 달여간 전북, 대전, 평택 등을 거쳐 서울까지 걷는 일정이었다. 지방 소도시로 갈수록 장애인 복지 수준은 더욱 열악했고, 부모 운동 역시 여력이 부족한 곳이 많았다. 그런 곳에서 균도는 귀한 손님으로 환영받았다. 균도와 균도 아빠에게도 지역 주민들에게도 자신들이 해야 할 일을 더욱 단단히 알게 하는 계기가 되었다.

도착했다. 그곳에는 발달장애인 가족이 균도를 기다리고 있다. 균도가 들어오는 순간 우레와 같은 박수가 쏟아진다. 아직 균도가 걷는 것이 지역적으로 알려지지 않은 까닭

　　　　　　　　　　　　　　　　　　　　　우리 균도

에 많은 분이 오지는 않았지만, 개의치 않는다. 한 분의 연대라도 우리는 감사하다.

＿3차 세상걷기, 전북도청에서(2012/04/27)

경기도에 들어오니 몇몇 사람들에게서 연락이 온다. 같이 걷고 싶다는 문의다. 그만큼 세상걷기가 대중 속으로 들어가는 것을 느끼고 있다.

내일부터는 경기도 일정이 시작된다. 피곤하지만 이제 얼마 남지 않은 길, 더 큰 발걸음으로 다가가고 싶다. 대중이 발달장애인 가족의 삶을 이해하고 우리를 사회 구성원으로 자연스럽게 받아들이기를 기대해 본다. 세상걷기는 대중을 위한 길이며, 발달장애인의 사회참여를 위한 길이다. 균도야, 발바닥은 아프지만 더 힘차게 내딛어 보자.

＿3차 세상걷기, 평택에서(2012/05/10)

균도 부자가 3차 걷기를 마치고 집으로 돌아간 뒤, 2012년 5월 말 국회에서는 발달장애인법을 만들기 위한 본격적인 법 제정 작업이 추진되기 시작됐다. 그해 가을에 이들은 다시 부산에서 강원을 거쳐 서울로 가는 4차 세상걷기를 진행했다. 4차 세상걷기는 고리 원전 근처에서 오래 살아온 균도네 가족의 건강과 안전에 대해 '원자력발전'의 책임을 묻는 행진이기도 했다. 1차 세상걷기를 시작하기 며칠 전 발견된 균도 아빠의 직장암, 2012년 3차 세상걷기 이후 발견된 균도 엄마의 갑상샘암, 그리고 20여 년 전 원전 근처에서 자폐를 안고 태어난 균도에 대한 책임과 그 위험성을 묻는 일이었다. 균도 가족은 이미 4차 세상걷기에 앞선 2012년 7월 한국수력원자력공사(이하 '한수원')를 상대로 이 책임을 묻는 소송을 제기하기도 했다. 4차 세상걷기는 장애인에 대한 사회적인 지원을 요구하던 기존 세상걷기에서 원전과 환경문제까지 주제를 확장해 진행됐다. 균도 부자는 발달장애인법 원안 통과, 부양의무제 폐지라는 구호를 외치며 동해안 원자력발전소들을 따라 걸었다. 균도 아빠는 이를 '원자력 밟기'라 불렀다. 장애인 가족들과 더불어 여러 탈핵 운동가들을 만나는 여정이기도 했다.

여러모로 의미 있는 운동이었지만 강원 지역을 걸으며 이들 부자는 많이 힘들어했다. 그도 그럴 것이 50여 일을 꼬박 걸어가는 긴 일정에다 겨울 초입에 한계령을 넘고 긴 터널을 지나야 하는 환경적인 험난함도 겹쳐 있었다. 함께 걸으러 오는 사람이 없는 날도 있었고, 그럴 때면 균도 아빠는 지친 기색을 드러내기도 했다.

> 오늘도 균도랑 둘이서 걸었습니다. 그래도 이 길을 아무 불평 없이 나보다 더 잘 걷는 아들이 있어 행복합니다. 지금 나는 울고 있습니다. 결코 술을 먹어서가 아닙니다. 균도는 내 옆에서 눈물을 닦아 주면서 이야기합니다. 아빠 왜 우냐고 …… 행복해서 웁니다. 장애가 있지만, 발달장애인을 대표해서 걸어 주는 나의 아들이 좋아 웁니다. 지금에야 하는 이야기이지만 아침마다 약을 먹고 이런 아이와 함께 세상을 걷는다는 것 너무 힘듭니다. 그렇지만 우리는 멈출 수가 없습니다. 이 세상 발달장애인과 그 가족을 위해서 우리는 그칠 수가 없습니다. 균도와 세상걷기 주목해 주세요. 결코 우리는 우리 가족을 위해서 걷는 것이 아닙니다. 우리는 이 길에서 기초법 부양의무제 폐지에 모든 힘을 다하겠습니다. 오늘은 너무 기쁩니다. 아들이 너무 사랑스러워 기쁩니다.
>
> ＿4차 세상걷기, 경북 양남면에서(2012/10/10)

하지만 이런 때면 균도가 아빠를 이끌었다. 균도 아빠가 아들 균도 손을 억지로 붙잡고 몇 차례의 국토 행진을 해나갔다고 생각하면 그건 큰 오해다. 균도에게는 아빠보다 더한 억척스러움이 있었다. 약속은 지켜야 한다는 것, 그것이 균도의 삶의 원칙이었다. 아빠와 서울까지 걷기로 한 약속, 이를 위해 짜놓은 하루하루의 일정까지 모든 것이 균도의 머릿속에 있었고, 이를 지키기 위해 매일같이 걸어갈 따름이었다. 약속한 날짜가 지나면 더 지체하지 않고 바로 집으로

우리 균도

돌아가야 하는 것도 균도식의 철저함이었다. 균도 아빠는 이런 균도에게 의지해 계속 걸어 나갔다.

이틀 전 2,925미터의 수인터널을 지나갈 때 내가 뱉었던 분비물이 엄청났다. 그러나 이 터널은 자그마치 5,100미터라 지나갈 엄두가 나지 않는다. 양구에서 춘천을 지나 가려면 수많은 터널을 지나야 한다. 몇 개를 헤아리다 잊어버렸다.

그런데 균도는 어디든지 잘 간다. 굉음에 민감한 것을 빼면 균도는 걷기는 국가대표 감이다.

고개 정상은 6백 미터가 조금 넘는데 무척 춥다. 어제 눈이 내려 온통 하얗다. 산 정상 은 벌써 누가 하얀 물감을 뿌렸는지 설산으로 변해 있다. 고개 정상은 영하 날씨에 바 람마저 거세다. 윙윙거리는 산바람을 뚫고 균도와 나는 손을 잡고 내려왔다.

균도는 추워도 걷기를 좋아한다. 혼자서는 어디든 가지 못하기 때문에 아무리 어려운 길이라도 따라나선다. …… 우리는 발달장애인들은 못할 것이라며 이들의 외출을 자제 시켜 왔다. 아마 충분한 안전이 확보되어 있지 않아 더욱 그럴 것이다.__4차 세상걷기, 춘 천에서(2012/11/12)

우리가 걸어가는 길은 결코 우리 부자만의 길이 아닙니다. …… 균도를 만난다고 이 틀을 그 자리에서 기다린 어머니, 균도가 가는 길 지켜보며 온종일 울다 가신 장애인 부모님, 자기 지역에 온다고 너무나 즐거워하며 손님으로 맞아 준 그런 사람들 덕분에 우리는 그 거리를 즐거워하면서 걸었습니다.

이제 균도는 제주도를 제외하고 전 국토를 한 바퀴 완주했습니다. 그런 균도가 나는 자랑스럽습니다. 균도는 이제 발달장애인의 애환을 전하는 활동가가 되어 거리를 누 비고 있습니다.

균도가 장애인이 아니었더라면 이 길을 떠나지 못했을 겁니다. 균도의 아빠가 되어 너무 행복합니다. 내 아들이 전 생애를 고통 받는 장애인이지만, 나는 기적이 없는 고통이라면 이것마저 행복하다고 느끼면서 세상을 살고 싶습니다. 그래서 나는 아들로 말미암아 알게 되었던 장애인의 삶을 즐기면서 살겠습니다.

처음 길을 걸어갈 때는 무지 울기도 했습니다. 내 처지에 대해 비관하면서 울었고, 내가 장애인의 아빠라는 게 마음이 아파 울었습니다. 시간이 지나면서 아들의 장애를 이해하면서 울었습니다. 이제는 다른 장애인 부모들을 만나면서 그 아픔을 이해하면서 또 웁니다. ……

균도가 매일 하는 손짓하며 외치는 구호. "발달장애인법 제정하라! 제정하라! 제정하라!" 이 손짓에 우리는 다시 힘을 냅니다. 다음의 세상걷기에는 더 많은 사람과 많은 이야기를 길에서 듣고 싶습니다. 균도와 세상걷기는 한 사람이라도 우리에게 힘을 보내면 계속됩니다.__4차 세상걷기를 마치고 부산에서 (2012/12/18)

네 차례의 세상걷기로 우리나라 국토를 한 바퀴 돈 균도 부자는 마지막으로 제주도에서 세상걷기를 진행한다. 제주도가 우리나라의 대표적인 휴양지인 만큼, 균도와 균도 아빠는 게스트하우스 같은 공동 숙소에서 사람들 속에서 머물기를 자처한다. 균도 아빠에겐 돌발 행동이나 부족한 사회성이 걱정되어 어딜 가든 늘 곁에 품고 자던 아들을 사람들 곁으로 내보내는 도전이었다.

오늘은 도미토리에 도전하려 한다. 사람들이 이층 침대로 가득 찬 곳에서 공동 기숙하는 형태라 균도에게 색다른 경험이 될 것이다. 우리 여행은 경치를 즐기기보다는 사람을 만나러 나온 것이다. 균도는 세상을 걸으며 많은 사람을 만났다. 그렇지만 밤에는 언제나 아빠의 응석받이었다. 이제는 같이 살아가는 방법을 가르치려 한다. 무조건 소리 지르고 떼쓰면서 자기가 하고 싶은 것을 요구하는 발달장애인이 아니라 어느 정도 규칙을 같이 배우려고 이번 여행을 선택했다.__5차 세상걷기, 제주에서(2013/05/30)

우리 균도

일상을 벗어나 여행을 떠나온 사람들은 대체로 여유가 있었다. 균도의 독특한 사회성에도, 이따금 나타나는 돌발 행동에도 도시나 지역사회에서 만나는 사람들보다 여행자들은 너그러운 태도를 보였다. 균도는 제주도 게스트하우스에서 낯선 사람을 만나 맥주를 마시고 함께 놀다가 그들 속에 섞여 잠을 잤다. 그리고 다음 날 일어나 아빠와 함께 다시 새로운 길을 떠나는 자신만의 일상을 보냈다. 균도가 살 곳도 이런 여행지처럼 될 수만 있다면 어떨까.

처음에는 우리를 묵게 하는 걸 주저하던 게스트하우스 주인은 하루만에 발달장애인에 대해 새롭게 알게 됐다고 말한다. 사실 균도와 같은 발달장애인은 일반인의 시각에서는 불편한 존재일 수도 있다. 그렇지만 밤새 술을 먹고 고성방가나 규칙을 지키지 않는 사람에 비하면 어디서나 천연덕스럽게 어울려 노는 균도는 사회성이 좋은 사람이다.___5차 세상걷기, 제주에서(2013/06/08)

제주도를 끝으로 균도와 균도 아빠의 세상걷기 국내편은 마무리됐다. 균도와 균도 아빠는 3년간 다섯 차례의 세상걷기를 진행하면서 250여 편의 이야기를 세상에 쏟아 냈다. 지금도 세상걷기라는 이름의 국내 도보 시위는 마쳤지만, 아빠와 아들은 여전히 이곳저곳을 누비며 사람들을 만난다.

균도와 세상걷기는 이렇게 길 위에서 사람들을 하나하나 만나 가며 함께 살기를 제안하고 실험한 일이었다. 길 위에서 낯선 사람들을 기꺼이 만나고 고단했던 삶을 털어놓고, 마음이 잘 맞으면 함께 우는 날도 있었다. 같은 처지에 있는 사람과는 손을 잡고 함께 길을 걸었다. '갈 곳' 없이 내몰리는 절박한 이들의 행진은 계속 이어질 수밖에 없는 것이다.

하지만 아빠와 근사한 여행을 여러 차례 한 균도마저도 일상이라는 시공간으로 돌아오면 여전히 막막하다. 집과 주간 보호 센터, 복지관을 오가는 반복되는 일상뿐이다. 그마저도 대기표를 끊어야 하고, 돌발 행동으로 사고라도 치면 보호시설에서도 내쫓겨 집 안에 머물러야 한다. 장애가 심한 사람일수록 교육·복지·의료 서비스가 더 집중되어야 하지만, 우리 사회는 이런 이들에게 집 안에, 시설에 갇혀 지내 달라고 이야기한다. 사회적인 비용 부담을 이야기하며, 장애인 가족의 희생을 강요한다. 이것은 사회의 또 다른 부담이고, 우리 사회를 불안하게 만드는 일이기도 하다.

이제 익숙한 포기와 체념 대신 균도와 균도 아빠의 손을 잡고 함께 길을 걸으며 새로운 삶을 상상해 나갔으면 한다. 나는 이들이 출발한 곳에서 멀어지면 멀어질수록 자신들이 머물 수 있는 삶의 자리도 넓어질 것이라 생각한다. 균도와 균도 아빠가 꼬박꼬박 내딛은 걸음들이, 그 억척스러운 발걸음들이 우리 사회를 조금은 함께 사는 방향으로 이끌지 않았을까. 그리하여 이들이 끊임없이 여행하는 자로서의 정체성으로 낯선 세상과 섞여 가는 삶을 이어 나가길 감히 기대하고 응원한다.

이제는 우리 부모들도 발달장애인 자녀와 함께 거리에 나서서 우리의 이야기를 실질적으로 알려야 한다고 생각한다. 아직 계획 단계이지만 발달장애인과 그 부모들과 함께하는 도보 집회를 계획하고 있다. …… 균도와 세상걷기가 감히 제안한다. 발달장애인과 그 가족이 모여 길을 가자. 그 길에서 우리 이야기를 해보자. 많이 걷지 않아도 좋다. 경찰에 집회 신고도 하고 우리를 이해하는 사람들을 모아 같이 길을 걷자. 우리가 하는 이야기를 모아 대중에게 전하자. 이제 우리의 권리는 우리가 알려야 한다. …… 우리가 살아 있음을 발달장애인 그들의 언어로 이야기하자. 난 오늘도 그려 본다. 우리와 같은 아픔을 가진 사람들이 같이 길을 걸으며 이야기하는 그 순간을……

__5차 세상걷기를 마치고 부산에서(2013/06/25)

우리 균도

탈핵으로 이어진
세상걷기

김현우_에너지기후정책연구소 상임연구원

균도 부자를 처음 만난 것은 2012년 5월, 3차 세상걷기가 진행 중일 때였다. 그전부터 진보신당을 통해 서로 안면은 있었지만 서울을 벗어나는 일이 드문 내가 부산이 정박지인 그들을 가까이서 볼 기회는 없었다. 세상걷기에 대해서도 알고는 있었지만, 같이해야 할 텐데 하는 부채감만 안고 있었을 뿐 발달장애인과 그 가족의 아픔은 내게는 아직 막연한 것이었다. 그러던 중 3차 세상걷기 여정이 서울과 가까워진 평택에 이르러서야 나는 합류할 기회를 잡았다. 몇천 원의 무궁화호 표를 끊고 한 시간도 안 되어 나는 노란 조끼를 입은 이진섭 님과 덩치 큰 균도 일행을 만날 수 있었다.

그전부터 균도의 특성을 모르지는 않았지만, 낯선 사람과 낯선 거리를 함께 걸으며 가까이서 본 균도의 버릇들은 적잖이 당황스러웠다. 주위 사람들에게 똑같은 질문을 끊임없이 반복하고, 먹고 싶은 것들을 끊임없이 외쳤다. 균도가 정말 궁금해서 질문하는 게 아니라 자신의 지식과 기억을 확인하기 위해 그런다는 것, 먹고 싶다고 하는 것들도 그 모든 걸 정말 먹겠다는 의미가 아니라는 건 오래지 않아 알아차릴 수 있었다. 얌전히 걷다가도 갑자기 이리저리 뛰어다니는 통에 사고라도 나는 것이 아닌지 조바심이 나기도 했지만, 아빠의 작은 경고나 조금 큰 꾸지람이면 이내 조용해지기도 했다. 몇 년도에 어느 제과 회사에서 무슨 아이스크림이 출시되었고, 내 생일이 무슨 요일이었다는 것까지 줄줄이 외고 있는 균도의 능력은 경이롭기까지 했다.

이진섭 님으로부터 발달장애인 운동에 대한 이야기를 제대로 듣게 된 것도 처음이었다. 걷다가 쉬는 짬마다 자연스레 이어지는 이야기는 발달장애의 개념에서부터 발달장애의 특성을 고려한 제도가 미비한 한국 사회의 문제들을 짚어나갔다. 이진섭 님 입장에서는 이미 수천수만 번 되풀이해 온 이야기였을 것이다. 그 전날, 에바다장애인종합복지관을 들러 쌍용자동차 해고자들의 희생자 분향소가 있는 평택역을 거쳐 오는 길이라, 이 날은 그 슬픔을 함께 안고 나누려는 이들 십수 명이 동행했다. 아픈 사람들끼리는 얘기도 술술 통했고, 무엇 때문에 아픈지도 긴 설명이 필요 없었다.

당시 나는 진보신당 녹색위원장을 맡고 있던 때라, 후쿠시마 핵발전소 사고 이후 전개된 여러 탈핵 사업을 돕거나 기획하고 있었다. 행진 사이 이진섭 님은 고리 핵발전소 인근에서 오랫동안 살아온 이야기와 자신을 비롯한 가족의 질병 내력에 대해 이야기하며 방사능 관련 피해 보상 소송을 제기할 생각이라는 말씀을 하셨다. 핵발전소 지역 주민들의 방사능 피해는 이래저래 들어 알고 있었지만, 그때까지도 피해가 공식적으로 증명된 경우는 없었고, 그래서 나는 이 이야기를 쉬이 흘려들었다.

3차 세상걷기가 끝나고 며칠 후 이진섭 님에게서 전화가 왔다. 소송을 준비하는 데 지원이 필요하다는 것이었다. 어느 라디오 방송 프로그램에서나 전해질 법한 기막힌 사연인즉슨 이랬다. 부산 해운대구 송정동에서 태어난 이진섭 님은 결혼 후 1991년부터 기장군 장안읍 좌천 마을에 살다가 1996년에 기장군 일광면에 정착했다. 좌천 마을과 일광면 모두 고리 핵발전소에서 불과 3~7킬로미터 떨어진 곳이다. 외지 사람들이야 핵발전소의 콘크리트 돔만 멀리 보여도 위화감을 느끼겠지만, 현지 주민들에게 이는 매일 보는 풍경인데다 삶의 터전이기도 했다. 핵발전소를 끼고 사는 건 그들에게 그저 일상이자 운명이었다. 그리고 정부와 한전에서는 수십 년 동안, 안전하니 걱정 말라는 선전과 홍보를 해왔으니 그런가 보다 하고 사는 도리 말고는 없었다.

1992년, 균도가 자폐성 장애를 갖고 태어났다. 이진섭 님은 균도가 장애 등급을 받았던 시점부터 고리 핵발전소가 영향을 끼친 것이 아닌가 의심을 갖기 시작했다. 그리고 2007년에는 인근에서 거주하던 장모가 위암 수술을 받았고, 자신도 2011년에 직장암 판정을 받았다. 한수원에서는 핵발전소 인근 주민에게 간접적 보상 차원에서 건강검진을 해주는데 우연찮게 이 기회를 잡게 된 덕분이었다. 이때 이진섭 님은 병원을 드나들면서 기장군 사람들이 유독 암에 많이 걸려 있음을 목격하게 됐다. 그리고 2012년 초에는 부인마저 갑상샘암 판정을 받았다. 아무래도 이상하다고 여긴 이진섭 님은 고리 인근 주민들의 암 발생 통계 자료를 요구해 보았다. 하지만 동남권원자력의학원에서는 개인 정보라며 알려줄 수 없다고 했다.

2011년 3월 11일, 후쿠시마에서는 거대 지진과 함께 핵발전소가 폭발했다. 한국 사람들에게도 핵발전소의 방사능이 멀지 않은 위협으로 다가왔고, 크고 작은 사고가 끊이지 않았던 한국의 핵발전소도 연일 언론의 도마에 올랐다. 게다가 2012년 2월에는 고리 핵발전소 1호기의 전원 공급이 끊어진 사고가 한 달도 넘게 은폐되어 온 일이 폭로됐고, 핵발전소를 운영하는 한수원 직원들이 뇌물을 수수하고 서류를 조작한 일들이 드러나서 잇단 충격을 주었다. 이진섭 님이 가까이 알고 지내던 어느 한수원 직원도 저렇게 가다가는 여기서도 반드시 무슨 일이 날 것이라 했다. 큰 사고가 아니더라도, 핵발전소의 방사능은 이미 지역 주민들의 건강을 조금씩 갉아먹고 있었던 것이 아닌가? 사람들의 걱정에도 불구하고 핵발전소는 위험천만하게 달려가고 있었고, 이진섭 님은 자신과 가족이 핵 발전이 가져온 불행의 한가운데에 있다고 느꼈다. 그렇다면 자신이라도 나서서 더 많은 불행이 일어나지 않도록 막아야 했다. 최소한 이 억울함을 세상에 알려야 했다.

소송은 시작되었다. 처음에 이진섭 님은 이렇게 핵발전소가 위험하다는데, 정부도 한수원도 맨날 아무런 문제가 없다고 하니, 자신의 소송을 계기로 조사라도 한 번 제대로 해보자는 생각이 컸다. 사회문제가 되면 관심을 갖는 사람도 많아질 테니 혼자서만 고민하지 않게 될 것이라고 생각했다. 당시까지만 해도 핵발전소 지역 주민들 사이에서 방사능 피해나 암 이야기는 쉬쉬하는 분위기였고, 기장군도 다르지 않았다.

그런데 마침 그때 이진섭 님은 후쿠시마 사고 이후 결성된 '핵없는세상을위한의사회'(반핵의사회) 관계자로부터 중요한 이야기를 듣게 되었다. 대한직업환경의학회에서 핵발전소 종사자나 주변 지역 거주민들에게 건강 이상 비율이 높게 나왔다는 연구 결과를 발표했는데, 그 연구 책임자를 만나 보면 도움을 얻을 수 있으리라는 것이었다. 이진섭 님은 내가 동행해 주길 청했고, 6월 초 어느 날 우리는 광명역에서 만나 평촌의 한림대 성심병원으로 향했다. 자세한 연구 내용은 알지 못한 채였다.

그렇게 주영수 교수를 만났다. 주영수 교수로부터 들은 이야기는 놀라운 것이었다. 서울대학교 의학연구원이 "원전 종사자 및 주변 지역 주민 역학 조사 연구"를 실시해 2011년 2월에 결과를 발표했는데, 핵발전소에서 일하는 노동자 8천6백여 명과 주변 지역 1만1천여 명의 주민들을 추적 조사해서 핵발전소와 멀리 떨어진 곳에서 살거나 일하는 대조 집단과 비교한 것이었다. 연구 결과는 두 집단 사이에서 염색체 이상 빈도는 통계적으로 유의미한 차이를 보였지만, 핵발전소의 방사선과 주변 지역 주민의 암 발병 위험도 간에 인과적인 관련이 있음을 시사하는 증거는 찾을 수 없다는 것이었다. 그런데 주영수 교수 등의 연구팀은 같은 데이터를 검토해서 전혀 다른 해석을 내놓았다. 서울대학교 의학연구원의 논리는, 핵발전소 방사선이 암 발병에 영향을 미쳤다면 방사선 관련 암의 모든 부위별 발병 위험도가 남녀 모두 주변 지역에서 높은 일관된 경향을 보여야 하는데 그렇지 않았다는 것이었다. 그런데 주영수 교수에 따르면, 여성의 갑상샘암 발생 빈도가 핵발전소 인근 주민들에게 2.5배 높게 나타났는데도 이를 무시한 것은 잘못이었다. 애초에 갑상샘암은 주로 여성에게 발병하는 것인데, 남녀 차이를 무시하고 모든 암 발병에 동일한 경향성을 요구했던 것도 의아하지만, 염색체 이상이 유의미한 차이를 보였다면 오히려 염색체 손상에 의한 향후 발암 진행 가능성까지 고려하는 것이 올바른 해석이라는 설명이었다. 말하자면, 이제까지 제한된 연구 자료를 가지고 핵발전소의 방사능이 암과 같은 질병과 무관하다고 성급하게 단정할 것이 아니라, 지금부터 본격적인 연구를 축적하고 여러 변수를 추가해 적극적으로 분석을 진행해야 한다는 것이었다.

그렇다면 서울대학교 의학연구원은 왜 이와 같은 데이터를 가지고 무리한 결론을 내리고 연구 결과를 발표했을까? 연구를 발주한 기관과 연구진 사이에 어떤 갑을관계가 압력으로 작용했을지 모를 일이었다. 반핵의사회와 주영수 교수는 이 묵인과 방조의 카르텔이 옳지 않다고 믿고 용기 있는 후속 연구를 진행한 것이었다.

주영수 교수는 필요할 경우 이진섭 님의 소송을 적극 돕겠다고 약속해 주었다. 자세한 설명을 듣고 자료를 얻은 우리는 소송에 중요한 근거를 확보했다는 느낌을 받았다. 그리고 이 부분을 보강해 소송을 제기하면 좋겠다는 의견을 나누었다. 그리고 10월에 시작될 4차 세상걷기를 기약하며 다소 들뜬 마음으로 서울과 부산으로 돌아갔다.

소송까지는 채 한 달도 걸리지 않았다. 핵발전소 방사능 피해 보상 소송 제기 기자회견이 2012년 6월 29일에 있었고, 소송장은 며칠 뒤 접수되었다. 진보신당, 녹색당, 사회복지연대, 반핵부산시민대책위, 민

주사회를 위한 변호사회, 탈핵법률가 모임 '해바라기', 부산 장애인부모연대 등
이 공동 기자회견을 열었다.

오늘 우리는 평생 고리 핵발전소 인근 지역에서 살아온 한 가족이 집단적으로 암과
같은 질병으로 투병하는 사실을 접하고 이들의 불행이 충분히 핵 방사능과의 관계 속
에서 규명되기를 소원하며, 이들의 소송과 투쟁을 지지하고 성원한다. 우리는 이런 과
정에서 이진섭 씨의 소송이 특수한 일가의 소송이 아니라 그간 정부와 한수원이 지역
주민의 건강과 안전은 팽개치고 오로지 핵 이익집단의 논리로만 일관해 온 배경을 면
밀히 보고자 한다. 또한 이를 계기로 주변 지역과 원전 노동자들의 건강과 피폭의 관
계가 폭넓게 규명되기를 바란다. 우리는 끝까지 '균도네 소송' 과정에 함께할 것이다.

소송의 원고는 이진섭과 부인 박금선 씨, 그리고 이균도, 피고는 한국수력원
자력 주식회사로 되었고, 청구 내용은 피고가 유출한 방사능이 원고들의 상병과
인과관계가 없다는 것을 입증하지 못하는 한 이에 대한 배상 책임을 지고 각각
에게 5억 원의 위자료를 지급하라는 것이었다. 핵발전소 지역 주민이 이런 소송
을 제기한 것은 한국에서 처음 있는 일이었다. 후쿠시마 사고 이후 반핵 여론이
고조되긴 했지만 아직 찻잔 속의 태풍, 아니 찻물이 끓기라도 할지 알 수 없는
소송이었다. 공은 재판부와 한수원에게 넘어갔고, 이진섭 님과 균도는 4차 세상
걷기로 바쁜 걸음을 이어 갔다.

2012년 10월 5일부터 시작된 4차 세상걷기는 처음부터 '탈핵'의 깃발을 분
명히 했다. 4차 걷기가 진행된 동해안 코스에는 부산의 고리 핵발전소, 경주의
월성 핵발전소, 울진 핵발전소뿐만 아니라 이명박 정부 때 신규 핵발전소 부지
로 고시된 경북 영덕과 강원도 삼척까지 있었다. 4차 걷기가 '탈핵 세상걷기'가
되는 것은 너무도 자연스러웠다. 4차 걷기에서는 처음부터 발달장애인법 제정

과 핵발전 반대를 번갈아 외쳤다.

기장군청에서 출발해 고리 핵발전소까지 가는 10월 5일 첫날 일정부터 상징적이었다. 부산 경계를 넘어 울산으로, 영덕으로 넘어가는 7번 국도는 아름답고 호젓하지만 외로웠다. 그러나 곳곳에서 균도 부자를 알아보고 격려하는 이들이 적지 않았고, 지역마다 장애인 학부모회와 핵발전소를 반대하는 지역 주민들이 부자를 맞았다. 그리고 10월 27일, 나도 균도 부자를 삼척에서 다시 만났다.

그때 삼척에서는 핵발전소를 유치하려면 주민의 동의를 반드시 묻겠다고 했던 김대수 삼척 시장이 약속을 저버리고 유치 신청서를 제출하자 삼척 시민들이 시장 주민 소환 투표 운동을 전개하고 있었다. 주민 투표를 며칠 앞둔 주말, 손바닥만 한 삼척 시내에서 열린 결의대회에는 수천 명의 주민들이 운집했다. 이진섭 님은 핵발전소가 평범한 사람들의 일상을 얼마나 힘들게 하는지 자신과 가족의 삶을 통해 이야기했다. 시민들은 박수로 부자를 반겼다.

그날 밤 균도 부자와 여관방에 들어가 모처럼 이진섭 가족의 살아온 이야기를 듣다가 균도의 코고는 소리를 들으며 잠들었다. 내친걸음에 정동진으로 가는 다음 날 일정까지 동행하며 또 많은 이야기를 들었다. 바다 풍광은 시원했고 햇살은 적당히 따뜻했으며, 균도는 두어 번만 야단을 맞았다. 소송 이야기는 길게 나누지 않았다. 이미 심리 과정으로 넘어간 이상 우리가 할 수 있는 일은 없었고, 어떻게 될지 예상하기 힘든 소송이었다. 정동진 버스 정류장에서 우리는 짧은 인사를 나누며 헤어졌다.

두 해가 금방 지났다. 소송은 느리게 진행되었고 그저 기다리는 수밖에 없었다. 그리고 2014년 10월 17일 아침에 속보를 접했다. 일부 승소, 그러나 핵발전 사업자인 한수원의 책임과 피해 보상을 분명히 했다는 점에서 사실상의 승리였다. 부산지법 동부지원 제2민사부의 판결에 따르면, 피고인 한수원이 원고 중 한 사람인 부인 박 씨에 대해 위자료 1천5백만 원을 지급하고, 동시에 이진섭 씨와 아들의 청구 및 원고 박의 나머지 청구를 기각한다는 것이었다. 재판부는 방사선 노출이 갑상샘암의 발생에 결정적 요인으로 작용하는 것으로 알려져 있는 점, 박 씨의 갑상샘암 발생에 고리 원전에서 방출된 방사선 외 다른 원인이 있다고 볼 뚜렷한 자료가 없는 점, 그리고 원전 주변 지역 주민 역학 조사 결과 근거리 대조 지역인 원자력발전소에서 5킬로미터 이상 30킬로미터 떨어진 지역에서도 원거리 대조 지역에 비해 1.8배의 높은 갑상샘암 발병률을 보이고 있고 박 씨가 거주해 온 지역이 이 발전소의 방사선 유출 영향을 받지 않는 지역이라고 보기는 어려운 점 등을 판결 이유로 들었다. 주영수 교수팀의 해석을 상당 부분 받아들인 판결이었다.

처음에는 아, 이겼구나 하는 정도의 단순한 느낌이었다가 얼마 안 있어 엄청난 일이 일어났구나 하는 생각이 퍼뜩 들었다. 곧 이진섭 님에게 전화를 했다. 이진섭 님은 한수원이 상대를 너무 만만하게 보고 대처가 미흡했던 것 같다고 했다. 재판 결과는 놀랍지만 사실 앞으로가 더 문제였다.

판결은 큰 파장을 불러일으켰다. 이진섭 님은 방송과 신문, 시민환경 단체의 행사를 오가느라 바빠지기 시작했고, 후쿠시마 사고가 난 일본에서도 지역 주민과 노동자의 피폭 소송에서는 이긴 경험이 없기 때문에 관심을 보였다. 이제까지 핵발전소에서 나온 방사능이 비록 낮은 수치라 하더라도 노동자와 지역 주민에게 지속적인 영향을 끼쳤고, 그것이 지금과 앞으로의 건강에 더 큰 영향을 미치게 될 것임이 밝혀진다면 핵발전소 사업자는 물론 정부의 핵발전 정책도 큰 타격을 받게 될 것임이 분명했다.

예상대로 1심 판결에 불복한 한수원은 10월 22일, 항소했다. 일부 승소한 이진섭 님도 1심 재판부가 기각한 자신의 직장암과 균도의 장애 경우를 제외하고,

부인 박 씨에 대한 손해 보상액이 적다는 이유로 11월 3일, 항소했다. 아울러 부산 지역 환경 단체 및 시민 단체들과 함께 고리 원전 인근 거주자의 유사한 피해 사례를 모집해 집단소송을 준비하기로 했다.

가장 반갑고도 중요한 일은 이제 이진섭 님이 더 이상 외롭지 않게 되었다는 것이다. 1심 판결이 난 뒤 11월 5일 마련된 집단소송 설명회에는 기장 주민 1백여 명이 참석했다. 이제 사람들은 갑상샘암과 각종 질병이 더 이상 자기 집안의 일만이 아님을 알게 되었고, 드러내고 함께 해결해야 할 일로 여기게 되었다. 핵발전소 반경 8~10킬로미터 안에 3년 이상 거주한 갑상샘암 환자를 대상으로 원고를 모집한 결과, 고리 핵발전소 인근 주민 191명뿐 아니라 월성 46명, 영광 34명, 울진 30명 등 총 301명이 소송 참여를 신청했다.

탈핵과 만난 세상걷기는 더 많은 만남을 이어가고 있다. 삼척에서 이진섭 님이 만났던 강원대학교 삼척 캠퍼스 성원기 교수는 4차 세상걷기를 보고 깊은 인상을 받았다. 그리고 2013년 6월 6일부터 6월 10일까지 고리 핵발전소부터 포항까지 첫 번째 도보 순례를 가진 이래 틈만 나면 탈핵 도보 순례에 나서고 있다.

하지만 이진섭 님은 더 큰 싸움은 이제부터라는 것을 알고 있다. 1심 소송에서 일격을 맞은 한수원과 한국의 거대한 핵마피아 세력도 가만히 있지 않을 것이다. 한수원은 2심 재판을 위해 유명한 법률 회사를 선임했다.

그러나 앞으로의 길은 더 이상 이진섭 님과 균도만의 외로운 길이 아닐 것이다. 발달장애의 문제가 남의 일이 아니라는 것, 핵 발전과 방사능의 문제가 남의 일이 아니라는 것을 이제 우리는 알게 되었기 때문이다. 균도와 세상걷기에 대해, 무엇보다 그만큼의 배움에 대해 나는 감사한다.

균도네 가족
소송의 의미

__『탈핵신문』(2014/11/03)

구자상__부산 녹색당

우리나라에서 처음으로 핵발전소가 가동된 고리에서 처음으로 갑상샘암 발생의 책임이 핵발전소에 있다는 판결이 나왔다. 1978년 핵발전소가 가동된 이후 고리는 계속되는 긴장과 온갖 의혹, 시기와 질투, 투쟁과 체념의 땅이 되고 말았다.

고리 핵발전소가 작고 아름다운 자연 어촌을 강제로 밀어내고 들어선 지도 38년이 지났다. 그동안 고리의 6개 핵발전소에서는 크고 작은 수백 건의 정지 사고를 비롯해, 핵폐기물 불법 폐기 사건, 핵 폐기장 건설 시도 등 핵 발전으로 인한 사건과 갈등이 끊이지 않았다. 지난 1월에는 거의 한 달간이나 비상 냉각 장치의 동력원이 고장 난 채로 방치되어 있었다는 놀랄 만한 사실이 직원의 실수로 외부에 알려지기도 했다. 가짜 부품 바꿔치기를 통한 부정과 비리가 끝없이 이어졌고 향정신성 약물을 먹고 발전소를 운행하기도 했다. 그러면서 그들은 언제나 핵발전소는 안전하고 주변 지역의 환경은 깨끗하다고 강변했다. 핵발전소 주변에 설치된 방사능 감지기는 그들이 임의로 정한 기준치를 한참이나 밑돌고, 오히려 발전소가 없는 지역이 훨씬 자연방사능이 높다는 발표를 아무렇지도 않게 하기도 했다. 불법과 거짓으로 점철되어 온 고리 핵발전소 38년의 역사는, 알 수 없는 암 덩어리를 안고 사는 것처럼 주민들의 평화로운 일상을 막연한 불안과 체념, 고통으로 옥죄어 왔다.

　　　　　　균도네 가족의 아픔은 이런 곳에서 발생했다. 균
도의 발달장애는 제쳐 두더라도 어머니는 갑상샘암, 아버지는 직장암, 외할머니
는 위암을 앓았다. 균도의 동생을 제외하고는 모두가 깊은 상처를 안고 살고 있
는 것이다. 지난 2012년 총선이 끝나고 7월, 우리는 부산환경운동연합의 감사
인 변영철 변호사와 논의해 핵발전소 방사능으로 인한 피해의 개연성이 있다고
판단하고 소송을 제기했다.

　환경 피해 보상 소송에서는 대개 피해자가 피해의 증거를 드러내야 하는 것
이 통상적이었다. 그렇지만 피해자들은 피해를 입증할 경제적인 능력과 과학기
술적인 능력이 없는 경우가 대부분이다. 반면 가해자는 한수원과 같이 과학기술
과 돈을 함께 가지고 있다. 일찍이 일본은 미나마타병, 이타이이타이병, 요카이
치 천식과 같은 수질·대기오염 피해가 발생한 1960~70년대에, 주민들의 피해
를 구제할 수 있는 법 이론이 발달했다. 이른바 '환경오염 피해 소송 개연성 이
론'으로, 대기오염, 수질오염, 방사능오염과 같은 요인으로 인해 지역 주민에게
피해가 발생했을 경우, 그 피해가 주변의 오염 물질에 의한 것이라는 개연성만
으로도 가해자는 배상의 책임이 있다는 것이다.

　또한 민주주의국가에서 모든 사람이 법 앞에 평등한 주체라면, 재력과 권력
을 가진 가해자는 자기들의 행위에 의한 피해가 아니라는 것을 반증하는 것이
현대의 환경 소송에서 채택되어야 할 법리다. 그것은 너무나 기본적인 사회적
형평과 정의의 문제이다. 그러나 이런 법 적용의 형평성은 대개 무시되고 피해
자에게 피해 입증을 요구해 왔다.

　다행히 이번 소송에서 재판부는 판결문을 통해 다음과 같이 판시했다.

대기오염이나 수질오염에 의한 공해로 인한 손해배상을 청구하는 소송에서는 기업이 배출한 원인 물질이 대기나 물을 매체로 하여 간접적으로 손해를 끼치는 수가 많고 공해 문제에 관해서는 현재 과학 수준으로도 해명할 수 없는 분야가 있기 때문에 가해행위와 손해 발생 사이의 인과관계를 구성하는 하나하나의 고리를 자연과학적으로 증명한다는 것이 매우 곤란하거나 불가능한 경우가 많다. 그러므로 이런 공해 소송에서 피해자에게 사실적인 인과관계의 존재에 관해 과학적으로 엄밀한 증명을 요구한다는 것은 공해로 인한 사법적 구제를 사실상 거부하는 결과가 될 수 있는 반면에, 가해 기업은 기술적·경제적으로 피해자보다 훨씬 원인 조사가 용이한 경우가 많을 뿐만 아니라 원인을 은폐할 염려가 있기 때문에, 가해 기업이 어떠한 유해한 원인 물질을 배출하고 그것이 피해자에게 도달해 손해가 발생했다면 가해자 측에서 그것이 무해하다는 것을 증명하지 못하는 한 책임을 면할 수 없다고 보는 것이 사회 형평의 관념에 적합하다.

균도네 방사능 소송에서 재판부는 분명하게 한수원이 피해를 주지 않았다는 반증의 책임을 요구하고, 이런 법 적용의 개연성 이론을 널리 받아들인 것이다. 방사능 피해의 인과관계가 완벽히 입증되지 않았더라도, 고도의 개연성을 추정할 수 있는 경우에 피해를 인정한다는 것이다.

이번 판결은, 지난 1980년대 중반 영광에서의 무뇌아 사건이나 방사능에 오염된 세탁 과정에서의 피폭 사건 등 크고 작은 방사능 피해 사건이 있었지만, 처음으로 핵발전소의 책임을 인정한 사건이 되었다.

기업에 비해 사회적·경제적으로 열등한 위치에 놓인 개인이나 주민이 전문 지식도 없이 환경오염에 따른 피해를 증명한다는 것은 불가능하거나 지난한 일이다. 하지만 개연성 이론은, 가해자가 오염에 따른 피해가 없다는 것을 반증하지 못하는 한 인과관계를 부정할 수 없다고 말한다. 이 개연성 이론을 적용한 이번 판례는, 향후 핵발전소 주변 지역 암 소송의 가장 큰 기준이 될 것이다.

균도네의 방사능 소송은 시작에 불과하다. 이번 소송의 내용을 접하고 이미 50여 분의 피해자들이 집단소송을 원하고 있다. 향후의 소송은 핵을 넘어서려는 우리 사회의 생태적 양심들이 벌여야 하는 또 다른 도전이다.

이제 우리는 단순히 물적인 피해 보상의 문제를 넘어 핵은 인간 사회의 평화를 근본적으로 해치는 시스템이라는 것을 밝혀야 한다. 아무리 적은 선량의 방사능도 인간의 생명에 위해가 될 수 있다. 형편에 따라 그때그때 바뀌는 기준치는 과학적으로 안전하다는 아무런 증거가 없다. 향후 소송을 통해 지금까지의 모든 방사능 환경 영향에 대한 정보를 밝혀내야 한다. 핵과 방사능의 위험에 대한 국민적인 집단 각성을 위해 국민 토론을 전개해야 한다. 고리뿐만 아니라 월성, 울진, 영광의 핵발전소 지역에서도 연대해 문제를 발굴하고 정당한 요구를 조직해야 할 것이다.

세상 모든
균도들

박진한__부산성우학교 교사

"그 반에 유명한 애 하나 옵니다. 아버지가 좀 극
성이야. 이름이 균도라던가?"

내가 균도를 처음 만난 것은 7년 전이었다. 균도. 쉬운 이름이었지만, 흔한
이름은 아니어서 머릿속에도 금방 자리를 잡았다. 나는 안동에 있는 영명학교라
는 특수학교에 있다가 부산에 새로 생긴다는 특수학교에 발령받아 학생도 없는
학교에서 두 달 넘게 개교 준비를 하고 있었다. 균도와 균도 아버지에 대한 소문
이 미리부터 들려왔지만 대수롭지 않게 여겼다. 특수학교 학부모님들 가운데는
아이들이 어느 정도 컸다 해도 관심의 끈을 놓지 않는 부모님들이 많았다. 입학
식 날 드디어 말로만 듣던 균도 부자를 만났다.

"그건 그렇지 않습니다."

담임으로서 학생들과 학부모님들과 처음 인사를 나누는 자리였다. 유독 질
문이 많은 아버지가 한 분 계셨다. 균도 아버지였다. 아버지의 그런 관심을 부담
스러워 하는 선생님들도 있었지만, 나는 겪어 보면 잘할 수 있을 것 같았고 균도
를 맞이하는 첫 마음 역시 여느 때와 다르지 않았다.

우리 균도

거울을 보면서 중얼거리고, 예쁜 선생님만 졸졸 따라 다니는 균도는 여느 자폐아들과 다르지 않았다. 그런데 균도는 덩치가 컸다. 180이 넘는 키에 0.1톤에 육박하는 거구가 교실을 경중경중 뛰어다녔다. 그것도 박수를 치고 신명나게 웃으면서. 담임으로선 여간 신경 쓰이는 학생이 아니었다.

입학식 다음 날이었다. 균도가 하도 방방 뛰길래 나는 균도에게 꿀밤을 한 대 주었다. 하지만 대수롭지 않게 여겼던 그 일이 불행의 시작이었다. 균도는 "박진한 선생님이 꿀밤을 때렸다. 2008년 3월 5일 수요일에 박진한 선생님이 꿀밤을 줬다"라고 말하기 시작했다. 그런데 균도는 과거의 일을 절대 잊어버리지 않는 아이였다. 게다가 매일매일 일기를 쓴다. 절대 잊지 않는 균도는 오늘 일어난 일뿐만 아니라 과거에 일어났던 일까지 매일매일 반복적으로 적는 특성이 있었다. 균도의 일기마다 꿀밤 사건은 빠지지 않고 기록되기 시작했다. 균도의 일기장에서는 2008년의 내가 아직까지 꿀밤을 때리고 있는 중이었다. 그 꿀밤을 맞은 날부터 지금까지도 나는 2008년 3월 5일 수요일에 균도에게 꿀밤을 준 선생님으로 남아 있다.

'서번트 증후군'으로 진단되기도 하는 균도의 이런 기억력은 담임 일을 할 때 특히 유용했다.

"균도야, 5월에 현장학습 갔잖아. 그때 며칠이었어?"

"균도야, 작년 9월에 우리 케이크 먹었잖아. 그거 며칠이었지?"

"균도야, 2009년 10월 31일이 무슨 요일이야?"

게다가 균도는 다가올 일정도 꿰고 있었다. "선생님 4월 5일이 오고 있어요. 수학여행이 오고 있어요." 균도와 함께 겪은 모든 과거와 미래는 균도의 머릿속에 있었고 나는 늘 이렇게 균도에게 물으며 일을 처리하곤 했다.

또 균도는 인터넷 검색을 좋아했다. 타자 속도도 남달라 학교 대표로 매번 컴퓨터 대회에 나갔다. 등수에 들 때도 있고, 흥분해서 컴퓨터는 쳐다보지도 않은 채 뛰어다닐 때도 있었지만, 어쨌든 낯선 환경에서 대회를 치르고 돌아가는 모습이 대견했다. 대회에 다녀오는 날이면 균도랑 둘이 밥을 먹고 집으로 돌아오곤 했는데, 그날은 균도가 돈가스를 먹고 싶다고 했다. 그래서 해운대에 있는, 자주 가던 돈가스 집으로 갔다. 돈가스가 나와서 막 먹으려는 순간, "뿌앙!" 맑고 청아한 방귀 소리가 크게 울렸다. 균도였다.

"코 막으세요!"

친절하게 균도는 안내 방송도 했다. 홀 한가운데 있던 우리는 식당에 있던 모든 사람들의 눈총을 한 몸에 받았다. 나는 조용히 일어서서 제자리에서 한 바퀴 돌며 고개 숙여 죄송하다는 표시를 했다. 아직 균도가 장애 학생이라는 걸 눈치채지 못한 몇몇 손님들은 여전히 우리를 이상한 시선으로 바라봤다. 그런데 그때 균도가 이번에는 "선생님, 쉬" 하면서 박수를 치며 화장실로 펄쩍펄쩍 뛰어갔다. 그제야 사람들은 이해하는 표정이 되었다.

그 후에도 균도는 여전히 방귀를 뀔 때는 자기 코를 막으며 "코 막으세요!"라고 소리쳤다. 수업 시간에 그러면 주변 친구들이 난리가 났다. 균도보다 어린 여자 친구들은 "균도 오빠!" 라고 비명을 질렀고, 남자 친구들은 균도에게 꿀밤을 주기도 했다. 균도는 친구들과 사이가 좋았다. 가정에서 사랑을 많이 받고 자란 균도는 교실에서도 사랑받는 아이였다. 균도가 다른 학생들을 방해해도 친구들은 싫어하지 않았고, 균도보다 장애 정도가 덜한 학생들은 소풍을 가거나 수학여행을 갈 때면 균도 손을 꼭 잡고 챙겨 주었다.

물론 균도가 항상 귀여운 짓만 하는 것은 아니었다. 균도에게는 비장애인이라면 이해하지 못할 구석도 많았다. 그중 하나가 기분이 아주 좋아질 때 나오는 욕을 하는 버릇이었다. 균도 같은 아이들은 비장애인들과 같은 맥락에서 상황을 이해하지 못하며 언어 사용 역시 그래서 문제가 된다. 균도도 그 욕이 무슨 뜻인지 모르면서 아무런 맥락 없이 쓸 때가 많았지만, 그 뜬금없는 타이밍이 때론 절묘했다. 그럴 때면 욕을 모르는 것처럼 연기를 하고 있는 게 아닌가 싶기도 했다. 하루는 수업 중에 설명을 잘못해서 "미안해, 선생님이 다시 설명을 해줄게" 라고 했는데 균도가 갑자기 "야, 이 개○○야!" 라고 했다.

균도는 가끔씩 멀쩡한 애들처럼 능청맞게 행동해서 주변 사람들을 놀라게 할 때도 많았다. 교실에는 부모님들이 학교로 보내 주시는 것도 있고, 내가 사놓은 간식도 많아서 항상 간식통이 꽉 차 있었다. 그런데 간식통을 터는 단 한 명의 학생이 있었으니, 그게 바로 균도였다. 어차피 학생들에게 주려고 사놓은 것이지만, 허락되지 않은 시간에 몰래 간식통에 손을 대길래 몇 번 혼을 냈다. 그때부터 눈치를 보기 시작한 균도는 더 주도면밀하게 행동하기 시작했다. 그날도 그랬다. 잠시 주변을 살피는 듯하더니 교실 문을 살짝 열고 들어가는 균도 모습이 눈에 띄었다. 뭘 하나 궁금해 잠시 지켜보고 있자니, 간식통에서 몰래 비스킷을 꺼내 먹는 게 아닌가. 너무 귀여워서 웃느라 말릴 틈도 없었다. 급한 마음에 과자 두세 개를 순식간에 입에 넣고 행복한 표정으로 돌아서던 균도는 나를 보고 깜짝 놀라며 교실 밖으로 줄행랑을 쳤다. 여느 아이들처럼 신나게 웃으면서 도망치는 모습을 보고 있자니, 영락없이 귀여운 악동이었다. 옆 반 선생님도 그런 균도를 보더니 쟤가 우리를 속이고 있는 게 아니냐며 한참을 웃었다.

균도는 창작에도 소질이 있었다. 노래를 듣는 것이나 부르는 것을 모두 좋아했는데, 지어서 부를 줄도 알았다. 어느 날 균도 어머니가 찾아와 잠깐 이야기를 나누는데, 계속 웃음을 참지 못하셨다. "선생님 요즘 균도가 집에서 노래를 하는데요……." 그제야 나는 눈치를 챘다.

"아, 예. 혹시 박진한이 박진한이 …… 하지 않나요?"

나도 본 적이 있었다. 내가 없을 때 교실에서 혼자 펄쩍펄쩍 뛰면서 "박진한
이~ 박진한이~ 박진한이~ 박진한이~"하고 노래 부르는 균도를. 나도 재미있어
서 종종 불러 보라고 시키기도 했는데, 사회 선생님께 선생님 이름을 부른다고
크게 혼이 난 이후로는 가사가 바뀌었다.

"박진한~ 선생님~ 박진한~ 선생님."

그런데 바뀐 가사는 리듬도 안 맞고 재미도 없었는지 며칠 부르다가 안 부르
길래 "균도야 그냥 박진한이 라고 원래대로 불러라" 했다. 그랬더니 배시시 웃으
며 "안돼요~ 박진한 선생님이에요" 라고 한다.

균도와 함께했던 이런 일상들을 떠올려 보면 지금도 절로 웃음이 난다. 모두
행복했던 순간들이었다.

중고등학교 때 비장애 학생들은 사춘기가 온다.
우리 장애 학생들이라고 해서 예외는 아니다. 원래 조금씩 늦는 경향이 일반적
이어서 고등학생이 되면 대부분 사춘기를 겪게 된다. 나는 중등 특수를 공부했
기 때문에 중학생과 고등학생들을 지도하고 있는데, 사춘기를 겪는 아이들을 대
하기가 난감할 때가 많다. 감정 기복이 심해지기 때문에 수업 중에 감정을 건드
리지 않기 위해 눈치를 봐야 하는 상황도 있고, 갑자기 생긴 폭력성 때문에 사고
가 날까 봐 주변 친구들을 보호하기 위해 감시자가 되기도 하며, 무엇이든 창밖
으로 던지는 성향이 생긴 아이들 때문에 수업하다가 물건을 찾으러 나갈 때도
있다. 대부분 중고등학교 학생들을 지도하는 선생님이라면 똑같은 상황을 겪기
마련이다. 균도도 예외는 아니었다. 하지만 균도의 사춘기는 조금 더 힘이 들었
다. 균도가 울기 시작하면 일주일을 집에서도 학교에서도 울었기 때문이다.

폭력성이 나타나기 시작한 것도 이때부터였다. 자신이 덩치가 크다는 것을 인지했기 때문인지, 남자 선생님들도 무서워하지 않고 밀쳐 내곤 했다. 물론 악의가 있어서 그런 것은 아니었고 선생님이 수습할 만한 수준이었지만, 가정으로 돌아가면 균도 세상이니 좀 더 심해지지 않을까 걱정이었다. 균도 아버지 이야기를 들어 보니 예상대로 집에서는 더 심했다. 손톱으로 할퀴었는지 아버지 목에 연필 굵기의 벌건 흉터가 서너 군데 눈에 띄는 날도 있었다.

"하이고 선생님요 뭐 우짜겠습니까. 균도가 사춘기인가 봅니다. 방구들도 다 주저앉아서 이번에 이사해야겠심더."

아버지도 균도의 사춘기를 그렇게 받아들이고 계셨다.

특수학교 중에서 우리 학교 같은 정신지체 학생들이 다니는 학교는 '기본 교육과정'이라는 것을 운영한다. 주로 일상생활을 하는 데 기본이 되는 것들, 예를 들면, 사물의 이름 알기, 개수 세기, 기본 예절 익히기, 그림 그리기, 음악 듣고 부르기, 자신의 몸 관리하기 등과 같은 것을 가르친다. 정신지체 학생들은 지식을 습득하는 속도가 늦기 때문에 중학생인데도 자기 이름 쓰기를 하는 친구도 있고, 1, 2, 3, 4를 공부하는 학생들도 있다. 교실에 여섯 명이 있으면 여섯 명 모두가 학습 수준이 다 달라서 공통 수업을 하기에는 어려움이 많다. 그래서 수업은 개인별로 이루어지는 것을 권장하고 이것을 '개별화 교육과정'이라고 부른다. 대부분은 한 학생에게 수준에 맞는 과제를 시키고 그 학생이 과제를 하는 사이 다른 학생에게 그에 맞는 과제를 시키는 식으로 수업이 이루어진다.

그래서 특수학교나 특수학급에는 '특수교육 실무원'이 존재한다. 이들은 학생들이 과제를 할 때 곁에서 같이 지도해 주며, 학생들의 신변 처리를 할 때 도움을 주는 역할을 한다. 교사 한 명이 대여섯 명의 학생을 일일이 돌보면서 지도하기에는 손이 턱없이 부족하기 때문이다. 심지어 어느 날은 특수교사들 사이에서 흔히 말하는 '하루 종일 똥만 치우는' 날도 있다. 한 녀석이 실수를 하는 바람에 화장실에서 씻기고, 실수한 옷을 초벌 빨래해서 비닐 봉투에 넣은 다음 사물함에서 여벌 옷을 꺼내 입힌다. 그런데 그러고 나면 다른 녀석이 실수를 해서 방금 씻긴 녀석에게는 과제를 주고 또 같은 과정을 반복하곤 한다. 이렇게 녀석들의 신변 처리를 해주다 보면 하루가 다 지나가 버리는 날도 많다. 나야 비위가 좋아서 급할 때는 맨손으로 처리할 때도 있지만, 어떤 선생님들은 점심때 식사를 못하는 경우도 있다.

이런 일들이 자주 발생하기 때문에 우리 반에는 담임, 부담임의 역할이 중요하고, 특수교육 실무원, 공익 근무 요원의 도움도 필요하다. 한 반에 대여섯 명의 학생만 있어서 쉽지 않느냐는 일반 교사들의 이야기를 들을 때가 있는데, 학생 숫자는 적지만 그래도 손이 부족한 것이 현실이다.

이렇게 학생들을 초등학교, 중학교, 고등학교에서 지도하다 보면 언제 이걸 익히겠나 싶은데 어느 순간 알고 있는 경우도 있고, 균도와 같은 발달장애 학생들 중에서는 기억력이 뛰어난 학생들도 있다. 단 한 명도 비슷한 학생들이 없기 때문에 재미있기도 하고, 매번 긴장을 늦출 수 없다. 또 학교에서 지내는 시간이 많은데다 길게는 3~4년 담임을 하다 보면 학생들이 거의 가족처럼 느껴진다.

일반 학교도 마찬가지겠지만, 처음에는 어느 한두 학생에게 눈이 가고 마음이 쓰이게 되는데, 학생들이 품을 떠날 때쯤이면 그중 어느 한 명도 에피소드가 없는 학생이 없을 정도가 된다. 그 때문인지 학교에는 처녀 총각 선생님들에게도 아들, 딸이 있다. 아이들은 선생님을 떠나면 금방 잊곤 하지만, 함께 지내는 몇 년간은 서로 "엄마", "아빠", "아들", "딸"이라고 부르는 관계로 살아간다.

특수학교 선생님들은 다들 이렇게 말한다. "우리는 또 다른 균도를 만날 것이다." 어느 학교를 가든 학생들을 만나면 과거의 그 녀석이 생각나고, 그래서 어렵고 힘들더라도 웃으며 그 녀석과 새롭게 시작할 수 있게 된다. 지금도 우리는 그런 또 다른 균도들과 함께 학교에서 뒹굴며 어떻게 하면 자립할 수 있도록 할 것인가 고민 중이다.

우리 형과
나의 꿈

이균정__기장 고등학교 3학년

형아를 좋아한다고 해야 하나 싫어한다고 해야 하나 모르겠다. 나에게 균도 형은 신기한 사람이다. 거울을 보면 뭐가 그리 좋아서 그렇게 웃는 건지, 육십갑자나 위인들 생년월일은 대체 어떻게 외우는 건지, 군인이 총 지고 다니듯이 위인전을 챙기는 이유는 뭔지, 7080 문화에는 왜 그렇게 빠져 있는지, 쓰잘 데 없는 옛날 신문들은 왜 그렇게 찾아보는지 모든 것이 다 의문투성이다. 평소 책을 끼고 사는 걸 보면 장애만 아니었어도 나보다 공부를 잘했을 수도 있을 것 같다.

우리 집은 균도 형 때문에 다른 집과 좀 다르다. 우선은 거울이 별로 없다. 거울만 보면 이상하게 방방 뜨는 균도 형 때문에 거의 다 치워 두었다. 내 방 장롱 문 안쪽에 달린 거울도 하도 열어 제끼며 보는 바람에 결국은 문짝이 떨어져 버린 적도 있다. 또 예전 살던 집에는 군데군데 방구들이 꺼져 있었다. 1백 킬로그램이 넘는 몸으로 하루에도 수십 번씩 트램펄린 타듯 방방 뛰는데 당해 낼 재간이 없어 이사를 했다. 형의 활약상 덕택에 우리 집 매트리스도 남아나는 것이 없었다. 그래서 우리는 항상 이웃에 폐가 되지 않도록 1층집이나 아래층에 사람이 살지 않는 곳에만 살았다.

형은 말하는 것도 상당히 엉뚱하다. 마치 어릴 때 학습지 풀면서 하는 줄긋기를 하는 것 같다. 느닷없이 "엄마는 파란색 옷을 입었어요. 균도는 검은색." "아빠는 남자예요” “엄마는 여자예요, 균도는 남자!” 같은 이야기를 자주 한다. 의외로 비유법도 쓸 줄 아는데 예를 들면 “엄마는 펭귄” 이런 식이다. 이렇게 보면 아무것도 모르는 것 같지만 생판 모르는 여자한테 다가가 눈을 마주치며 이름을 묻고 사는 곳을 캐묻는 걸 보면 그냥 단순하게 묻기 놀이만 하는 것 같진 않다.

하지만 불가사의한 부분이 이런 것들만은 아니다. 제일 이해할 수 없는 건 자해를 할 때다. 주로 팔을 깨물어서 지금도 큰 흉터가 남아 있다. 어릴 적에는 자기 팔을 깨물다가 다른 사람이나 나를 때리는 등 과잉 행동을 보여서 나는 형이 팔을 깨물면 화가 났구나 하는 표시로 알아들었다. 평소에는 형이라고 존댓말을 쓰다가도 그럴 때면 하지 말라고 반말을 하곤 했는데 아빠한테 형에게 반말 쓰면 안 된다고 몇 번 혼이 난 이후로는 이제 그러지 않는다.

예전엔 형이 아무런 이유 없이 나를 때리곤 했지만 요새는 그러지 않는다. 아마 나도 이제 형만큼 컸기 때문에 그런 것 같다. 그런데 요즘에는 형이 복지관 아이를 때리고 돌아와 걱정이다. 그 애는 얼마나 놀랐을까, 또 그 엄마는 얼마나 마음이 아플까. 그런 소식을 들을 때마다 미안해지고 마음이 착잡해진다. 특히 복지관에 있는 아이에게 미안하다. 나는 그래도 가족이니까 버텼는데 생면부지의 그 사람들은 어땠을까. 이제 형은 신문과 방송에도 이름이 오르내리는 사람이 됐는데, 이런 일로 인해 심한 오해를 사지는 않을까, 형의 그런 일에 대해 무슨 이야기가 나오지는 않을까 걱정이기도 하다. 모두 안됐지만 누구 편도 들어줄 수가 없다. 때린 사람이 잘못한 건 맞지만 그렇다고 형을 나무라기만 할 수도 없다. 어쨌든 걱정은 되지만 아빠가 착잡해 할 것 같아 아무 말도 하지 못했다.

사실 나는 엄마랑 아빠에게 섭섭한 마음이 좀 있었다. 이유는 단순했다. 형은 늘 신경을 써주는데 나에 대해서는 그렇지 않아서

다. 늘 집에 오면 아무도 없었다. 아빠랑 형아가 엮이기 시작할 때부터 앨범에는 내 사진도 사라졌다.

엄마 아빠는 내가 공부를 잘하는지도 몰랐다. "형아는 맨날 책 읽는데 니는 모하고 있나?" 형이 맨날 위인전을 들여다보고 있으니 그저 습관처럼 이러셨다. 그런데 어느 날 내가 시험을 잘 봐서 학원에 플래카드가 걸렸다. 학원에서 엄마한테 전화를 했는지 그리고 나서부터는 엄마가 내 방도 들여다보고 공부하는 데 방해가 된다며 갖고 놀던 게임 도구들을 갖다 버리셨다.

예전엔 형편이 많이 어려웠던 것 같다. 변기가 없는 집에 살던 적도 있었다. 이 집에 오기 전까지 나는 아빠랑 형아랑 셋이 한 방을 썼다. 엄마 아빠는 항상 아침에 일 나갔다 밤에 들어오곤 했다. 특히 엄마는 쉬는 날도 없이 밤낮으로 일만 했다.

방송에 우리 이야기가 나오고 내가 몰랐던 옛날이야기들을 듣게 되면서 부모님이 내게 신경을 안 써준 게 아니라 못 써주었다는 걸 알았다. 지금 생각해 보면 안쓰럽다. 이제는 섭섭했던 마음이 많이 사라졌다. 토요일, 일요일, 명절도 없이 항상 해 뜨면 나가 해 지면 돌아오는 엄마 아빠의 모습을 생각해 보면 이제야 너무 미안한 마음이 든다. 지금은 그저 이렇게 사는 것 자체가 고맙다.

요즘 형과 아빠를 보면 너무 신기하다. 둘 다 그럴 사람들이 아니었다. 몸집도 크고 운동도 싫어하고 아빠는 지병도 있으셨다. 그런 사람들이 하루 몇십 킬로씩 걸었다고 하니 믿어지지 않는다. 아빠가 걷기할 때 정말 다 걷는지 궁금해서 미행하다가 마지막에 돈을 주고 간 사람도 있다던데 사실 나도 그래 보고 싶을 정도였다.

우리 이야기가 책으로 나오면 되게 신기할 거 같다. 몇 년 전만 해도 그냥 아

우리 궤도

빠였는데 어느 순간 아빠가 다른 사람이 되어 있는 것 같다. 우리 아빠는 내가 초등학교 때에는 평범한 택시 기사였다가 포장마차를 했다. 그랬던 아빠가 어느 날부터 대학에 편입해 졸업을 하더니 순식간에 신문, 텔레비전, 라디오에 나오는 사람이 되었고, 급기야 책까지 나오는 걸 보면 삶이란 게 언제든지 뒤바뀔 수 있는 것 같다.

아빠가 이런 일로 관심을 받기 전에는 나도 형아를 그리 좋아하지 않았던 것 같다. 형의 존재를 부정하려 한 적도 있다. 하지만 아빠가 방송에도 나가고 언론에도 나가다 보니 몇몇 사람들이 날 알아보기 시작했고 형의 존재도 부끄럽지 않았다. 이미 알 사람은 다 알았고 내가 부인한다고 해서 될 일이 아니었다.

하지만 맘에 걸리는 건 여전히 많다. 무엇보다 장애인에 대한 사람들의 인식이 그렇다. 며칠 전, 회를 먹으러 간 식당 주변에서 검은색 바탕에 흰색 해골이 그려진 반대 플래카드를 보았다. 장애인 시설 반대 문구였다. 내 또래 아이들 사이에선 '장애'라는 것이 하는 일이 석연치 않은 사람을 표현하는 일종의 멸칭으로 쓰인다. "바보 같은 짓 하지 마라" 라고 말할 때 "장애 같은 짓 좀 하지 마라" 라고 이야기한다. 그런 말을 들을 때면 마음이 아프다. 앞으로 사회를 이끌어 갈 학생들, 곧 어른이 될 학생들이 그런 인식을 가지지 않았으면 좋겠다. 그렇다고 친구들을 탓하진 않는다. 상대방이 나를 모른다고 탓할 필요는 없다. 하지만 형도 나도 자신들과 모두 똑같은 사람이라는 생각은 있었으면 좋겠다. 형이 지킬 건 다 지키는 편이다. 하지 말라고 하는 건 안한다. 어떤 때 보면 남들보다 낫다. 이런 것도 알아주었으면 좋겠다.

엄마 아빠, 옆집에 사는 외할머니 외할아버지는 그런 이야기를 전혀 하지 않지만, 가끔 친척들이 그럴 때가 있다. "네가 두 명 몫을 해야 한다." "가족을 이끌어야 한다." 이런 말들을 많이 하신다. 나도 형과 부모님을 잘살게 해드리고 싶다. 나도 형아도 잘살 수 있을 만큼 돈을 벌 수 있으면 좋겠다. 그러나 요즘 내 현실을 보니 자꾸 걱정이 되고 불안하다. 형을 책임지기 위해서는 나부터 잘되고 좋은 사람이 되어야 한다는 생각에 자꾸 어깨가 무거워진다. 사실 선생님이나 사서가 되고 싶은데 돈에 대한 걱정이 앞서다 보니 지금은 경제학을 전공해야 하나 고민 중이다.

형 습관 중에는 특이한 것들이 많은데 그중 하나가 뭘 받을 때가 아니라 주면서 "고맙습니다" 할 때다. 그러면 뭐가 고마운 건지 계속 생각하게 된다. 내가 무슨 일을 했길래 …… 무언가 고마운 일을 하기는 했나 싶다. 돈이 아닌 다른 걸로 형을 도우라면 거의 할 수 있을 것 같다. 지금 당장 맘만 먹으면 해줄 수 있는 일은 부담스럽지 않다. 금전적으로 돌봐야 한다면 힘들겠지만 다른 식으로 형을 돌보는 것은 자신 있는 편이다. 엄마는 군대 가도 공익으로 가서 복지관 갔으면 좋겠다고 이야기하신다. 나도 그러고 싶다. 그러면 형을 좀 더 이해할 수 있지 않을까.

당신은 사랑받기 위해
태어난 사람

박금선_균도 어머니

어렸을 때는 균도가 대개 예뻐서 시장 같은 데 데리고 가면 전부 다 한 번씩 안아 보자고 난리가 났었어요. 그때는 정말 좋았어요. 난 균도 상태가 지금처럼 될 줄은 꿈에도 몰랐어요. 그저 정상보다 조금 부족하다고 생각했고, 만약 군대라도 가게 되면 어떡하나 제일 걱정이었죠. 그리고 받아들일 것은 빨리 받아들여서 균도가 조금이라도 더 나은 혜택을 받았으면 싶었어요.

부산으로 돌아올 때까지 말 한마디 못하던 균도가 언어교육을 받으면서 갑자기 단어가 막 느는 거예요. 알려 주는 대로 다 받아들이더라고요. 이제 됐구나 싶어 너무 기뻤죠. 느는 속도도 빠르고 한 번 배운 것은 잊어버리질 않았어요. 한글-영단어 비디오테이프를 보고 나서도 단어를 모조리 외워 버렸어요. 교육원 선생님도 놀랄 정도였죠. 전 그때 균도가 천재인 줄 알았어요. 그런데 기쁨도 잠시, 문장이 되질 않는 거예요. 자기표현이 제대로 안 되더라고요. 심지어 '바이바이' 손을 흔들 때도 반대로 하더라고요. 남의 말이나 행동을 듣고 그대로 표현하는 거였어요. 분명 치료 효과는 있는데 발전 속도가 너무 느렸죠.

균도는 사실 욕을 잘해요. 욕을 달고 사는 아빠 탓도 있겠지만 제 탓도 있어요. 균도가 입을 떼지 못하고 있을 때 주위 사람들이 말은 못해도 욕은 빨리 배운다 해서 제가 집에서 욕을 가르쳤거든요. "균도야, 개○○ 개○○ 해봐" 그랬어요. 그땐 그렇게 해서라도 말을 할 수만 있다면 좋겠다 싶을 만큼 간절했어요. 그런데 어느 날 시장에 가서 사람들에게 욕을 하는 거예요. "이 ○○ 이 ○○" 그러면서. 저는 너무 놀라 그 뒤로 다시 욕을 하지 못하게 가르치느라 애를 먹었죠.

하지만 사실 어린 시절에는 그다지 힘들 게 없었어요. 한번은 균도가 없어졌다고 학교에서 전화가 왔어요. 학교를 다 뒤져 봐도 없다는 거예요. 그때 문득 그 전날 균도 일기장에서 숙직실 가서 TV를 봤다고 했던 내용이 떠올랐어요. 선생님께 말씀드리니 잠시 후에 찾았다고 연락이 왔죠. 균도는 그런 애였어요. 어디든 누비고 다녔죠. 도움반 옆에 교장 선생님 방이 있었는데, 거기 냉장고에서 음료수를 꺼내 먹고 살았어요. '교장 위에 이균도' 라고 할 정도로 교장실 냉장고에 남아나는 게 없었대요. 그렇게 모든 게 다 견딜 만한 잔잔한 사고였어요. 벽에 낙서해서 지우개로 지우고, 책에 낙서해서 책을 사주려 했는데 책에 붙은 바코드는 어쩔 수가 없어서 그냥 넘어 가기도 하고 그랬죠. 저는 타인들 때문에 분노했던 기억이 별로 없어요. 균도의 실수 때문에 타인을 힘들게 해서 오히려 제가 미안했죠.

게다가 균도는 어릴 때부터 계속 인복이 많았어요. 말이 늦어 웅변학원을 보냈는데 아침에 학원 도착하면 여자 친구들이 가방 받아 주고 실내화 신겨 주고 같이 놀아 주고 했어요. 박은경 선생님께선 균도가 김치를 안 먹자 안고 먹이려다가 균도가 뒤로 일어서는 바람에 허리를 다치시기도 했어요. 정말 죄송하고 감사했죠. 언어교육과 선생님이었던 성지은 선생님은 균도를 주말에 자기 집으로 데려가서 같이 자고 다음 날 백화점에서 옷도 사주고 공부도 가르쳐 줬어요. 또 일곱 살 때 언어치료원 선생님인 김선미 선생님은 거창에서 균도를 한 달간 봐주셨는데 너무 감사해서 평생 잊지 못해요. 저희 가정 형편이 너무 어려웠던 시절이라 균도 생활비도 제대로 보내 주지 못했어요. 한 달 동안 여기저기 구경도 시켜 주시고, 편식이 굉장히 심했는데 그것도 많이 고쳐 주셨어요. 거창에서

우리 균도

올 때는 모든 반찬을 다 먹더니 제가 잘못했는지 점점 나물 종류는 먹지 않더라고요. 제가 잘못해서 돌아가 버린 거죠.

중학교 3년 내내 담임을 맡아 주신 김한나 선생님은 처음 부임하시고 첫 제자인 균도를 정말 좋아하셨어요. 특히 많은 추억을 주신 선생님이에요. 겨울방학 땐 기차 여행도 시켜 주시고, 아이들과 바깥 활동도 많이 해주셨고, 학교 텃밭에 야채를 심어서 보내 주시고, 균도 살쪘다고 운동도 많이 시켜 주시고, 어떻게든 일반 고등학교 보내고 싶으셔서 최선을 다해 가르쳐 주셨어요. 지금도 1년에 한두 번 정도는 동창회를 하세요.

성우학교 박진한 선생님도 우리 균도에게 최선을 다해 주셨어요. 선생님이 균도의 과잉 행동을 말리다가 사고로 균도 입이 다친 적이 있었는데 그때 마음은 너무 아팠지만 제가 균도를 모르는 게 아니기 때문에 선생님이 어떤 상황에 있었을지 다 이해가 됐어요. 균도가 과잉 행동을 할 때 얼마나 다루기 힘든지 아니까요.

어릴 때는 오로지 말만 하면 다 될 줄 알았는데, 크면 클수록 더 힘들어지는 것 같아요. 아기 때는 부모의 보호만 있으면 되는데, 커서는 자기의 의지와 생각이 있어야 하잖아요. 그런데 그게 없으니 무슨 사회생활을 할 것이며, 어떻게 자기 인생을 책임질지 걱정이 커지더라고요. 지금은 '남에게 피해 주면 안 된다' '편식하지 말자' '인스턴트 음식 많이 먹지 말자' 정도만 가르치려 하는데도 너무 안 돼서 걱정이에요.

균도가 과잉 행동을 보일 때는 정말 힘들어요. 소리를 지르면서 자기 팔을 깨물고 뛰어다니는데, 그러면 가슴이 철렁하고 머리가 어질어질해져요. 거울을 보며 알아들을 수 없는 말을 하고, 심하게 울기도 하고,

벽을 치고 고함도 지르고, 자기 머리를 자기 손으로 세게 때리고, 방바닥이 갈라
질 정도로 뛰기도 해요. 화가 나면 옆에 있는 사람들을 모두 밀어 버리거나 때리
기도 하고요.

2년 전 어버이날 가족들과 식당에 갔는데 배가 고파서 그런지 갑자기 소리
를 지르고 숟가락으로 저를 때리더니 벌떡 일어나서 옆 테이블 아저씨를 때리고
신발을 던지는 거예요. 결국 밥도 못 먹고 나왔죠. 다행히 아저씨가 이해해 주시
며 오히려 제 걱정을 더 해주셔서 고마웠어요. 이럴 땐 정말 창피하고 같이 죽고
싶은 심정이에요.

균도가 과잉 행동을 보일 때는 주위 사람들을 피하게 하고 잠시 동안 내버려
둔 후 이야기를 하는 게 좋아요. 균도가 좋아하는 음식도 사주고 찬바람을 쏘여
주기도 해요. 그리고 가끔은 노래를 불러 줘요. 〈당신은 사랑받기 위해 태어난
사람〉이라는 노래 있잖아요. 균도가 과잉 행동을 보일 때면 정말 가슴이 둥당거
리는데 일부러 제 자신을 진정시키기 위해서라도 균도한테 노래를 불러 줘요.
그러면 균도가 노래를 따라 부르면서 조용해질 때가 있어요. 그러다가 "엄마 사
랑해요" 할 때도 있고요.

제 아들 균도는 사람들의 사랑과 관심이 필요한 아이예요. 칭찬을 해주면 아
주 좋아해요. 누가 목소리를 높이거나 하면 과잉 행동이 더 심해지고요. 균도를
그렇게 생각하면 안 되지만, 저도 균도를 남한테 내놓기 부끄럽고 그런 게 있었
거든요. 그러지 않으려고 해도 괜히 자신감도 없어지고 아이 때문에 위축되기도
하고 그러더라고요. 이제는 차츰 마음을 다독여 가지고 어떻게든 균도에게 좋
게, 편하게 살 수 있게끔 노력하려 해요. 요새는 그저 균도가 즐겁게 살았으면
좋겠다는 생각을 해요. 세상걷기 하면서 균도에게 추억이 많이 쌓인 게 보여서
좋았어요. 기억력이 좋은 우리 균도는 언제 어디서 뭘 했는지 다 기억하니까요.
지난번에 태국 다녀와서 뭐가 좋았냐고 물어보니까 발 마사지가 좋았다며 그때

기억을 떠올리는지 흐뭇하게 웃는데 어찌나 보기 좋았는지 몰라요. 추억이 살아 있다는 걸 느꼈죠. 앞으로도 균도가 여행하고 맛있는 거 먹고 평소 좋아하는 수영이나 노래도 하면서 그렇게 살았으면 좋겠어요.

　　　　　전 그저 자기 아이는 제 스스로 책임져야 한다고 생각했고 부모회는 잘 몰랐어요. 전 우리 가정만 단단하게 챙기자, 얼른 돈 벌어서 기반 잡아 놓고 균도를 돌보자 라는 생각뿐이었어요. 균도 아빠랑 많이 달랐죠. 균도 아빠가 사회복지학과에 갈 때만 해도 처음에는 이렇게 될 줄 몰랐어요. 공부해서 균도 돌보며 조용히 살아갈 줄 알았는데, 방송도 타고 신문에도 나오게 될 줄은 몰랐네요.

　어느 날 내가 죽고 나면 어떻게 될까 생각을 한 번 해봤어요. 그래 만약 우리 사회가 이런 아이들을 돌봐 줄 정책이 있다면 내가 마음 놓고 갈 수 있을 것 같다. 그런 생각이 들더라고요. 얼마나 실현 가능할지 모르겠지만, 균도 아빠가 그래서 이 일을 한다는 생각이 들고 나니 지금은 반대하지 않아요. 생계 문제도 언젠가는 좋아지겠죠.

　균도 아빠는 말로는 애처가가 맞아요. 실제로는 아니고요. 균도만 돌보지 집안은 돌보지 않아요. 생계도 엄마가, 집안일도 엄마가, 가정 대소사도 엄마가 …… 이런 식이에요. 자기는 오로지 바깥일만 해요. 또 자기 건강을 너무 등한시해서 걱정이에요. 금연한다고 해놓고 안 하고 말이죠.

　개인적인 이야기일지는 모르겠지만, 우리 같은 가정은 부부애가 너무 중요하다고 생각해요. 남편은 바깥일이 힘들다고 하고, 아내는 가정 일이 힘들다고 하면서 서로 불평하게 되니까요. 대화가 있었으면 좋겠어요. 우리 가정도 대화가 필요해요.

균정이 생각만 하면 가슴이 아파요. 다섯 살까지 균도를 혼자 키웠는데, 우리 부부가 죽으면 누가 균도를 챙겨 줄까 생각하니 눈앞이 캄캄했어요. 사촌 형들이 많긴 하지만 그래도 친형제가 있는 것이 좋을 것 같아서 동생을 갖기로 결심했죠. 그리고 너무나 예쁘고 착한 동생이 태어났어요. 균정이는 균도에게서는 받아 보지 못한 선물을 주었어요. 신생아 때도 잘 울지도 않고 우유 잘 먹고 잘 자고 잔병 없이 잘 자라 주었어요. 유치원 시절에도 공부 잘하고 절대 떼쓰는 일 없이 정말 착한 아이였어요.

균도가 어릴 때는 가정 형편이 그나마 넉넉해서 왕자처럼 컸다면, 균정이는 어린 시절을 어떻게 보냈는지 모를 정도로 힘들었어요. 태어나서 얼마 후 IMF가 오고 균도 아빠가 하던 일이 부도가 나면서 가세가 완전히 기울었죠. 형편이 어려우니 균정이에게 신경 쓸 여유가 없었어요. 지금도 그렇긴 하지만, 어린 시절 같이 놀아 주지 못한 것이 가장 미안해요. 그때는 사는 것이 너무 힘들었어요. 자기도 형 때문에 힘든 점이 많았을 텐데 내색하지 않고 잘 참아 주고 탈선하지 않고 바르게 자라 준 게 너무 고마워요. 요즘도 일하면서 다른 엄마들이 애들 손잡고 나들이 나와 있는 걸 보면 애들 생각이 나요. 우리 애들은 항상 집에만 있으니까요. 그런 거 볼 때마다 제일 미안해요.

균정이가 어릴 적에는 공부도 곧잘 했는데 고등학교 와서 힘겨워 하는 모습을 보니 제가 어릴 때 기초를 잡아 주지 못한 게 너무 후회스러워요. 하지만 이젠 공부하라 강요하지 않고 균정이가 행복할 수 있는 일을 하라고 이야기해요.

해주고 싶은 말이요? "이렇게 태어나게 해서 정말 미안하고 이렇게밖에 해줄 수 없어서 더 미안하다. 왜 이렇게 되었는지는 모르겠지만 균도, 균정, 조금만 더 노력하자. 엄마도 열심히 노력할게."

평생 글이라고는 제대로 써본 적이 없었다. 늦은 나이에 균도와 같이하려고 학교에 편입하면서 과제물로 쓴 글이 전부였다. 균도와 같이했던 하루하루를 글로 남겨 놓고 싶은 마음으로 오늘 여기까지 왔다.

가진 것 없는 아빠여서 해줄 것이라곤 같이 걷는 것밖에 없었다. '균도와 세상걷기'는 그렇게 시작됐다. 걸으면서 아무에게나 할 수 없었던 균도 이야기, 그리고 발달장애인의 가족 이야기를 했다. 그 길 위에 흩어져 있던 이야기를 담아 내놓는 이 책이 장애인으로 평생을 살 수밖에 없는 내 아들 균도를 위한 또 다른 선물이 되면 좋겠다.

오십이 조금 안 되는 인생을 살면서 나는 너무나도 많은 것을 누리며 살았다. 장애가 없는 몸으로 사회에 나왔고 성공하지는 못했지만, 내가 가고 싶은 곳은 어디든 갔다. 그렇지만 나로 말미암아 태어난 내 아들 균도는 자기 의지로는 아무 데도 가지 못한다. 사회가 벽이다. 균도에게 이 사회는 아직은 편안함이 보장되지 않는 미지의 세계다. 균도도 나가고 싶어 한다. 그래서 스스로 달력에 어디에 가자고 끄적거리고는 나에게 이야기한다. "아빠 3월 19일날 균도 어디에 가고 싶어요. 어디어디 보고 싶어요." 이 말이 나를 움직인다. 가정의 호구지책이 내 의무지만, 균도를 외면할 수 없다. 그리고 발달장애인 부모의 외침을 모른 척할 수 없다.

균도와 같은 발달장애인의 삶은 사회가 책임져야 하지만 많은 부분을 엄마들이 지고 있다. 양육의 절반을 책임져야 하는 우리 아빠들의 외면이 엄마들의 삶과 또 다른 가족들의 삶을 힘들게 한다는 내 생각이 잘 전달되었는지 모르겠다. '균도와 세상걷기'는 누구에게 알려지기 위한 기획이 아니라 내가 없는 순간에도 균도가 아빠를 기억해 주기를 바라 떠난 추억 여행이었다. 균도는 고등학교를 졸업하고도 갈 곳이 없었다. 답답한 마음으로 고민만 하던 중 주변의 여러 분들의 도움과 조언으로 걷기 여행을 떠날 수 있었다. 그 천천히 걷는 여행에서 균도는 많이 성장했다. 우리 같은 처지의 사람들도 많이 만났다. 우리가 가장 슬픈 가족사를 가지고 있다고 생각하고 살았는데 거리에서 만난 사람들은 우리보다 더 슬픈 가족사를 안고 살고 있었다. 길을 계속 걸을수록 그들과 함께 걷고 있다는 것을 알게 되었다. 그리고 한 가지 교훈을 얻었다. "나만 한 고민은 누구나 한다. 열심히 살아가는 사람만이 그 권리를 이야기할 수 있는 자격이 있다."

설 연휴가 끝나는 조용한 기장의 밤거리가 내려다보인다. 거리에는 봄비가 조용히 온기를 재촉하고 있다. 창가에 부딪치는 빗소리를 들으니 문득 균도와 세상걷기 깃발을 처음 올리던 날이 떠오른다. 평소에도 울보였지만 그날도 나는 흐르는 눈물을 주체할 수가 없었다. 이 땅에서 내가 할 수 있는 것이 이것밖에 없냐고 자꾸 되물었다. 그러나 그런 와중에도 균도는 옆에서 세상을 즐기고 있었다. 누가 도와주지 않으면 세상을 걸을 수 없는 균도. 그런 것을 아는지 모르는지 균도는 걸으면서도 세상의 꽃들과 구름과 바람을 온몸으로 느끼며 즐거워했다. 이제는 나의 균도뿐만 아니라 천진난만한 이 세상의 모든 균도들이 다함께 어깨 걸고 뛰어 다닐 수 있는 그런 세상이 되면 좋겠다.

긴 여정을 이어 오면서 고맙고 또 힘이 되어 주었던 많은 이들을 만났지만 이 이야기를 읽고 우리를 이해하고 응원해 줄 또 다른 이들을 만나게 된다 생각하니 감회가 새롭다. 무엇보다 이 책이 회고록이 아니라 지금도 계속 진행 중인 세상을 향한 우리의 울부짖음이라는 점을 모두가 알아주었으면 좋겠다. 이 책은 여기서 끝내지만 균도와 세상걷기는 계속된다.

균도와 세상걷기를 기획하고 이 책이 나오기까지 오늘의 균도가 있게 해준 많은 사람들에게 새삼 고마운 마음을 전한다. 세상걷기를 기획하고 언론에 소개해 준 후배 노태민에게 먼저 감사의 마음을 전한다. 그는 지금도 해운대에서 조금이라도 세상을 바꾸기 위해 열심히 노력하고 있다. 또한 세상걷기 내내 물심양면으로 지원해 준 허영관 형, 친구 화덕헌, 후배 권혜란 등을 비롯해 기장 해운대에서 균도를 응원해 주고 있는 많은 사람들에게 감사 인사를 전한다. 또 무작정 떠난 여행길에 우리의 발걸음 1킬로미터마다 1만 원을 후원하자고 제안해 주시고 첫 번째 기부를 해주신 부산시 교육감 김석준 교수님께도 감사의 말을 전한다.

세상걷기를 장애인 언론에 연재해 세상에 알리자고 제안해 주었던 노들야학의 박경석 교장 선생님, 늦은 밤 투박한 내 글을 정리하느라 새벽까지 골몰했던 『비마이너』 김종환 전 편집장과 김유미 기자, 그리고 나에게 많은 가르침을 준 장애인 활동가들에게도 감사 인사를 전한다.

가장 힘들었던 4차 세상걷기에서 우리는 발달장애인법 제정과 동시에 탈핵을 외치며 걸었다. 그 길에 동행해 준 노동당 녹색위원회 위원장 김현우와 우리를 반겨 주었던 삼척 시민들에게도 고마움을 표한다.

이 책은 장애인 자녀를 가진 부모들의 목소리, 장애인 부모 단체의 이야기이기도 하다. 우리는 다 같이 길에서 답을 찾으려 했고 길에서 사람들을 만났다. 길에서 만난 보통 사람들이 "우리 균도"를 만들어 냈다. 가는 길마다 마중을 나와 균도 손을 꼭 쥐어 주던 장애인 부모님들, 그리고 발달장애인 당사자들, 이 모든 균도의 친구들이 이 책의 주인공이다.

균도가 학교에 다닐 때는 장애인 교육권에 대한 인식도 부족하고 일반 학부모들과 교사의 관심도 많지 않았다. 그런 상황에서도 균도를 평범한 학생으로 봐주시고 훈육해 주었던 기장 중학교의 김한나 선생님, 부산성우학교의 박진한 선생님께도 감사의 마음을 전한다. 또한 우리 아들이 세상에 나가는 데 엄마처럼 알뜰살뜰 많은 도움을 주신 부산장애인부모회 강경채 회장님과 장준용 후원회장님의 정성도 평생 잊지 못한다.

마지막으로 건강하지 못한 몸에도 불구하고 가족을 건사하느라 애쓰고 있는 균도 엄마에게 고마움을 전한다. 호구지책에 무책임한 가장에다 무뚝뚝하기까지 하지만 언제나 마음속으로는 균도·엄마를 생각하고 있다는 것을 이 기회를 빌려 이야기하고 싶다. 형을 누구보다 잘 챙겨 주는 균정이에게도 밝은 모습으로 곁에 있어 줘서 고맙다는 말을 전한다.

우리 균도는 멈추지 않는다. 발달장애인을 포함한 이 세상 모든 장애인이 차별받지 않는 세상이 올 때까지 균도는 계속 세상 속으로 걸어갈 것이다. 게다가 균도는 이제 혼자가 아니다. 우리는 앞으로도 많은 발달장애인과 그 가족의 꿈을 안고 함께 걸을 것이다.

기장·해운대장애인부모회 사무실에서
이진섭

우리 균도

부록

우리 균도를 소개합니다

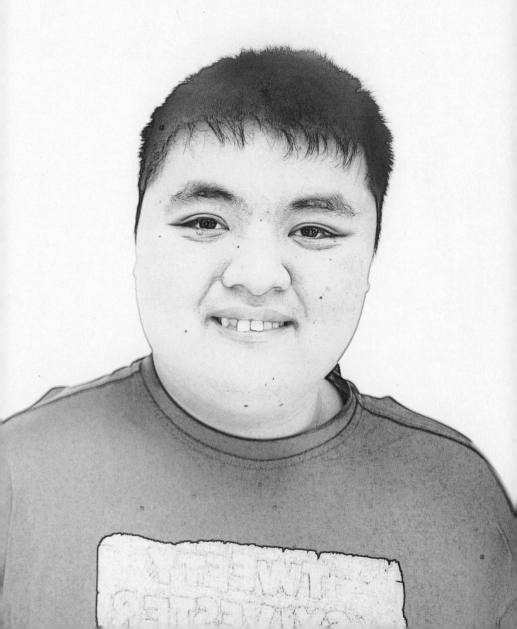

<내가 만일> (노래: 이균도) 듣기

1992년 6월 6일,

첫아들이 태어났다.

고를 균(均) 길 도(道)

바르게 곧은길을 가라고

할아버지가 손자에게 지어 준 이름이었다.

균도는 뒤집기 전에 앉았고, 기어 다니기 전에 일어섰다.
돌날 아침 균도는 삼촌이랑 걸어서 마을을 한 바퀴 도는 아이였다.

돌이 지나도 옹알이만 하고 말은 좀처럼 늘지 않았지만
여느 아이들처럼 사랑스러운 집안의 재롱둥이였다.
우리는 그저 조금 늦는 줄로만 알았다.

그러나 다섯 살. 병원에서는 균도를 자폐라 했다.

균도에게 장애 등급을 받게 하고 싶지는 않았다.

내 속으로 낳은 자식에게 장애라는 멍에를 지운다는 게 죄악 같았고,

다시는 건너오지 못할 다리를 건너는 것만 같았다.

학교에 특수학급이 없어 균도는 혼자 운동장에서 그네만 타다

돌아오곤 했다.

학교에서 균도는 '그네를 좋아하는 특이한 아이'였다.

하지만 균도는 받아쓰기 시험과 영어를 좋아했고,
친구들 사이에서 인기도 많았다.
학교에 오면 신주머니를 정리해 주는 친구,
가방을 받아 주는 친구들이 있었다.

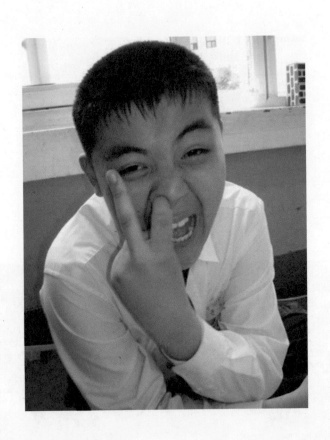

그런데 어느 날 균도가 지렁이를 먹고 왔다.
이제는 균도의 장애를 인정해야 했다.
균도는 발달장애 1급을 받았다.

그래도 균도는 일반 중학교에 갔다.
지역에서 함께 살 친구들을 만나게 해주고 싶어서였다.
그러나 몸이 커갈수록 균도의 과잉 행동도 심해졌다.
다른 아이들의 학업에 방해가 되는 것 같았다.
또 균도도 학업 스트레스를 받았다.
용하게 꼴찌는 면했지만, 아무런 의미 없는 성적표가 날아올 때면 고민이 됐다.
모두가 대학 입시에만 매달리는 학교에서 균도가 비장애인과 경쟁해 성적을
낸다는 것이 마음에 들지 않았다.
그리고 때마침 집 근처에 조그만 특수학교가 생겼다.

균도는 특수학교 고등부 1학년이 되었다.

특수학교에서 균도는

더 크게 웃고 뛰어다니며 행복해 했다.

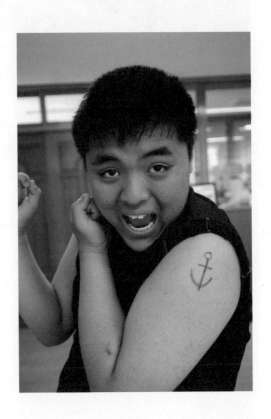

각종 대회에 나가 상도 받아 왔다.

일반 학교에서는 불가능한 일이었다.

아침이면 선생님과 함께 산책을 하면서 걷는 데도 취미를 붙였다.

동생들의 식사를 챙겨 주고 재학생 대표로 환영사를 읽으며

의젓한 선배 역할도 했다.

균도는 성우학교 제1회 졸업생이 되었다.

졸업생 대표로 송사도 했다.

또박또박 읽다가는 총알처럼 빨리 읽어 내린 송사처럼

균도도 순식간에 성년이 되었다.

그리고 그 다음 날, 나도 사회복지학사가 되었다.

학교에서 직업교육을 받았지만, 균도에게는 어느 곳도 허락되지 않았다.

보호 작업장에 몇 차례 예비로 들어갔지만 균도는 통과되지 못했다.

균도의 반복 행동을 다른 아이가 따라 하면서 다른 사람 작업까지

방해한다는 것이었다.

아빠는 사회복지사가 되었는데, 정작 성년이 된 균도는 갈 곳이 없었다.

"아빠랑 여행 가자."

균도도 좋아했다.

걸은 만큼 성공이라는 생각으로 짐을 꾸렸다.

장애를 가진 아들과 세상 구경 한번 해보자는 생각이었다.

세상을 향해 우리 이야기를 하고 싶었다.

그리고 천천히 걷기 시작했다.

때론 지치고 아파서 쉬어 갈 때도 있었지만

균도가 좋아하니 꾸역꾸역 앞으로 나아갈 수 있었다.

나는 낮에는 걷고 밤이면 글을 썼다.

난생처음 써보는 글이었지만

하루도 빠지지 않고 한걸음 한걸음 써내려 갔다.

그렇게 적다 보니 내가 가야 할 길이 보이기 시작했다.

정답은 길 위에 있었다.

걸으면서 균도도 점점 달라졌다.

혼자만 먹던 과자를 나눠 주고
무거운 배낭을 먼저 들 줄 알게 됐다.

균도는 언제나 나를 앞질러 기운차게 걸었다.

걷기만 하면 즐거운 에너지가 넘쳐흘렀다.

길을 갈 때 혼잣말을 하는 것 말고는 그 누구보다 든든한 길동무였다.

균도는 철인 같았다.

2차 세상걷기를 마치던 날도 균도는 말했다.

"아빠 시즌3은 언제 하나요?"

같이 걸은 사람들은 한마디씩 했다.

"균도와 세상걷기는 체력 좋은 사람만 따라가는 겁니다."

균도는 집에 돌아온 다음 날도 한 시간 동안 노래를 흥얼거리며

러닝머신 위를 달리다 내려왔다.

5차 걷기를 사흘 앞두고 균도는 벌써 제주를 걸을 생각에 들떠 있었다.

5월 22일 수요일 부산 시청 등대광장에서 발대식을 한다는 말을 무한 반복했다.

자신이 진짜 주인공이 될 수 있는 날이라는 걸 스스로도 잘 알고 있었다.

난 출발 며칠 전부터 몸이 좋지 않았다.

하지만 막상 떠나고 나면 균도만 바라보고 잘 걷게 되었다.

오늘은 또 어떤 일이 일어날까? 어떤 사람들을 만나게 될까? 설레기도 했다.

느린 걷기 여행은 사람들을 만나는 묘미가 있었다.

"광양에선 뭘 했지?" "불고기를 먹었습니다."
"삼호읍에선?" "무화과를 먹었어요!" "무안은?" "낙지볶음밥!"

평소 패스트푸드를 좋아하던 균도에게 나는 슬로푸드를 맛보게 해주고
싶었다. 그래서 어딜 가든 그 지역 고유의 음식을 사주려 했다.
균도가 음식을 통해 그곳을 기억하기 때문이었다.

비장애인들만 식도락을 즐길 수 있는 건 아니다. 균도 같은 발달장애인은
음식에 대한 기억을 통해 하루하루를 몸에 새긴다. 다만 그런 경험을 할 수
있는 기회가 없을 뿐이다.

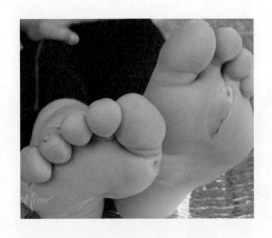

내가 과연 왜 이 길을 걷고 있는 걸까?

그런 생각도 많이 했다.

물집이 터진 발가락이 아파서 징징거리는 아이를 얼르면서 같이 울기도 했다.

돌아가고 싶은 적도 많았다.

그러나 부모들의 바람이 더해지면서

우리 여행은 균도와 나만의 여행이 아닌 게 되어 있었다.

나는 돌아갈 수 없었다.

하지만 가장 결정적인 건

균도가 도무지 돌아갈 생각이 없었다는 것이다.

그만큼 균도는 여행을 좋아했다.

우리는 걸으면서 많은 사람을 만났다.

스쳐 가는 사람도 붙잡고 우리 이야기를 들려주었다.

어느덧 우리를 응원하는 사람들이 보이기 시작했다.

몸자보가 신기해 다가오는 사람, 수고한다며 음료수를 전하는 사람,
아침 첫 손님에게 공짜로 밥을 퍼주던 식당 주인들,
그리고 같이 길을 걷겠다고 찾아오는 사람들이 생겼다.
그럴 때면 발걸음에 힘이 들어갔다.

하지만 다시 둘만 남겨지면 외로움이 밀려왔다.
균도와 나는 언제나 사람이 그리웠다.

균도에게는 매일매일이 새로운 도전이었다.

우리는 경치를 즐기기보다 사람을 만나러 나온 것이었고

낮에는 많은 이들을 만났다.

그렇지만 밤이 되면 균도는 언제나 아빠의 응석받이었다.

이제는 같이 살 방법을 가르치고 싶었다.

제주도 게스트하우스에서 균도는 낯선 사람을 만나 맥주도 마시고 함께 놀다가

사람들 속에 섞여 잠을 잤다.

그리고 다음날 일어나 다시 자기 길을 갔다.

균도가 매일 이렇게 살 수 있다면 얼마나 좋을까.

발달장애인 최초의 국회의원 이균도.

혼자 이런 상상도 해보았다.

이균도 의원 때문에 국회의사당 구내에는 롯데리아가 있어야 할 것이다.

균도 같은 사람이 선거권을 넘어 피선거권까지 행사할 수 있는 세상.

나는 균도가 국회의원이 될 수 있는 세상은 어떤 세상일까 궁금했다.

1차 걷기를 시작하기 사흘 전, 직장암이 발견됐다.

3차 걷기가 끝나고 이번에는 균도 엄마가 갑상샘암이라 했다.

그리고 고리 원전 근처에서 자폐를 안고 태어난 균도.

2012년 7월, 나는 한국수력원자력공사를 상대로 건강권 소송을 제기했다.

4차 걷기는 고리 원전 근처에서 평생을 살아온

우리 가족의 건강과 안전에 대해 원자력발전의 책임을 묻는 행진이기도 했다.

우리는 발달장애인법 원안 통과, 부양의무제 폐지와 더불어

탈핵을 외치며 동해안 원자력 발전소들을 따라 걸었다.

나는 이를 '원자력 밟기'라 불렀다.

이제는 그 흔적조차 없는 한진 중공업 85호 크레인.

그 아래 황량했던 광장은 균도의 훌륭한 놀이터였다.

우리는 85호 크레인 점거가 시작된 지 얼마 지나지 않았을 때부터

그곳을 찾았다.

비가 억수같이 내리던 날에도, 균도는 우비를 입고 자전거를 타고

부산역에서 영도 한진중공업까지 달렸다.

희망버스 1차부터 4차까지 균도는 씩씩하게 연대했다.

한진, 강정, 쌍차, 재능 ……
우리만큼 힘없는 사람들을 만나러 다녔다.
그들도 우리 문제에 관심을 보여 달라는 제스처이기도 했다.

때로는 우리가 누군가에 의해 '동원'되었다고들 하는
가슴 아픈 말도 들었다.
나는 장애인도 연대의 손을 내밀 수 있음을,
균도도 세상에 보탬이 될 수 있음을 보여 주고 싶었다.

나는 서울에 도착하면 꼭 울음을 터뜨렸다.

아무리 울지 않으려 해도, 나를 바라보고 있는 부모님들을 보면 어쩔 수 없었다.

그럴 때마다 균도는 옆에서 천진난만하게 물었다.

"아빠 왜 우나요?"

아빠는 절규하는데 옆에서 웃고 있는 아이. 그런 모습이 우리의 처지를

대변한다고 기자들은 연방 셔터를 눌러 댔다.

누가 쳐다보건 보지 않건 나는 내 이야기를 토해 냈다.

우리는 과연 얼마나 울어야 그 열매가 열릴까?

1차 2011년 3월 12일~4월 20일, 부산에서 서울까지 6백 킬로미터
2차 2011년 9월 30일~10월 30일, 부산에서 광주까지 6백 킬로미터
3차 2012년 4월 23일~5월 21일, 광주에서 서울까지 5백 킬로미터
4차 2012년 10월 5일~11월 23일, 부산에서 강원도를 거쳐 서울까지 8백 킬로미터
5차 2013년 5월 27일~6월 10일, 제주 일주 5백 킬로미터

2백여 일간 총 3천 킬로미터에 걸친 여정도 끝이 났다.

집으로 돌아왔다.
성년이 된 균도는 여전히 패스트푸드를 찾고 있고,
위인전과 거울을 끼고 다니며,
과자가 생기면 잡고 있던 내 손을 뿌리친다.

하지만 균도에게는 새로운 추억이 생겼다.
여행 중 만난 현아의 노래를 들으며 피식거리는 것도,
언제 어디서 무엇을 먹었는지 이야기하며 눈을 반짝이는 것도
모두 그 추억의 증거였다.

산만 한 덩치의 스물네 살 청년 균도는 여전히 엄마를 졸졸 따라다닌다.
잘 때는 아빠와 함께지만 나머지 시간은 엄마랑 있는 걸 더 좋아하는 것 같다.

균도는 엄마 앞에서 언제나 웃는다. 그래서 효자다.
부모를 바라볼 때 웃는 얼굴이면 그걸로 족하다.

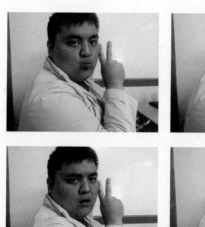

균도에게 이 세상은 어떤 모습일까?

사진을 찍을 때 균도는 언제나 브이를 그린다.

조금이라도 심심하다 싶으면 인상 게임을 한다.

웃는 얼굴, 우는 얼굴, 화난 얼굴 …… 한 아홉 가지 되는 것 같다.

조금이라도 슬프면 '옹'하고 입을 오므리고,

다가가면 이내 환하게 웃는다.

하지만 이런 사랑스러운 균도가

세상 사람들의 시선 속에서는 돌연변이가 된다.

균도에게는 엄마가 지어 준 별명이 있다.

"당신은 사랑받기 위해 태어난 사람."

균도가 과잉 행동을 보일 때 균도 엄마는 끓는 마음을 진정시키려

균도에게 이 노래를 불러 준다.

그러면 균도는 노래를 따라 부르며 이내 유순해진 목소리로 말한다.

"엄마 사랑해요."

균도의 노래는 장애아를 낳았다는 죄책감으로 문드러진 엄마의 마음을

어루만진다.

균도는 동생 균정이와 전쟁 중이다.

하지만 이내 나한테 잡혀 반성의 눈물을 흘린다.

나를 때릴 때도 있다. 하루는 균도를 앉혀 놓고 균도 엄마가 타일렀다.

"아빠 아파서 이제 너랑 세상걷기 안 한다."

균도는 이내 무릎을 꿇고 두 손을 싹싹 빈다.

"잘못했어요. 다시는 안 할게요."

나는 눈물이 난다.

장애인 문제에서는 당사자도 중요하지만, 가족도 중요하다.

장애인 가족이 어찌 사는지 사회는 잘 모른다.

이런 가족들을 누가 보듬어 줘야 할까?

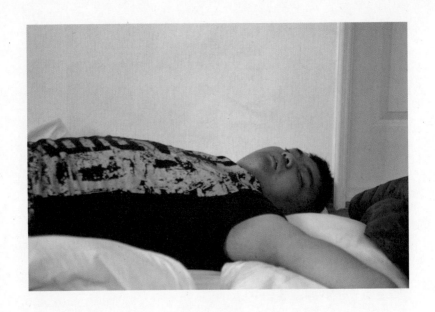

균도는 남에게 폭력을 쓸 때도 있지만 자신을 괴롭히기도 한다.
균도도 사회생활을 해야 하기에 의사의 처방에 따라
하루 세 번씩 행동조절약을 털어 넣고 있다. 당뇨와 혈압약도 같이 먹는다.
하지만 약을 먹인다는 게 안정보다는 잠을 처방하는 것 같아 안타깝다.
어제는 하루 종일 낮잠을 자더니, 이른 저녁에도 다시 잠자리에 들었다.

내일이면 보름간의 약물 적응 기간을 마치고 다시 복지관에 간다.
제발, 이제는 아무 탈 없이 지내길……

균도는 재주가 많다.

노래를 좋아하는 균도는 곧잘 가사를 바꿔 부르곤 한다.
<당신은 사랑받기 위해 태어난 사람>을 부르는데 '사랑'을 '구박'으로 바꾼다.
이럴 때 보면 정말 능청스럽다. 오늘은 진짜 구박하고 싶은데 먼저 선수를 친다.
다음 노래는 "오빠는 잘 있단다." 그런데 내 귀에는 아빠로 들린다.
균도야, 아빠가 지금 잘 있는 것 같으니?

서번트 균도에게는 나름 쓸 만한 재주도 있다.

균도의 머릿속엔 날짜와 요일, 그날 했던 일과 앞으로 해야 할 일

대한 정보가 빼곡하다. 여행할 때 난 늘 균도에게 물어보았다.

"균도야 내일 어디 가노?"

나는 균도가 대답하는 대로만 하면 된다.

이런 균도를 사람들은 자꾸 하나의 틀에 맞추려 한다.

그 틀에서 벗어나니 장애인이라 한다.

하지만 발달장애인도 다른 시선으로 바라본다면

분명히 할 수 있는 일이 있다.

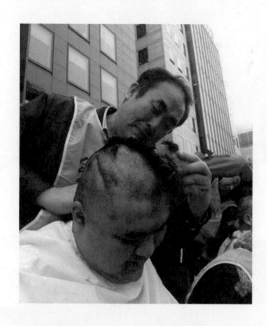

발달장애인법이 19대 국회 1호 법안으로 발의되었다.
하지만 소득보장은 빠진 껍데기 법안이었다.
그래서 균도와 같은 아이들, 나와 같은 부모들이 모였다.

"아빠 균도도 할래요."
이번엔 균도가 선거에 나간 아빠를 대신해 삭발을 자청했다.
결의문이 낭독되고 여기저기서 흐느끼는 소리가 들렸다.

내 손으로 균도의 머리를 깎았다. 균도의 옛 상처가 드러났다.
균도는 두피가 남들과 다르다. 태어날 때 겸자 분만을 해서 흉터가 크게 남았다.
태어나자마자 인큐베이터에서 사투를 벌이던 균도의 얼굴이 떠올랐다.

난 또 울고 말았다.

균도는 오늘도 묻는다.

"내일은 어디 갑니까?"

오늘도 우리는 세상 속으로 간다.

사진 설명

243 해양대학교 앞에서.

244 해운대 성당에서 세례 받던 날. 균도는 '가브리엘'이라는 세례명을 받았다.

246 일광 초등학교에서.

247 일광 해수욕장에서 사촌 형과 함께.

249 일광 초등학교 운동회 날 친구들과 함께. 왼쪽부터 손유정, 이가희, 이균도, 정
     소미, 정지영.

250 기장중학교 1학년 교실에서.

252 성우학교 같은 반 친구들과 함께. 왼쪽부터 김태호, 정병길, 박재철, 그리고 이
     균도.

254 정보화대제전 워드프로세서 부문에 참가 중인 균도.

255 (위) 정보화대제전 워드프로세서 부문에서 동상을 받은 균도. (중간) 박진한 선
     생님과 함께 재학생 대표로 입학생 환영사를 읽고 있는 균도. (아래) 전국장애
     학생체육대회 부산시 씨름 대표 선수로 출전한 균도. 누구에게도 지지 않을 힘
     과 덩치였지만 1차전에서 패배했다.

256 성우학교 졸업식 날. 왼쪽부터 박재철, 이균도, 진지혜, 정병길, 안원경, 김태호.

257 균도는 직업 교육의 일환으로 양초 제작 업체에서 천연 양초 만드는 법을 배웠
     다. 사진은 초를 만든 후 마지막으로 상표 스티커를 붙이는 과정이다. 성질 급
     한 균도가 실수를 자주 하던 공정이다.

258 1차 걷기. 장애인고용공단 앞.

259 3차 걷기. 전주 전북교육청 앞.

260, 261 2차 걷기. 목포에서.

264 4차 걷기. 강릉에서.

265 4차 걷기. 영덕 가는 길.

266 5차 걷기. 제주 우도에서.

267 5차 걷기. 애월 해안도로에서.

268 2차 걷기. 삼호읍에서.

270 1차 걷기. 경기도 광주에서 『조선일보』 촬영팀과 함께.

296　　　2013년 12월 3일 세계장애인의 날을 맞아 광화문에서 열린 발달장애인법 제
　　　　정 촉구 대회 현장.

298　　　(위) 2015년 1월, 기장 고리 원전 앞에서. (아래) 부모회를 처음 열었던 일광면
　　　　사무실 앞에서 아버지와 균도.

300　　　성우학교 교과과정의 일환인 마을 걷기 행사 이후 만세를 부르는 균도. 균도는
　　　　힘들어 하긴 했지만 걷기를 마치고 선생님들이 박수를 쳐주면 웃으면서 만세
　　　　를 외쳤다.

사진 주신 분들